MOUY

ET

SES ENVIRONS

ANGY — BURY — ANSACQ — CAMBRONNE
HEILLES — HONDAINVILLE
NEUILLY — MELLO — MOUCHY-LE-CHATEL
SAINT-FÉLIX — THURY-SOUS-CLERMONT
ULLY-SAINT-GEORGES

PAR

A.-J. WARMÉ,

ancien Notaire, ancien Maire de Mouy, auteur de plusieurs ouvrages.

BEAUVAIS.
IMPRIMERIE DE D. PÈRE, RUE SAINT JEAN.
1873.

MOUY

ET

SES ENVIRONS.

MOUY

ET

SES ENVIRONS

ANGY — BURY — ANSACQ — CAMBRONNE
HEILLES — HONDAINVILLE
NEUILLY — MELLO — MOUCHY-LE-CHATEL
SAINT-FÉLIX — THURY-SOUS-CLERMONT
ULLY-SAINT-GEORGES

PAR

A.-J. WARMÉ,

ancien Notaire, ancien Maire de Mouy, auteur de plusieurs ouvrages.

BEAUVAIS,
IMPRIMERIE DE D. PERE, RUE SAINT-JEAN.
1873.

AVANT-PROPOS.

L'homme qui s'est donné la tâche d'écrire l'histoire d'une grande cité, d'une ville quelconque, voire même d'une simple bourgade, cherche d'abord à faire connaître l'origine de ce qui fait l'objet de son travail; et moins la localité est connue, plus il éprouve de difficultés pour donner quelque mérite à son œuvre.

Or, s'il ne parle pas de la Renaissance, pour donner de l'intérêt à son sujet, il aura peu de lecteurs; il aura ainsi perdu son temps, et ne sortira de sa position d'historien qu'avec honte. Il pourra toutefois remonter à la création du monde en interrogeant le P. Denis Pétaud, qui était un savant de la Compagnie de Jésus, professeur de théologie à Paris, en 1605, et il nous dira par ses ouvrages que le monde a été créé le 26 octobre de l'année 4004 avant J.-C., c'est-à-dire, il y a 5,843 ans (1); c'est ainsi du moins qu'il a fait connaître l'âge du monde dans sa chronologie, qui a été publiée par la Vulgate, que le concile de Trente a déclarée authentique et préférable aux autres versions latines.

Mais le P. Pezfon n'interprétait point ainsi la Vulgate en 1687; cependant il faut remarquer que la Genèse, qui est la Bible célébrée par Moïse, s'accorde avec les calculs du P. Pétaud et le concile de Trente sur la création du monde, et que c'est ainsi qu'on arrive à connaître l'époque de la naissance de Jésus-Christ.

S'il est question ensuite des quatre parties du monde, il faudra s'expliquer sur chacune d'elles. L'auteur voudra en vaincre les difficultés et arriver de détails en détails au point sur lequel il veut se fixer pour en écrire l'histoire; comme, par exemple, l'ancien bourg de Mouy, maintenant ville, chef-lieu de canton dans le département de l'Oise, et les localités voisines.

---

(1) Cependant d'autres savants, qui se qualifient de mathématiciens, nous accusent le nombre de 5,872 années.

Dans notre modeste situation sur les lieux qui font l'objet du travail qui nous occupe, il y a nécessité d'en démontrer d'abord l'origine, et de chercher ensuite tous les documents propres à éclairer le lecteur sur tout ce qui mérite d'être écrit pour tracer une histoire complète en tous points, c'est-à-dire dans les limites les plus étendues et les plus coïncidentes.

Tel est notre but et sont au moins nos désirs.

Nous possédons, il faut le dire, d'intéressants documents qui figurent dans les divers ouvrages qui ont été publiés sur presque tous les points de la province beauvaisienne, notamment sur le département de l'Oise.

L'histoire que M. Graves, ancien Secrétaire général de la préfecture de ce département, a fait publier en 1835 pour le canton de Mouy, mérite à tous égards une mention particulière, quoique cet ouvrage soit resté incomplet, parce qu'en travaillant alors à la statistique de ce canton, en même temps qu'il s'occupait de l'histoire des localités de cette circonscription, et remplissant aussi d'autres fonctions publiques, il s'est mis dans l'impossibilité de faire le dépouillement des archives sur lesquelles il avait à relever les choses les plus intéressantes au point de vue des notices locales vues sous toutes leurs faces.

Les travaux dont nous parlons ne présentent pas toujours les mêmes difficultés, en ce sens que si l'origine du lieu auquel on s'attache, se recommande par elle-même, suivant sa position topographique particulière et naturellement protectrice, soit comme port de mer, soit autrement, alors les documents se présentent d'eux-mêmes, et leurs sources se trouvent dans l'histoire générale du pays.

Citons quelques lieux sur lesquels ces choses ont pu et peuvent encore se produire : Marseille, Brest, Le Havre, Bordeaux, Rouen, Lyon, Amiens.

On sait que cette dernière ville doit en grande partie son accroissement et sa prospérité à la rivière de la Somme, qui se divise dans l'intérieur de la cité comme pour servir de moteur au grand nombre d'usines qui s'y trouvent (1).

---

(1) Les histoires d'Amiens, par le P. Daire et d'Hyacinthe Dusevel, offrent beaucoup d'intérêt sous tous les rapports.

La situation de Rouen offre des avantages plus puissants que ceux d'Amiens ; aussi cette ville normande renferme-t-elle une population plus élevée que celle de la Picardie, que nous venons de citer.

Beauvais possède aussi des eaux qui y produisent des succès dans la fabrication de ses tissus, en employant les eaux de la rivière dite le Thérain, qui traversent la ville ; mais cette rivière n'étant comparativement, en quelque sorte, qu'un cours d'eau qui ne peut produire les mêmes avantages qui se rencontrent à Amiens, tout ce qui se rattache à cette industrie et à son commerce offre moins d'activité et moins d'importance.

La petite ville de Mouy, toute manufacturière depuis trois siècles, voit aussi couler dans son sein les eaux du Thérain, qui parcourent toute la vallée de ce nom pour aller se jeter dans la rivière de l'Oise, à peu de distance de Creil ; elle reçoit aussi l'augmentation de volume que lui donnent tous les affluents qui se rencontrent entre Beauvais et Mouy, mais cette localité ne put profiter de la rivière dont nous parlons que depuis les dernières années du XVIIIe siècle, ce cours d'eau étant resté jusque-là en quelque sorte la propriété des anciens seigneurs de Mouy qui s'en servoient exclusivement pour donner le mouvement nécessaire aux moulins à farine qui étaient assis sur la rive gauche de la rivière, dans la traverse de l'ancien bourg.

Une supplique adressée au dernier possesseur de ces moulins, par les fabricants d'étoffes de Mouy, pour obtenir un seul de ces moulins à leur usage dans le foulage de leurs fabrications, étant restée sans succès, les industriels du lieu durent rester pendant un grand nombre d'années dans leur système primitif, tandis que Beauvais faisait de rapides progrès dans le même genre de fabrication.

M. Graves n'a pu faire remonter l'origine de Mouy au-delà du XIVe siècle; cependant il ne sera pas difficile, après avoir recueilli et classé tous nos documents, de démontrer et de prouver même que ce bourg, ainsi que Angy, Ansacq et Bury existaient dès le Xe siècle.

CHAPITRE Ier.

Sur l'origine des Gaulois, la Conquête de la Gaule par Jules César, et les Romains vaincus par les Francs.

INTRODUCTION.

Dire à nos lecteurs, en commençant notre travail, que nous descendons des Gaulois, c'est leur répéter ce qu'ils n'ignorent pas; mais comparer cette simple énonciation à celle qui a pour objectif l'origine du peuple gaulois, nous semble être une chose bien différente, parce qu'elle présente des difficultés qui ne se rencontrent pas dans l'histoire de la Gaule cisalpine, devenue française.

Cependant nous osons entreprendre notre œuvre en commençant par l'origine des Gaulois, et établir que nous descendons de Gomer, l'un des trois fils de Japhet, qui est né deux mille quatre cent quarante-huit ans avant Jésus-Christ.

Aidé ou plutôt dirigé par un certain nombre d'écrivains qui ont cherché leurs lumières dans les lieux où ils savaient les trouver, nous espérons atteindre notre but après en avoir coordonné les fragments.

Des erreurs pourront s'y trouver : s'il en est ainsi, nous espérons que nos lecteurs nous accorderont quelque indulgence.

Du reste, l'essentiel sera de ne montrer dans l'histoire de Mouy que des faits exempts de contradictions et d'inexactitudes.

Entrons en matière :

La naissance de Japhet ne peut pas faire l'objet d'un doute. On sait aussi qu'il fut l'un des trois fils de Noé : Sem, Cham et Japhet.

On peut se rappeler également que celui-ci eut sept enfants qui se répandirent dans l'Asie Mineure, où ils fondèrent plusieurs villes, entre autres Héraclée.

Gomer était au nombre de ces sept enfants ; ce dernier était l'auteur d'une descendance que l'on nommait les Cimbres, Kimris, Millessiens et Héracléens, lesquels, après avoir fait un long séjour dans l'Asie Mineure s'en éloignèrent. (C'est Bouillet qui nous l'apprend.)

On les vit paraître sur les côtes de la Baltique, traverser le Pont-Euxin et arriver dans la Chersonèse (la Crimée), d'où ils repoussèrent d'autres peuples au milieu desquels se trouvaient les Huns, qui s'y étaient fixés.

Chassés à leur tour par un débordement de la Baltique (1), ils se dispersèrent, et on cite le Danemark, le Jutland et la Bohême comme s'y étant arrêtés avant d'arriver dans le nord de la Gaule, où ils paraissent avoir entraîné avec eux les Teutons et les Tigurins. C'est à partir de cette époque, paraît-il, que cette partie de l'Europe reçut le nom de Gaule. C'est ainsi que l'entend l'historien Bouillet, en disant *que Celte est synonime de Gaule, et désigne tous les peuples habitants de la Gaule.*

Cette partie de l'Europe se trouvait ainsi occupée vers le VIe siècle avant Jésus-Christ, la Belgique comprise ; car un peuple qui avait été ainsi désigné, se trouvait déjà assis sur un point où vinrent se fixer les autres peuples que nous venons de faire connaître et qui firent entre eux cause commune.

Les choses restèrent en cet état pendant un certain laps de temps, et trois cents ans avant la naissance de Jésus-Christ, on reconnut dans la Gaule quatre races distinctes, savoir :

1° Les Celtes ou Galls, les Belges et les Volgnes ;

---

(1) Voir l'histoire du baron de Bayencourt, sur la campagne de Crimée.

2º Les Germains, les Cimbres, les Kymris, descendant de Gomer;

3º Les Ibères ou Ligures;

4º Et les Grecs ou Massiliotes.

On donnait aussi aux Gaulois le nom de Gallios ou Braccatus, à cause des hauts-de-chausses et des longs cheveux que presque tous portaient, et dont l'usage n'a cessé en France qu'à la fin du dix-huitième siècle. On sait que dans ces derriers temps les longs cheveux ne se portaient plus qu'en signe de deuil.

A leur origine, les Gaulois n'avaient la possibilité de s'abriter que sous les baraques qu'ils se construisaient dans les forêts au milieu desquelles ils s'établissaient et où ils trouvaient tous les moyens propres à ces constructions, et pour les combustibles dont ils avaient besoin; plusieurs moyens d'existence s'y trouvaient aussi; la pêche leur était également facile. Comme par leur caractère nomade ils étaient toujours prêts à s'éloigner de leurs foyers pour faire la guerre aux nations voisines, ils s'y rendaient fréquemment conduits par Brennus, leur premier chef. Ce qu'ils rapportaient de ces expéditions, formait une masse dont le partage se faisait nécessairement sous les yeux et l'autorité de leur chef.

L'instrument dont ils se servaient et qu'ils qu'ils faisaient eux-mêmes, était une hache en silex, dont le manche était en bois dur, et qui, étant fendu à l'une de ses deux extrémités, retenait la hache au moyen d'un anneau de fer, pinçant ainsi l'instrument que l'on trouve encore quelquefois dans les départements du Nord, en cultivant la terre, mais toujours détaché de son manche. On taillait le caillou après l'avoir chauffé.

Le territoire du département de l'Oise paraît avoir été habité primitivement par les Bellovaques et les Vermandois (1). L'auteur que nous citons, ajoute que ces peuples prirent deux fois part au soulèvement de la Gaule contre Jules César.

La race celtique dont les invasions d'Asie en Europe (ce dont nous avons parlé) ont en partie déterminé la formation des nations civilisées de l'antiquité par les peuples principaux partagés en plusieurs tribus, et confondus sous le nom de Gaulois; elle avait sous son asservissement, du temps du chef romain que l'on connaît, vécu de la triple erreur capitale sous laquelle étaient fondées toutes les sociétés anciennes, soit barbares, soit policées, avec leurs différences de mœurs, de lumières, de destinées : 1° la multiplicité des dieux, l'esclavage, la vileté des femmes et des enfants.

Cette triple erreur du monde ancien, qui le

---

(1) Malte Brun.

rendait presque étranger aux trois grandes passions du monde (la foi, la liberté et l'amour) avait eu pour conséquence l'état de haine perpétuelle entre les races, parmi les familles. Elles avaient fait de la guerre l'état normal de l'antiquité : conquérir, voilà le but de l'activité individuelle et sociale, c'était la grande science, la grande voie de civilisation.

Les quatre races dont nous avons parlé n'eurent de divisions géographiques qu'après l'invasion de César dans toute l'étendue du pays gaulois, c'est-à-dire cinquante ans avant l'ère chrétienne. Cependant l'historien Théodore Burette expose que si les Gaulois étaient un peuple nomade, ce peuple fut aussi visité par des étrangers (autres que les Romains), « que les marchands grecs et phéniciens en-
» tretenaient de longue date des rapports com-
« merciaux avec la race celtique, plus civilisée
» que les deux autres ; que le rivage gaulois de
» la Méditerranée était semé de comptoirs
» carthaginois qui faisaient suite à la ligne des
» comptoirs espagnols, et qu'il y avait une
» route tracée par les marchands à travers
» toute la Gaule, pour aller chercher par la
» Manche les perles et l'étain de la Grande-
» Bretagne. »

Nous ne devons pas douter de la citation que nous empruntons à son auteur ; mais, à nos yeux, tout ce qui en fait l'objet n'a pu se passer qu'antérieurement à l'invasion de Jules

César, dont nous allons entretenir nos lecteurs.

Les premiers succès des Romains eurent lieu dans les Gaules, vers Marseille, et s'étendirent successivement pendant dix ans, en avançant continuellement vers Amiens et au-delà.

Vers la fin de leurs luttes, les Gaulois se donnèrent pour chef Bellovake-Corrée, et leur soumission ne fut complète qu'après la mort de ce dernier héros de l'indépendance gauloise.

Tout aussitôt, Rome introduisit dans le pays entièrement conquis son admidistration, et si les habitants de cette partie de la Gaule-Belgique perdirent quelque chose du courage sauvage de leurs ancêtres, ils recevaient en échange les effets de la civilisation qui leur manquait.

De vastes terrains furent défrichés, les forêts s'éclaircirent, des villes furent formées ; il reste encore des traces des immenses travaux entrepris par les Romains.

Ce n'est pas le chemin qui s'étendait sur toute une surface de la Gaule, mais, entre autres choses la voie qui traverse le département de l'Oise, à laquelle on a donné le nom de chaussée Brunehaut, parce que longtemps après avoir été établie par les Romains, la reine d'Austrasie, du nom de Brunehaut, la fit réparer.

On peut aussi remarquer des traces d'un chemin qui conduisait de Beauvais à Paris, passant par Mouchy-le-Château, les plaines de Mouy, Mello, Creil, etc.

On attribue à Dioclétien la réunion du territoire de la seconde Belgique à celui des Bellovakes. Leur principale ville, qui a porté longtemps le nom de Cæsaromagus, était en même temps une des plus importantes stations de la voie romaine qui unissait Rothomagus (Rouen) à Ambiani (Amiens) et Parisii (Paris), et qui prit ensuite celui de civitas Bellovacorum, Beauvais, avec le droit de cité.

Le christianisme y fut porté de Rome, vers la fin du IIIe siècle de l'ère chrétienne, par saint Lucien, fils, croyons-nous, d'un sénateur romain du nom de Lucius, que Saint Pierre aurait converti. Ce premier apôtre du Beauvaisis avait deux compagnons, saint Maxien et saint Julien, qui souffrirent avec lui le martyre après plusieurs années de prédications remplies de succès. Saint Rieul, qui avait précédé saint Lucien dans la contrée, eut le même sort que lui à Senlis, ainsi que saint Médard à Noyon, saint Firmin à Amiens, et saint Béat à Laon.

Dioclétien, l'un des successeurs de César, étant resté païen, fut en grande partie l'auteur du martyre de l'évêque de Beauvais, où il se trouvait à cette époque ainsi que deux de ses compagnons. On n'ignore pas du reste que la nouvelle religion s'établit lentement dans cette contrée ; mais il faut dire qu'un obstacle se présentait fréquemment à l'adoption et à la pratique de la religion nouvelle chez ce peuple ; nous voulons parler des druides avec lesquels les Gaulois avaient des rapports fortement contractés et difficiles à rompre, car la loi druidique était en tout point barbare.

On ne connaissait dans les contrées du nord de la Gaule que le culte druidique, de même que les habitants d'autres contrées y avaient été soumis, croyant que leurs prêtres étaient les mêmes que les embages d'Amiens, Marcelin et les Saronides. Ces druides enseignaient à ceux qui les entouraient, les superstitions et les cérémonies qui leur étaient particulières.

On sait qu'ils avaient le chêne en grande vénération, parce qu'il porte une plante parasite que nous connaissons, c'est-à-dire le gui sacré qu'ils cueillaient avec tant de respect que cette opération faisait l'objet de grandes démonstrations, le considérant comme le plus précieux présent que leur dieu Teutatès pût leur faire.

Leurs prêtres leur faisaient croire que le gui pris en breuvage par les animaux domestiques, les rendait plus féconds et était aussi un remède efficace contre toutes sortes de venins.

Ils offraient avec respect des sacrifices à leurs divinités et de grandes cérémonies dans les forêts, à l'ombre et au pied d'un chêne, pris comme devant être le plus beau et le plus ancien. Tous les coreligionnaires assistaient à cette imposante cérémonie, parce qu'elle avait pour but particulier de consulter les entrailles de la victime pour connaître l'avenir. En cet endroit de la forêt, on plaçait une pierre sur laquelle on déposait la victime à égorger. Le sang qui devait s'en épancher tombait sur la pierre, qui devait le verser à son tour, par un trou, dans l'amphore qui était au-dessous de cette ouverture pour le recevoir. Nous avons eu l'occasion de remarquer, dans une forêt du Pas-de-Calais, un appareil semblable à celui dont nous venons de faire la description. Le lecteur a compris que cette espèce de table à sacrifier était posée sur deux blocs, à deux pieds environ au-dessus du sol.

Les historiens Anquetil, Ledieu et Labourt ajoutent aux détails qu'on vient de lire, que cette pratique stupide et toute païenne n'avait lieu par les prêtres des druides que pour conserver toute leur autorité sur les peuples de cette époque, et que c'était aussi dans ce but qu'ils se faisaient une loi de ne rien écrire, afin qu'on fût obligé de recevoir de leur bouche tous les oracles.

Dans d'autres pays, on ne célébrait que Jupiter, le plus puissant de tous les dieux, Cérès, la déesse des moissons, Mars pour la guerre, Mercure pour l'éloquence, le commerce etc., véritable polythéisme.

Cependant le christianisme parut enfin, chez les Gaulois, une religion préférable, à tous égards, à celle des druides. Agités par ceux-ci, tourmentés par la misère que les incursions et les ravages que les Francs, les Goths, les Bourguignons et d'autres peuples de l'Allemagne leur faisaient éprouver, ils se trouvaient alors dans une anxiété difficile à peindre, mais facile à comprendre.

Néron avait fait établir, nous dit-on, des fortifications à Beauvais, qui, au lieu de tranquilliser ses habitants, avaient ajouté à leurs inquiétudes, ces derniers le sachant peu disposé en leur faveur. Dioclétien fut le successeur de Néron, mais un successeur hostile à la religion nouvelle. Or, Constantin en ayant été informé, il se fit un devoir de venir sur les lieux pour se rendre compte de la situation des choses.

On y avait appris que cet empereur avait rendu, en l'année 310 de Jésus-Christ, une loi relative aux immunités des Vétérans, et c'est par ce souvenir que quelques années après il put se faire comprendre des peuples gaulois sur les avantages que la religion nouvelle devait présenter sur le druidisme.

Constantin parlait avec conviction, en présentant à ses auditeurs une croix qu'il affirmait être l'image de celle qu'il avait vue dans le ciel.

C'est ainsi que cet empereur put mieux convaincre les Gaulois que les autres missionnaires venus de Rome, et qui l'avaient précédé chez eux.

Cette religion était donc assez bien comprise dans cette partie de l'Europe, lorsque Pharamond, païen, put s'introduire par le Rhin dans cette partie de la Gaule, en l'année 420, introduction contre laquelle Constantin et Attila son successeur firent de vains efforts jusqu'à la fin du V⁰ siècle, sur les bords du Rhin, pour s'opposer à la prise de possession du nouveau chef des Gaulois, où l'administration impériale perdait chaque jour de son autorité.

Ainsi qu'on l'a vu, la cité Bollovacum fut pour les Romains un point important, vers le le nord de la Gaule, pour se maintenir dans cette contrée par leur force matérielle et celle de leurs lois, qui n'étaient nullement en rapport avec les mœurs et le caractère insoumis de ce peuple sauvage et aventureux.

La ville d'Amiens et les lieux environnants montraient à César de meilleures dispositions, Amiens particulièrement; mais le P. Daire nous a démontré que les Amiennois tentaient fréquemment de secouer le joug du vainqueur; il avait raison de s'en préocuper, ainsi que ses successeurs, car ceux-ci ne pouvaient ignorer qu'au-delà du Rhin, nous l'avons dit, d'autres peuples se montraient hostiles aux successeurs de César, et disposés à traverser cette barrière en se servant du pont qui avait été l'œuvre de ce dernier, connu pour être le vainqueur de la plus grande partie des Gaules.

Le V͏ͤ siécle, nous l'avons dit, fut pour les Gaulois, une époque de sérieuses et incessantes agitations.

Ceux des peuples voisins dont l'ambition fut d'occuper cette partie de l'Europe à un titre plus ou moins fondé, s'approchaient du Rhin où se trouvait un point accessible au nord de la Gaule, et y faisaient des tentatives que les Romains savaient repousser.

Plus heureux que ses rivaux, Pharamond put, après avoir traversé le fleuve, s'installer sur le trône de César et de ses successeurs, et s'y trouva immédiatement en rivalité avec l'évêque Boniface I͏ᵉʳ, lequel, en même temps qu'il prêchait l'Evangile, s'occupait de l'administration civile qui tombait des mains du dernier successeur de César. Le prélat était donc en même temps proconsul romain, juge, administrateur et pasteur spirituel.

De nouvelles invasions de Barbares se faisaient à cette époque sur le point par lequel le premier roi des Francs était parvenu à porter la couronne dans les Gaules. Il s'y fit de tels ravages, que le pays ne put être repeuplé qu'en y appelant des colonies militaires.

Pharamond ne pouvant se maintenir dans la position qu'il s'était faite, ne sut la conserver que pendant huit années.

Il eut plusieurs successeurs de sa race, et la France n'eut de repos que sous le règne de Clovis I͏ᵉʳ, à la fin du V͏ͤ siècle, époque à laquelle nous renvoyons le lecteur sur l'histoire de France, de Mouy particulièrement.

Clovis étant considéré par l'histoire comme le fondateur de la monarchie française, les auteurs que nous avons interrogés nous l'ont montré comme un homme plein de courage, vaillant, féroce même, de la férocité des mœurs de son siècle.

Répétons ce qui en a été rapporté par le *Guide pittoresque du voyageur en France*, pour le département de l'Oise, page 45; il s'agit de faits qui se rattachent à notre ouvrage au point de vue de ce travail, et qui trouveront leur application au chapitre qui a pour objet *l'Origine* de Mouy :

Nogent-les-Vierges est un des lieux les plus anciens du Beauvaisis. Selon l'opinion de M. Houbigant, qui a fait de nombreuses recherches sur les antiquités du pays, Nogent serait un établissement de Clovis, qui vint camper sur les bords de l'Oise à l'époque où il reculait les bornes de son empire, chassant devant lui ce qui restait de légions romaines dans la Gaule.

Sur une partie du territoire de cette commune, ajoute-t-on, au lieu nommé *le Retiro*, placé dans l'escarpement d'une des collines qui bordent la route d'Amiens, on a découvert, en 1816, une grotte sépulcrale profonde de douze mètres, large de plus de six, et haute d'un mètre et demi. Cette grotte renfermait environ deux cents squelettes pressés les uns contre les autres, et placés par lits alternant avec des couches de sable, dans lesquelles on a trouvé des haches de silex (haches celtiques) telles qu'on en rencontre en beaucoup de lieux du département, et particulièrement à Mouy, à l'occasion de l'abaissement d'un rideau très-élevé qui soutenait un sol supérieur contre un terrain qui était en contre-bas de de dix mètres environ, au quartier dit de Saint-Laurent.

Le *Guide pittoresque* dont nous venons de parler, rapporte un autre fait qui se serait passé en la commune de Montataire, au-dessus de Creil, du temps des Romains, et qui paraît avoir de la coïncidence et se rattacher à la découverte faite à Nogent-les Vierges. Ce sont deux communes voisines.

Le voici tel que nous l'avons lu :

Montataire, joli village situé en partie dans la vallée du Thérain et en partie dans celle de l'Oise. On y voit un château flanqué de tourelles, qui fut relaté en 1400. De cette habitation, on jouit de la vue la plus étendue et la plus variée sur la vallée de l'Oise. Suivant une tradition locale, César, en entrant dans le Beauvaisis, s'arrêta à Montataire dont il admira la charmante situation.

CHAPITRE II.

—

Sur l'origine de Mouy et sa situation topographique.

—

PREMIÈRE PARTIE.

—

Mouy, *Mouy-sur-Thérain*, *Mouï*, *Moÿ*, *Moyacum*, *Moicum*, dans les titres ecclésiastiques, et *Mouhy*, d'après le chanoine-académicien Expilly.

Mouy reçut le titre de bourg dès son origine, en même temps qu'Angy fut qualifié de ville avec le titre de comté, et ensuite chef-lieu de prévôté. Cette ville fut en même temps dotée d'un notaire et d'un tabellion garde-notes. Mouy eut toujours deux notaires, un receveur des aides, et le personnel que le château fort appelait dans son enceinte. Il y eut aussi un notaire à Balagny, et à Wlly-Saint-Georges.

Nous établirons avec confiance que ces localités existaient antérieurement au IX° siècle.

La situation topographique de Mouy se dessine ainsi :

Sa contenance superficielle actuelle est de mille trente hectares, y compris les quelques petites additions faites depuis peu d'années, par suite de la réunion au bourg (ville actuellement) d'une grande partie du quartier d'Egypte, qui dépendait de la commune d'Angy (1). Ce terroir s'étend dans la vallée du Thérain, jusqu'à ceux d'Angy et d'Hondainville, vers le nord-ouest, où se trouvent des prairies que la rivière traverse sur plusieurs points. La commune de Bury est, vers le levant, à très-peu de distance de la ville ; vers le sud-ouest, existe le territoire de Mouchy-le-Châtel ; à l'ouest, celui de Heilles, et enfin celui de Balagny-sur Thérain, aussi à peu de distance l'un de l'autre _ terroir qui fait une large échancrure sur le territoire de Mouy.

Le méridien de Paris passe entre Angy et

---

(1) Dans l'origine, la Croix-Rouge qui se trouvait sur ce point, formait limite entre les deux localités, et c'est jusqu'à ce point que Mouy dépendait du bailliage de Beauvais. (Voir le spécilège de Denis Simon, conseiller au présidial de Beauvais.)

Mérard, à 1,300 mètres de distance de l'église de Mouy, et à 700 mètres du clocher de Thury-sous-Clermont.

Le territoire dont nous parlons se compose de bois, de marais, de prés et de vergers sur toutes les parties qui environnent la rivière ; et sur les autres points de ce territoire, ce sont des jardins, des terrains de mauvaise qualité, et des terres arables où la charrue rencontre fréquemment du calcaire grossier qui repose sur la masse sablonneuse, et passe, à l'aide du temps, sur certains points, à l'état de roche solide et plus ou moins gênante.

Les parties de qualité supérieure sont les plus rapprochées des habitations ; elles étaient originairement plantées en vignes qui ont été arrachées aux époques que nous indiquerons ultérieurement ; elles servent maintenant de terrains légumiers et d'étendoirs à laines aux fabricants d'étoffes de la localité.

Les terrains qui ne pouvaient rien produire, furent exploités comme carrières, desquelles on a obtenu des quantités considérables de pierre à bâtir.

Les marais disparaissent aussi pour faire place aux constructions qui s'élèvent autour de l'une des stations du chemin de fer qui parcourt toute la vallée du Thérain de Creil à Beauvais.

Les bois dits du Veil, situés sur le même point du terroir, auront le même sort.

Le hameau d'Égypte, qui formait aussi une

enclave sur l'intérieur de Mouy, comme dépendance d'Angy, étant devenu en grande partie l'un des faubourgs de la ville nouvelle ; ce quartier malsain se fait remarquer par les belles constructions qui s'y élèvent chaque année sur un sol surexhaussé.

M. Graves, ancien secrétaire général de la préfecture de l'Oise, s'est fait l'auteur d'une statistique sur toutes les villes et les communes rurales de ce département, et nous fournit de grandes lumières sur leur origine. Pouvant obtenir ses documents aux archives de la préfecture, il a dû s'en éclairer. Mais si les archives renferment des titres et des notes sur tous les points qui en dépendent, il n'est pas douteux qu'il n'existe du vide et des erreurs dans les documents dont nous parlons. Bien des détails sont restés ignorés ou négligés. Nous en avons acquis un grand nombre de preuves, en consultant de vieux papiers restés cachés ou ignorés dans un grand nombre de localités où M. Graves n'a point paru, pour s'entourer d'autres lumières que celles qu'il avait sous la main.

En nous parlant de Mouy, par exemple, cet honorable statisticien nous dit entre autres choses, dans sa statistique sur le canton de Mouy, qui parut en 1835, ainsi que sur quelques autres localités qui y touchent par leurs territoires, que « Mouy, dans l'origine, ne fut qu'un château » fort destiné à défendre le passage de la vallée

» du Thérain, et sous la protection duquel il se
» forma un petit village; *que les commencements*
» *de cette ville sont entourés d'obscurités* (1);
» que ce n'est peut-être que le château du
» comté d'Angy, qu'on a dit avoir été considé-
» rable dès le IXe siècle; que Mouy prit le titre
» de comté à une époque qui n'est pas connue. »
M. Graves expose aussi que la série des seigneurs de Mouy n'est pas bien établie avant le
XIVe siècle; cependant, il finit par reconnaître
qu'il y avait au XIIe siècle des seigneurs de
Mouy (2).

Ne pouvant pas nous contenter de ces doutes,
en prenant la résolution d'écrire l'histoire de
Mouy, il nous paraît indispensable d'établir
d'abord, avec toute la précision possible, comment ce bourg (car cette localité fut qualifiée
du nom de bourg dès son origine, en même
temps qu'Angy eut celui de ville), indispensable, disons-nous, d'expliquer comment ce
bourg eut son commencement et est parvenu
à sa position actuelle, tandis que la ville d'Angy,
d'abord comté, puis chef-lieu de prévôté, n'a pu
marcher que dans un sens opposé à Mouy (3).

---

(1) Mais un auteur contemporain ajoute ces quelques mots : « Comme la plupart des lieux dont l'existence date du temps des Gaulois. »

(2) On trouvera la série des seigneurs de Mouy au chapitre suivant.

(3) Le lecteur trouvera plus loin, au chapitre V,

Etablissons d'abord une comparaison entre Mouy et tous les villages qui l'entourent, au simple point de vue de leur origine, et commençons par Angy, en empruntant les œuvres, les documents et les talents de M. Graves.

ANGY.

Cette petite commune de 700 habitants, dit-il dans sa statistique de l'année 1835, est placée sur la pente méridionale du Thérain, n'étant séparée de Mouy que par cette rivière ; elle est traversée, comme Mouy, par une route qui conduit de Clermont à Beaumont-sur-Oise ; elle avait précédemment pour ressource particulière un chemin qui, étant un moyen de communication entre Beauvais et Senlis en traversant Angy et plusieurs autres localités de la vallée de la rivière, permettait aux habitants de circuler jusqu'aux extrémités de la contrée.

Il ajoute (M. Graves) qu'Angy était un des lieux les plus anciens du Beauvaisis ; qu'il dépendait du grand bailliage de Vermandois, à l'époque où il n'y avait encore que quatre bailliages (2) dans le royaume ; que le domaine

---

d'utiles renseignements qui sont le résultat des recherches que nous avons pu faire aux archives de la préfecture de l'Oise.

(2) On sait que le siége de ce bailliage était à Soissons, où Herbert II, comte de Vermandois, était un seigneur puissant au VIIe siècle.

formait un comté particulier de la maison de Vermandois; qu'Angy fut réuni au domaine royal en 1202, sous le règne de Philippe-Auguste, et que cette ville perdit son titre de comté.

Et enfin qu'Angy fut un chef-lieu de prévôté où il se trouvait, entre autres fonctionnaires publics, un notaire et un tabellion garde-notes au XVI° siècle, tandis que Mouy n'avait que deux notaires.

Les documents que nous reproduisons nous paraissent suffire pour démontrer que l'origine d'Angy remonte au-delà du VII° siècle. Du reste, la notice particulière sur cette localité, qui se trouve à la suite de notre histoire principale, en fera connaître toutes les péripéties.

Les mêmes dispositions ont été prises pour les communes d'Ansacq, Balagny-sur-Thérain, Bury, Foulangues, Heilles, Hondainville, Mouchy-le-Châtel, Thury-sous-Clermont, Saint-Félix et Wlly-Saint-Georges.

Or, en mettant en présence les unes des autres l'origine de chacune de ces communes vis-à-vis de celle de Mouy, il sera facile au lecteur de se rendre compte de la situation des choses, et d'en juger.

ANSACQ.

Ansacq est situé au nord de Mouy, son chef-lieu de canton, à cinq kilomètres de cette ville et à pareille distance de Clermont.

Son origine paraît remonter au-delà du XIe siècle; c'est du moins ce qui paraît résulter de la donation qui aurait été faite en 1037 aux chanoines de Saint-Barthélemy de Beauvais.

Le village, nous dit M. Graves, fut détruit au IXe siècle par les Normands, en même temps que Bury.

Le premier seigneur de cette localité fut, au XVe siècle, Pierre Popillon, chevalier de Bourbonnais.

La terre dépendait en partie de la baronnie de Mouchy-le-Châtel, à l'époque à laquelle le domaine entier fut vendu, en 1794, comme propriété nationale (bien d'émigrés).

Le château d'Ansacq, dont les tours restent encore debout, est un écart d'Ansacq.

Le commandant du château fort de Mouy était en même temps celui d'Ansacq.

BURY.

Bury, dans la vallée du Thérain, occupe, nous dit le statisticien Graves, plus du cinquième de la superficie du canton dans la région du sud-est. Le marais qui séparait jadis Bury de Mouy, n'existant plus, à fort peu de chose près, par suite des constructions qui y ont été élevées de part et d'autre, les deux communes ne se trouvent plus qu'à 300 mètres de distance des parties agglomérées des deux localités.

Cette commune fut brûlée au IXe siècle par les

Normands, et mise au pillage en même temps qu'Angy ; puis par les ligueurs de Beauvais, le 25 août 1591.

L'église mérite une mention particulière qui ne sera développée que dans sa notice détachée, et dont nous ne parlons qu'au point de vue de l'origine de la commune, et pour constater que, de simple paroisse qu'elle était antérieurement au IX° siècle, elle fut changée en collégiale par Guy, évêque de Beauvais, le jour de Noël de l'année 1078 (1).

On voit que l'église a les caractères de l'architecture de transition.

Bref, Bury existait au IX° siècle, mais il paraît impossible d'indiquer une époque déterminée et applicable à son origine, sauf toutefois l'examen des archives communales auxquelles il nous sera possible d'avoir recours.

BALAGNY-SUR-THÉRAIN & HAUT-LAGNY.

HAUT-LAGNY jusqu'en 1157.

BAS-LAGNY-SUB-THÉRAIN, depuis cette époque.

Cette localité est pauvre en archives depuis que l'incendie qui y a éclaté en 1818 en a dévoré tous les papiers, en réduisant en cendres une grande partie du village. Cependant nous

---

(1) Des explications plus étendues seront données sur ce fait, qui revient tout entier à un ecclésiastique de Mouy, du nom d'Albert.

l'avons placée au premier rang parmi celles que nous avons consultées, pour donner quelque valeur et surtout de la précision à certains points de notre travail, parce que le martyre des saintes Maure et Brigide, arrivé sur le terroir de Balagny en 514 de notre ère, est resté jusqu'à ce jour dans le souvenir de tous ses habitants ; qu'un certain nombre de templiers y ont séjourné jusqu'en 1311 ; que des seigneurs particuliers de cette localité s'y sont succédé depuis le XV° siècle jusqu'en l'année 1840 ; et que des traces matérielles de toutes ces choses, ainsi que sur l'assiette du village sur le point le plus élevé du territoire (Haut-Lagny), sont des faits incontestables qui seront expliqués dans la notice particulière qui accompagnera l'histoire principale (1).

Nous ajoutons à ces simples explications que Balagny était, comme Mouy, un vignoble, et qu'après avoir détruit leurs vignes, les habitants de la localité trouvèrent à Mouy des moyens d'existence qui se sont continués jusqu'à l'époque actuelle, ce qui a produit, par cette espèce d'existence commune, une grande conformité de mœurs entre eux et une grande partie des habitants de Mouy.

---

(1) Nota. — Sur la demande des habitants de cette localité, ils auront leur histoire particulière, détachée de celle-ci.

FOULANGUES.

Foulangues est une commune de 180 habitants, située à cinq kilomètres de Mouy, vers le midi, et dont le terroir s'enclave dans celui de Balagny, et sans distance avec Haut-Lagny, première dénomination du village actuel.

L'église de ce petit village est un édifice curieux, de l'époque de la transition. La chaire est une véritable curiosité : elle ressemble à une cage à oiseaux, à sculptures à jour, et est suspendue à peu de distance du sol par un pied qui offre peu de solidité. Cette paroisse est desservie par le curé de Balagny. De ce côté, l'accès en est difficile à défaut de chemin classé et entretenu.

La seigneurie était partagée, dès le XV° siècle, entre le seigneur de Balagny et l'abbaye de Saint-Lucien de Beauvais, à laquelle le cardinal Chollet cédait, en 1286, tout ce qu'il possédait sur Foulangues ; ce qui indique que l'origine du village remonte au-delà de cette époque.

HEILLES.

La commune de Heilles est située à cinq kilomètres et à l'ouest de Mouy, son chef-lieu de canton.

Vers le nord, son territoire s'avance vers la

vallée et trouve sa limite au bord du Thérain ; sur le côté opposé, il s'étend sur la plaine jusqu'à la rencontre du terroir de Mouchy-le-Châtel ; vers le levant, se trouve le terroir de Mouy.

Heilles a l'avantage de se trouver à peu de distance de la station d'un chemin de fer qui parcourt plusieurs fois par jour la distance de Paris à Beauvais.

L'annexe de Mouy-la-Ville et le château de Morainval, qui dépendoient anciennement de Mouy, appartiennent maintenant à la commune de Heilles. L'ensemble compose aujourd'hui une population de 450 habitants.

On nous a appris que Heilles dépendait de la baronnie de Mouchy-le-Châtel, et que Mouy dépendait de la châtellenie du même lieu.

L'Eglise de Heilles, ainsi que son presbytère et la maison d'école, sont isolés et placés entre Heilles et l'annexe de Mouchy-la-Ville.

Cette église ayant été restaurée et remaniée dans toutes ses parties, il nous a paru difficile d'indiquer l'époque de sa construction.

Nous devons aussi garder le silence sur l'origine du village de Heilles, lequel n'offre du reste qu'un médiocre intérêt.

HONDAINVILLE.

HONDAINVILLE-SUR-THÉRAIN, *Hondinville, Hondainville-en-Beauvaisis*, *Ondinville*, — entre

Thury au nord-est, Angy à l'est, et Mouy au midi.

Son terroir s'étend dans la vallée du Thérain et dans le vallon du ruisseau de Lombardie.

Les progrès obtenus sur les procédés mécaniques, ont permis aux usiniers d'établir sur la rivière du Thérain d'autres établissements que ceux qui s'y trouvaient précédemment, sans augmenter le volume d'eau que donne cette rivière, en passant au pied du coteau où se trouve aujourd'hui le principal château d'Hondainville.

Des constructions nouvelles d'une certaine importance, occupent des machines qui produisent sans doute des bénéfices à ceux qui les possèdent, en même temps que les ouvriers de la localité y trouvent des moyens d'existence, et c'est ainsi que l'aisance arrive dans diverses classes de la société; aisance à laquelle cependant il manque encore beaucoup de choses.

M. Graves, déjà cité plusieurs fois, et le *Guide pittoresque du voyageur français*, nous disent substantiellement qu'Hondainville existait assurément au Xe siècle, puisque la seigneurie de ce village fut donnée en 974 au monastère de Saint-Aubin d'Angers, par Adélaïde de Vermandois, comtesse d'Angy, femme de Geoffroy de Grisgonelle, comte d'Anjou.

Une notice particulière sur cette localité étant destinée à prendre place à la fin de notre ouvrage, nous y renvoyons le lecteur pour y voir tout ce qui se rattache aux intérêts et aux autres détails qui concernent la commune d'Hondainville. Elle s'explique sur le château Vert qui existait à Hondainville vers le IX siècle, et qui était en observation continuelle avec ceux de Mouy, de Château-Rouge et de Hermes.

CHATEAU-ROUGE.

Le Chateau-Rouge dont nous parlons, est situé à quatre kilomètres de Mouy, et a donné son nom au hameau qui s'y est formé et qui reste encore debout. Quant au château, il ne s'y remarque plus qu'un fossé d'enceinte couvert de broussailles humides et traînantes.

THURY-SOUS-CLERMONT.

Thury-sous-Clermont est une commune du canton de Mouy qui se trouve à cinq kilomètres de cette ville, et dont l'origine paraît remonter au-delà du XII° siècle, d'après M. Graves.

La notice que cet historien a laissée sur Thury, renferme en effet cette mention : « On trouve
» au nord-ouest de Thury, à l'extrémité d'un
» coteau, les fondations d'un lieu ancien, bien
» fortifié, qu'on appelait le château Thierry et
» qui appartenait, dans le XII° siècle, à la mai-
» son de Pierrefonds; les traces des fossés sont
» encore reconnaissables. On y a recueilli un

» éperon gigantesque en fer, et divers débris
» d'armes. »

A notre point de vue, Thury a le droit d'occuper l'une des premières places dans cet ouvrage ; le lecteur en jugera par la notice qu'il trouvera au lieu que son nom indique.

CLERMONT, MOUCHY-LE-CHATEL & MELLO.

Au-delà du cercle dans l'intérieur duquel nous avons cherché nos lumières pour asseoir notre jugement sur l'origine de Mouy, se trouvent Clermont, Mouchy-le-Châtel et Mello, qu'il faut considérer comme trois points culminants, et comme lumières dont il faut s'éclairer.

Or, on sait que Clermont fut l'un des châteaux forts qu'on éleva de tous côtés aux IXe et Xe siècles, pour résister aux invasions des Normands pendant le règne des rois de la deuxième dynastie des Carlovingiens, dans quelques contrées en France.

MOUCHY-LE-CHATEL.

Cette localité fut désignée d'abord comme ville ; elle fut qualifiée ensuite de bourg, et en dernier lieu de commune.

Mouchy-le-Chatel n'est donc plus maintenant qu'une petite commune de 130 habitants, à terroir plat vers l'est et le sud, formant saillie sur le canton de Mouy, descendant au nord jusqu'à la vallée du Thérain où se trouve une station du chemin de fer de Paris à Beauvais, traversant toute la vallée du Thérain en sortant de la gare de Creil.

Mais cette simple désignation de commune se trouve singulièrement relevée en présence du château princier des ducs de Mouchy, princes de Poix, qui est aujourd'hui occupé par le dernier descendant des seigneurs de ce nom, tous honorables, tant par leurs noms et leurs qualités particulières, que par leur caractère généreux et obligeant.

Nous n'avons à parler ici, du reste, que de l'origine de Mouchy-le-Châtel, dans la vue de nous en servir comme point d'appui dans la recherche de celle de Mouy; car Mouy dépendait de la châtellenie de Mouchy, qui rayonnait sur une étendue de quatre lieues à la ronde et était entourée d'autres priviléges, particulièrement de ceux que peut donner une baronnie des plus anciennes de la Picardie, ainsi que nos documents l'indiquent.

On nous montre le château de Mouchy-le-Châtel comme ayant été édifié, flanqué de tours, sous le règne de François Ier, dominant toute la vallée du Thérain et au-delà.

Cependant l'histoire rapporte qu'en 1101, Dreux de Mouchy assista le baron de Montmorency dans sa révolte contre Louis-le-Gros, alors prince royal, pour résister à l'autorité du roi qui voulait mettre fin aux déprédations et à la puissance de ses grands vassaux. Si les choses se passèrent ainsi, il faut croire qu'antérieurement à cette époque, il se trouvait à Mouchy-le-Châtel un autre château fort que celui dont nous parlons, et avec lequel on put se défendre contre l'armée du prince Louis-le-Gros; nous en concluons que l'origine de Mouchy-le-Châtel peut bien remonter au-delà du XI° siècle.

« Longtemps après le seigneur Charles de Mouchy, vint Philippe de Noailles, duc de Mouchy, maréchal de France, deuxième fils d'Adrien-Maurice de Noailles, prince de Poix, né en 1715, qui fit avec distinction toutes les campagnes de Louis XV. » (Bouillet.)

Gouverneur de Versailles lorsqu'éclata la révolution, il honora sa vieillesse par un courageux attachement à son souverain : il était près de Louis XVI à la déplorable journée du 20 janvier 1792, et son bras, quoique bien affaibli par l'âge, eut encore assez de force pour repousser de son maître les menaces et les outrages. Au 10 août, il voulut encore occuper le poste de l'honneur, mais il ne put parvenir jusqu'au roi.

Le 27 juin 1794, sa tête tomba sous la hache révolutionnaire. Il avait soixante-dix-neuf ans.

SAINT-FÉLIX.

Cette commune méritant à tous égards une notice particulière pour en faire connaître l'histoire pleine d'attraits, nous n'en parlons ici que très-sommairement.

MELLO.

Nous arrivons à la dernière station de notre travail préparatoire, où se trouve le bourg de Mello, situé dans la vallée du Thérain, à sept kilomètres de distance de Mouy.

Ce bourg devant être examiné sous deux points de vue, c'est-à-dire la localité proprement dite d'abord, et en second lieu son château, nous voyons premièrement sa partie agglomérée dont la principale limite touche au village de Cires, duquel elle n'est séparée que par la rivière du Thérain.

L'intérieur de ce bourg se fait remarquer par des constructions anciennes telles qu'on en faisait en grand nombre dans le XVe et le XVIe siècles ; cependant les historiens que nous avons consultés sur son origine, nous apprennent que le bourg était le chef-lieu d'une seigneurie fort ancienne et qui fut érigée en baronnie en 1200.

Le *Guide pittoresque du voyageur en France*, s'exprime en ces termes sur le château de Mello : « Le château, flanqué de tourelles, est
» situé sur le haut d'un coteau qui domine le
» bourg. Il a été bâti par les Dreux de Mello ;
» il existait en l'an 800. Des réparations y furent exécutées en 1400, vers 1480 et en 1770.
» La porte d'entrée était flanquée de deux
» énormes tours qui ont été démolies en 1800 :

» l'une d'elles, haute de quatre-vingts pieds,
» était surmontée d'un donjon élevé de soixante
» pieds, du haut duquel on découvrait Beau-
» vais, la butte Montmartre et une immense
» étendue de pays. Des croisées du château, on
» jouit d'une vue extrêmement agréable sur la
» vallée du Thérain. Un bélier hydraulique
» monte les eaux de la rivière jusqu'à la hau-
» teur de cent quatre-vingt-quatre pieds, dans
» un réservoir au-dessous des combles, d'où
» elles se distribuent aux communs et aux
» parterres. »

Cires-lès-Mello est un bourg de quinze cents habitants, où on remarque de très-vieilles constructions parmi lesquelles on distingue facilement d'anciennes maisons monacales. L'aspect de l'ensemble permet de croire que son origine remonte aux temps les plus reculés. On y voit encore de la vigne sur quelques parcelles de terrain.

DEUXIÈME PARTIE
DU CHAPITRE II.

Chaque chose a sa valeur. L'importance de celle qui nous occupe en a peu relativement, puisqu'il ne s'agit que de connaître l'origine d'une petite ville française ; mais il faut dire aussi qu'une chose n'a d'importance que celle qu'on y attache. Or, le lecteur comprendra tout le prix que nous y attachons en nous voyant travailler laborieusement à ce qui en fait l'objet.

Ceci dit, nous allons discuter sur l'importance et la valeur des renseignements que nous avons recueillis dans toutes nos recherches pour arriver à la connaissance de l'époque à laquelle Mouy a commencé à paraître, et que l'on a dit être pleine d'obscurités.

Nous n'avons pas mis Beauvais au nombre des lieux à consulter, parce que l'on sait que la cité beauvaisienne existait avant la mort de Jésus-Christ, et que Jules-César l'avait visitée fortifiée et possédée momentanément avant le commencement de notre ère.

Nous pourrions nous adresser à nous-même la question de savoir si Mouy n'existait pas alors déjà à l'état de peuple isolé et ignoré, dans les bois de nos environs, dont il reste encore quelques buissons sur des terrains incultes, confondu avec des peuplades voisines. Non, cette ambition ne s'est point emparée de notre esprit ; mais nous dirons seulement que la rue de Fourneau a dû réunir un certain nombre de chaumières improvisées, posées sans ordre en cet endroit, et entourées de bois, de marais fangeux, de friches dans lesquelles on a ouvert des carrières et des refuges avant qu'il fût question de Mouy proprement dit (1).

---

(1) On sait par tradition que les carrières de Jan-

Cependant, résumons ce que nous enseignent les documents recueillis, avant que de pousser plus loin nos explications. Nous avons montré, en parlant d'après les documents cités :

1° Que la ville d'Angy avait quelque importance au IX° siècle, époque à laquelle les Normands causaient de grands dommages dans plusieurs contrées de la France, particulièrement en Picardie ;

2° Que ces Normands (peuple neustrien) commettaient les mêmes déprédations, et à la même époque, à Balagny, à Ansacq, à Bury, à Beauvais, à Clermont, dans toute la contrée, en un mot ;

3° Que le Haut-Lagny ayant été détruit par eux, les habitants de ce village se fixèrent dans la vallée du Thérain, d'où est venu le nom de Bas-Lagny, Balagny par corruption, reconstitué à l'état de village vers le milieu du XII° siècle, ainsi que l'explique la notice particulière qui fera suite à ce travail principal.

4° Que Hondainville existait aussi au IX° siècle, et s'est trouvé protégé comme Mouy, Ansacq et Château-Rouge, par des châteaux forts qui étaient en continuelle correspondance

---

ville et du Ménil ont servi plusieurs fois de refuge aux habitants des lieux voisins, et qu'un malheureux de la rue de Fourneau y a passé les dernières années de sa triste existence. On l'appelait le Siffleux.

avec ceux de Mouy et d'Ansacq, ayant le même commandant, celui de Château-Rouge, qui était défendu par une garnison de cinquante hommes environ ;

5° Que l'origine de Thury remonte au-delà du XII° siècle, et que celle de Foulangues est de la même époque ;

6° Que Clermont avait, au IX° siècle, son château fort et ses murs d'enceinte ;

7° Que Mouchy-le-Châtel avait son château flanqué de tours et de plusieurs autres moyens de défense, au XI° siècle ;

8° Et que l'origine de Mello remonte au VIII° siècle par son château, pourvu aussi de plusieurs moyens de défense, lesquels n'ayant pu résister, au XV° siècle, aux attaques des Anglais, durent céder à leurs efforts et mirent ces derniers en état de conserver la possession de ce château pendant plusieurs années.

De toutes les incursions faites par les Normands, nous dit l'historien Bouillet, celle de l'année 905 fut la plus cruelle (règne de Charles III dit le Simple). Après avoir pris la ville de Rouen et avoir fortifié un grand nombre de châteaux forts, ils voulurent profiter de leurs désastres en parcourant les provinces voisines, la Picardie particulièrement, pour griller et ravager tous les peuples de cette partie de la France.

Il est de toute évidence que les souverains du VIII° siècle ont formé un grand nombre de comtés et de baronnies en France ; et on a toujours reproché au roi Charles III d'avoir rendu les dignités et les titres héréditaires, trop nombreux et trop puissants dans son royaume. Il a été facile de voir quelles en furent les conséquences.

Nous pourrions ajouter à ce que nous avons exposé sur les désordres des Normands, bien des détails sur les méfaits et les atrocités qu'ils ont commis dans le cercle que nous avons parcouru. C'en est assez de ce que nous venons de voir, pour convaincre que s'ils ne se sont pas arrêtés sur le point isolé où se formait l'origine de Mouy, c'est qu'ils n'ont pu y voir les malheureux qui s'y trouvaient, ou les ont dédaignés.

On a pu croire que le château fort de Mouy n'avait d'autre utilité que de défendre le passage de la rivière du Thérain aux Normands ainsi qu'à tous autres peuples, quels qu'ils fussent, au IX siècle et ultérieurement ; mais le château n'en existait pas moins sur le terroir de Mouy. Au surplus, si l'on voulait défendre le passage de cette rivière, c'est apparemment parce qu'il y avait quelque chose à défendre au-delà. Pourquoi n'aurait-on pas dû prendre autant de mesures de précautions pour Mouy que pour Angy, ayant de l'un et de l'autre côté des centres de population que l'on venait d'investir de fonctions publiques ?

Quand on fait édifier des forces stratégiques,

on entend en faire usage au besoin pour tous les peuples qui y ont droit.

On a fait plus à Mouy du IX⁰ au X⁰ siècle, puisque l'enceinte du bourg eut les trois portes que nous allons désigner :

La première était placée au tournant de la rue Saint-Laurent. Les piliers qu'on y voyait encore il y a quelques années, n'ont complétement disparu qu'à l'époque où la route de Mouy à Beauvais, par Noailles, a changé de direction au sortir de la ville. Du reste, son existence vient d'être mise en évidence par un reste de construction de la loge du concierge de cette porte ; ainsi, plus de doute sur ce point.

La deuxième porte se trouvait au point de jonction des rues Chantereine, des Caves et de Fourneau. Ce qui en restait, n'a disparu qu'il y a deux ans; nous voulons parler des trois meurtrières qui restaient dans le mur situé sur l'un des côtés de cette porte de la rue Chantereine, mur qui fut remplacé par la construction d'un vaste bâtiment qu'un fabricant de draps de la ville y a fait élever.

La troisième porte était en la rue de Clermont, au point où l'on rencontre un pont sous lequel passe l'eau d'une dérivation de la rivière du Thérain, au pied du mur extérieur de l'ancien siége de l'Hôtel-Dieu.

Telle était la première enceinte du bourg de Mouy. En dehors de ces limites se trouvaient le hameau de Coincourt, devenu faubourg, les écarts de Janville, de Saint-Jean-des-Viviers et de Bruiles, plus le petit village de Mouchy-la-Ville, devenu annexe de Heilles; vers le levant, la longue rue de Fourneau, formant maintenant agglomération avec Mouy, la rue des Caves restant en dehors de l'enceinte; et, vers Angy, le faubourg d'Egypte qui dépendait en grande partie de la commune d'Angy et dont la presque totalité appartient aujourd'hui à Mouy.

Nous faisons remarquer au lecteur, en terminant cette deuxième partie du chapitre II, un usage, ou plutôt une habitude qui n'a point encore disparu parmi les habitants des rues de Fourneau et des Caves, et qui est commune aux habitants des autres faubourgs, c'est de s'y considérer comme étrangers, en disant : « *Je vais à Mouy* » *en sortant de chez eux pour se rendre dans son intérieur, particulièrement sur la place du marché, pour s'y procurer les choses nécessaires à leurs ménages.* Nous entendons fréquemment parler ainsi par une partie des habitants de Mouy qui occupent les rues que nous venons de désigner, et que nous supposons appartenir à des familles qui y sont fixées depuis de longues années, tant par elles-mêmes que par leurs aïeux.

Le château avait son enceinte particulière, close par une porte qui était placée sur le pont Gambot, et une autre porte placée entre la place dite du château et celle des marchés. Des fossés et la rivière composaient de véritables fortifications.

TROISIÈME PARTIE
DU CHAPITRE III.

Les hauteurs au-dessus de la mer ont été mesurées sur plusieurs points à Mouy et dans les communes qui entourent cette localité, savoir : à Mouy sur trois points, et on a trouvé à l'église 38 mètres au-dessus du niveau de la mer ; sur le point le plus élevé du quartier Saint-Laurent, au chemin de Coincourt, 104, et à Janville 114 mètres.

A Angy, 55 mètres.

A l'Eglise de Bury, 45 mètres ; et à Arcy, qui est une annexe de Bury, 36 mètres.

A Hondainville, 44 mètres au village et 102 mètres au Château-Vert, à l'extrémité de la côte Saint-Aignan.

A Thury, à la crête de la Longue-Côte, 110 mètres.

Sur le point le plus élevé de Mouchy-le-Châtel, 219 mètres, et au point culminant des lieux voisins, 233 mètres ; aussi les habitants de Mouy ont-ils toujours appelé cette contrée *les hauts pays*.

A Balagny-sur-Thérain, sur la place, 47

mètres, et sur la plaine où se trouvait le Haut-Lagny, 115 mètres.

La rivière du Thérain étant d'une haute importance pour Mouy, nous croyons devoir faire connaître les affluents qui s'y rencontrent en traversant son territoire :

Au côté droit on en voit deux, dont l'un a ses sources au hameau de Bruiles, et qui, en passant par Saint-Jean-des-Viviers, y trouve d'autres sources, mais qui toutes réunies, ont peu d'importance. Jusque-là, cet affluent porte le nom de ru de Marolle, mais prend celui de fossé de l'Arrêt en traversant les prairies, et sert d'aliment au lavoir dit de Nœu avant d'aller confondre ses eaux dans celles de la rivière, à très-peu de distance de la ville, en amont.

Le deuxième affluent part de la ferme de Janville et des carrières de Miny qui en dépendent, pour traverser un pont situé sur le terroir de Balagny, et ensuite l'ancien petit marais de Mouy, et arriver à l'entrée de la rue de Fourneau où il est utilisé dans un lavoir et un abreuvoir publics ; après quoi, ce ru va se jeter à la rivière sur un point qui fait face au terroir de Bury.

Du côté opposé à ces deux rus, se trouvent ceux d'Ansacq et de Mérard, qui ont leurs sources, l'une au marais du Val, à Ansacq, dans le vallon nommé le Foulandro, et l'autre à Brivois, se réunissant à Boisicourt et à Mérard pour traverser les bois dudit Mérard, et arriver à la fabrique de papiers peints de Moineau, pour servir de moteur à cette usine, et venir enfin se mêler aux eaux du Thérain après avoir passé sous l'une des limites de la station du chemin de fer dite de Mouy-Bury.

Ajoutons à tout ce qui précède la remarque qui a été faite au-delà d'Hondainville, au midi du moulin de Saint-Félix : une anastomose sinueuse et circulaire qui a quatre cents mètres environ de diamètre. Plusieurs canaux ou dérivés ont été ouverts sur la berge droite, à Mouy, en premier lieu pour la défense de l'ancien château, et ensuite pour le service des manufactures.

Un canal nommé le Pont-l'Evêque, ayant plus de deux mille mètres de longueur, a été pratiqué sur la rive gauche entre les marais et Bury.

Le Thérain atteint la limite du canton au point de jonction des communes de Cires-lès-Mello et de Mello, arrondissement de Senlis.

La largeur du Thérain est de quarante-cinq mètres à Mouy.

CHAPITRE III.

Sur les anciens Seigneurs de Mouy, leurs actes et leurs actions.

Mouy, était du bailliage de Beauvais jusqu'en deçà de la Croix-Rouge (1), et de la châtellenie de Mouchy en 1176 (*Mouchy-le-Châtel*).

Premier seigneur :

DREUX DE MOUY, de la maison de Mouchy, au XIIe siècle.

Dreux de Mouy, de la maison de Mouchy, fut, paraît-il, le premier seigneur de ce bourg

---

(1) La Croix-Rouge se trouvait à la limite du terroir de Mouy, vers Angy, à l'entrée du bourg nommé Egypte, à un point qui lui est maintenant annexé comme faubourg.

sous le règne de Philippe-Auguste, au XII° siècle. L'histoire nous apprend qu'il avait eu à se défendre avant cette époque contre le roi Louis-le-Gros, à l'occasion de choses de haute importance que le souverain n'a pas voulu souffrir, et qui eut pour résultat la démolition du château de Mouchy, ainsi que des tours dont il était flanqué et à l'aide desquelles il avait pu se défendre. Il mourut en 1146 (1).

Dreux de Mouy eut pour successeurs ses deux filles, Ermentrude et Edine, la première ayant épousé Dreux de Mello, et la seconde Nivelon III de Pierrefonds (2-3).

Deuxième seigneur :

Le baron JEAN DE MOUCHY, au XIII° siècle.

Des différends s'étant élevés entre ces deux alliés sur le partage des domaines de la maison de Mouchy, la seigneurie de Mouy paraît avoir

---

(1) On sait que Louis VI, surnommé le Gros, est mort en 1137, et son successeur en 1180.

(2) Voir la notice sur Thury, pour mieux connaître Nivelon de Pierrefonds.

(3) Denis Simon, conseiller au présidentiel de Beauvais, nous a montré comme successeurs de Dreux de Mouy, dans son spécilège déposé à la bibliothèque de la ville de Beauvais, les sires Godefroy et Rieul de Mouy, ignorant sans doute les héritiers en ligne directe de Jean de Mouy, leur père.

été abandonnée pendant plusieurs années, mais on la vit enfin possédée par Jean de Mouchy-le-Châtel, premier baron du lieu, qui se fit bientôt remarquer par ses hautes qualités, et auquel on donne le surnom de bienfaiteur de l'abbaye de Froidmont. Il avait permis aux religieux Lasselin et Manassès d'extraire et de disposer de toutes les pierres qu'ils pourraient trouver dans les carrières du domaine de Janville, propres à faciliter la construction qu'ils s'étaient engagés à fonder en l'année 1134, sur les inspirations de don Vallerant, abbé du cloître d'Ourscamp, près Noyon, sous le nom d'abbaye de Froidmont, sur un terrain ainsi nommé, situé entre les villages de Hermes et de Bresles; ce cloître devint considérable par le nombre de moines qui s'y sont trouvés réunis jusqu'en 1790, mais dont il n'existe plus que de chétifs bâtiments occupés par de simples cultivateurs des localités voisines.

La tradition veut que le même seigneur de Mouy permit à la ville de Beauvais de prendre dans les mêmes carrières des matières propres à servir dans la construction de la cathédrale de cette ville, en 1247.

Le sire Jean Ier, prenait la qualité de seigneur privilégié de Mouy et de seigneur fieffé de Berthecourt, à l'époque où il y faisait construire une chapelle.

Nous donnerons plus loin quelques détails

sur tous les priviléges qui étaient attribués aux seigneurs de Mouy sur les habitants de ce bourg et leurs propriétés.

Troisième seigneur :

Les descendants de JEAN DE MOUY, au XIVe siècle.

Après avoir partagé son domaine entre ses deux enfants, on vit paraître après sa mort, comme seigneurs de Mouy, Renaud, comte de Dammartin, et Jean II de Trie, sénéchal de Toulouse et d'Albigeois.

Le conseiller Simon, de Beauvais, nous désigne l'un de ces deux seigneurs comme ayant fait un accord avec le maire et les pairs de Beauvais, pour le travers de Saint-Martin-le-Nœud, en l'année 1333.

Ceux-ci furent remplacés par la branche cadette de la maison de Soyécourt, originaire de Picquigny, petite ville située entre Amiens et Abbeville (Somme), et nous renvoyons le lecteur au P. Daire, auteur de l'histoire de ces deux cités, pour être éclairé sur la famille de Soyécourt, en dehors de ceux qui suivent :

Quatrième seigneur :

DE SOYÉCOURT (Gilles-Louis), et après lui ses descendants, au XIVe siècle.

Gilles-Louis de Mouy, second fils de Philippe

de Soyécourt, qui fut maître des requêtes sous Charles V, et qui signa les lettres que ce prince accordait, en 1365, pour les charges de secrétaires du roi.

Puis le sire Quentin de Mouy, conseiller au parlement en 1391.

Après ce dernier, arrivèrent Arthur de Mouy et Tristan son fils, tués l'un et l'autre à la cruelle affaire d'Azincourt (Nord), en 1415.

Puis Charles, fils de Gilles, que nous avons nommé, qui parut en 1417, et mourut en 1429, du parti et sous l'obéissance du duc de Bourgogne, Charles-le-Téméraire, contre Charles VII; mais après s'en être détaché, il devint chambellan du roi (1).

Rappelons ici que Jeanne d'Arc est morte à Rouen, au mois de mai 1431, victime des Anglais, après avoir défendu la France et combattu pour elle à la tête des armées de Charles VII; et que c'est à cette époque que le roi prescrivit la restauration du château fort de Mouy, qu'il avait trouvé assez important pour le temps des guerres de la ligue de ce XV° siècle.

---

(1) En écrivant l'histoire de Chambly, M Graves cite un sieur Jean de Mouy, comme ayant suivi le duc de Bourgogne, en l'année 1417. Il existe à Chambly une rue qui porte ou a porté le nom de Saint-Jean-des-Viviers, de laquelle nous ferons connaître l'origine.

Cependant, l'historiographe Simon expose que Charles de Soyécourt était, en 1431, l'un des trois seigneurs qui entrèrent par surprise dans le château de Rouen, où ils ne furent pas secourus par les leurs, et qui, après avoir tenu longtemps, y furent pris.

Louis de Soyécourt nous est montré dans les écritures comme ayant été le seigneur de Mouy en 1449, et qui avec le grade de capitaine-gouverneur de Beauvais, aurait escaladé Gerberoy.

M. Graves ajoute qu'étant devenu le gouverneur du comté de Clermont en 1464, il était un des généraux qui commandaient les troupes françaises en Flandre à l'époque que nous venons d'indiquer.

Il mourut sans laisser de postérité, et eut pour héritier son neveu, Arthur Vaudrez, dont la mère était fille de l'un des Soyécourt de Mouy, tués à l'affaire d'Azincourt, en 1415.

A Arthur Vaudrez succéda Louis Vaudrez, celui-ci était au nombre des descendants du premier nommé, et qui ayant changé de religion par attachement pour Louis de Bourbon, prince de Condé (huguenot), devint l'un des chefs du parti calviniste, et fut assassiné en 1569, dans la ville de Niort.

Il fut remplacé par celui de ses fils qui a défendu, en 1579, la ville de La Fère (Aisne) contre le maréchal de Matignon, et qui, deux ans après, fut tué par Maurevert, le même qui avait assassiné son père.

Une deuxième édition des œuvres de Graves ayant paru pour le canton de Mouy, peu de temps après la première, nous y trouvons la filiation des seigneurs de Mouy.

Il expose d'abord à la page 57 de ce dernier ouvrage, que la position de ce château avait été reconnue assez forte pour que sa conservation dût être regardée comme importante pendant les longues guerres du moyen-âge et après cette époque (ce qui est la confirmation de ce que nous avons rapporté à la page précédente). J'ajoute que ce dernier seigneur, du nom de Vaudrez, ayant embrassé le parti de la réforme, la place de Mouy devenait un des principaux boulevards de la nouvelle religion, en l'année 1580.

En continuant son exposé, l'historien dit « qu'au mois de mars 1485, une assemblée » générale de quarante ministres eut lieu à » Mouy; que la ligue augmentant, il advint » qu'au mois de septembre 1587, le duc d'Au- » male, ligueur, étant en son château d'Aumale, » fut averti que le sieur de Mouy-sur-Thérain, » ligueur, était de retour en sa maison; qu'il s'y » serait acheminé avec quelques troupes de » ses gens, et qu'en passant à Sandricourt et » à Chantilly, où il avait appris que le seigneur » était, il envoya piller sa maison, fut cou- » cher à Mouy, et que n'y ayant trouvé le sieur » de Mouy, il y laissa une compagnie de gens » de guerre auxquels commandaient deux de

» ses domestiques, savoir : Delaigle, dit La
» Montagne et La Chapelle, lesquels ayant pillé
» les maisons des huguenots, à deux ou trois
» lieues de là, prirent des personnes à rançon
» avec de grandes insolences, de quoi le roi
» averti (Henri III), fit délivrer une commis-
» sion à M. Nicolas Rappin, lieutenant de robe
» courte à Paris, pour aller reprendre le châ-
» teau de Mouy, faire le procès à ceux qui
» s'en étaient emparés, jusqu'à sentence défi-
» nitive, et pour ce faire, lui donna deux
» cents hommes de guerre et du canon. Les
» sieurs de La Montagne, de La Chapelle et les
» soldats qui étaient dans le château, s'étant
» rendus ou pris prisonniers, furent amenés
» par le dit Rappin à Senlis, et apporta avec
» sa commission lettres de cachet s'adressant
» aux officiers du siége, présidant à Senlis,
» par lesquelles il leur était commandé de ju-
» ger le dit procès avec le dit Rappin. »

La Chapelle fut condamné à être décapité, et fut exécuté.

De La Montagne ayant été reconnu n'avoir rien entrepris contre le service du roi que par contrainte et commandement dudit d'Aumale, le jugement fut différé et le roi lui fit grâce.

Mais continuons le récit des choses qui se trouvent dans nos documents : nous y voyons que la ville et son château fort ayant beaucoup souffert par le canon dans la circonstance que l'historien Graves vient de nous exposer, et qui avait pour objet l'expulsion de l'ennemi, le seigneur de Vaudrez prit le parti de transformer la moitié de l'église en écurie, et de laisser l'autre moitié pour l'exercice du culte ou tout simplement pour servir de prêche, cette situation mit, paraît-il, une partie des catholiques, les habitants de Coincourt particulièrement, dans la nécessité de faire construire une chapelle dans le nouveau cimetière du quartier Saint-Laurent, dont le terrain était la propriété de l'annexe de Coincourt, par suite de la concession que le seigneur de Mouy avait faite aux habitants de cette partie de la population.

Nous tirons de ces explications la conséquence que l'ancien cimetière qui entourait la nef de l'église a dû être supprimé en l'année 1587 et remplacé par celui de la côte dite de Saint-Laurent, et que la chapelle dont nous venons de parler a été édifiée aussitôt après avoir vu donner à l'église une autre destination que celle pour laquelle on avait fait le sacrifice de sommes relativement considérables. Nous pouvons supposer que le curé Leconnetté, dont l'arrivée à Mouy date de l'année 1585, n'est pas resté indifférent à ces mouvements extraordinaires dans sa paroisse.

Le désir de donner plus de précision à ce que nous venons d'exposer sur la position de l'ancien cimetière, nous porte à y ajouter qu'ayant pour limites les deux côtés de la nef de l'église sur toute sa longueur, les inhumations se faisaient entre les piliers extérieurs, et sur une ligne beaucoup plus étroite vers le couchant, du côté opposé.

Le presbytère occupait par ses dépendances non-seulement le transept de l'ouest, mais encore tout le tournant du chœur jusqu'au point où se rencontrait la sacristie telle qu'elle est encore maintenant. La tradition veut cependant qu'à son origine son étendue n'était que la moitié de ce qu'elle est actuellement, le seigneur de ce temps y ayant ajouté une petite construction pour en faire une chapelle qui devint, au siècle suivant, la seconde partie de cette sacristie, ainsi, paraît-il, qu'on peut encore le reconnaître. La chapelle avait son entrée sur la place du Château et une ouverture cintrée sur le chœur de l'église.

Après les limites du cimetière, se trouvait la place du Château, à l'extrémité de laquelle est placé l'hôtel-de-ville. Au centre de ce cimetière, se trouvait une porte à deux battants, communiquant avec l'église, et qui fut transformée en croisée, il y a vingt-cinq à trente ans. De l'intérieur de son presbytère, le curé pouvait entrer dans l'église par la chapelle de Sainte-Catherine, au moyen d'une porte dont il ne reste reste plus que la figure.

Rentrons maintenant dans un autre ordre de faits :

La ligue avait préparé, dès l'année 1583, l'esprit populaire à toutes les agitations possibles et inimaginables, en annonçant des malheurs publics, des sinistres extraordinaires, en faisant voir dans le ciel des avertissements qui semblaient indiquer la nécessité de faire des prières publiques, d'où vinrent toutes les processions blanches qui eurent lieu en diverses contrées de la France. Cependant, loin de calmer les esprits, toutes ces cérémonies ne produisirent rien. Le gouvernement de Henri III perdant chaque jour, en ces dernières années du XVI° siècle, quelque chose de son prestige et de son autorité, le souverain ne gouvernait plus que par des conseillers ambitieux et intéressés, lui faisant commettre des fautes.

Paris se trouvant dans une grande agitation, les provinces ne pouvaient qu'en souffrir en présence des œuvres de la ligue, devenant chaque jour plus inquiétantes, et c'est ainsi que, le 28 février 1589, le sieur Devillers Houdain, l'un des chefs de cette ligue à Beauvais, vint attaquer le château de Mouy, fit le prévôt prisonnier, et chassa tous les habitants de la place.

Le seigneur ne pouvant y rester, alla se ré-réfugier chez le prieur, curé de Bury, auquel, dit-on, il faisait, depuis son séjour en ce lieu, une rente de douze setiers de blé à prendre sur ses moulins de Mouy, et d'un porc gras, à fournir chaque année le 24 décembre, à titre de reconnaissance, rente qui paraît avoir été servie jusqu'en 1790.

Le maire de Beauvais avait envoyé vingt-cinq hommes commandés par le capitaine Falempin, pour garder la forteresse; mais, au mois de juillet suivant, le seigneur de Mouy s'étant présenté avec sa troupe, Falempin se rendit à la première sommation, et le vainqueur exerça de grandes représailles contre le ligueur de Beauvais.

Henri III arrivait au terme de sa vie, puisque étant à Saint-Cloud le 1er août de cette année 1589, il y fut assassiné par un fanatique du nom de Jacques Clément.

Henri IV devait être son successeur; il le fut en effet à la fin de l'année que nous venons de citer. Mais après avoir vaincu ses ennemis et particulièrement le duc de Mayenne, qui s'était fait nommer lieutenant général du royaume et qui commandait en même temps les troupes de la ligue sur une grande partie du royaume. Il avait envoyé à Mouy, le 12 juillet, dix-neuf jours avant l'assassinat du roi, un détachement de la compagnie d'hommes de guerre à pied du chevalier d'Aumale, commandé par un officier du nom de Collonnel, sous le prétexte de faire une revue et d'y distribuer des soldes de service, mais avec une autre mission secrète qu'il laissait apercevoir.

Cette apparition sur la place de Mouy est constatée par un procès-verbal sur parchemin, commençant par ces mots : « Rôle de la revue » de quarante-six hommes de guerre de la

» compagnie Collonnelle de M. le Chevalier d'Aumale. » Ce procès-verbal se termine par trois signatures, au nombre desquelles se font remarquer celle de Lefèvre, contrôleur des vivres, et Gautyer, et il contient les noms de ces quarante-six hommes de guerre.

1590. Dans ces entrefaites, c'est-à-dire le 20 février suivant, le duc de Mayenne, qui ne dédaignait point encore la petite place de Mouy, y vint pour s'emparer de son château, ce qu'il fit en brûlant le bourg.

Les murailles d'enceinte et le château étaient, à cette dernière époque, presque entièrement détruits, à la suite des combats continuels dont nous avons parlé. Le château ne fut qu'imparfaitement réparé, parce que, comme toutes les autres places du Beauvaisis, celle-ci paraissait perdre de son importance après la cessation de la ligue.

Des fragments de cet ancien château, les tours particulièrement, restent encore debout; mais nous ne voyons pas l'utilité d'exposer plus de détails que ceux que nous avons déjà donnés.

Disons en passant que c'est aussi par des moyens astucieux que le prince de Condé, le duc de Mayenne et le chevalier d'Aumale ont pu prendre possession des villes et citadelles d'Amiens et de Doullens, et les conserver de 1576 à 1589 (1).

---

(1) Voir l'*Histoire d'Amiens*, par le P. Daire, celle

Le dernier des Vaudrez étant resté le seigneur de Mouy après les événements que la place avait dû endurer en dernier lieu, il devint le serviteur le plus zélé de Henri IV.

On lui confia le commandement de Gerberoy lorsque cette ville eut été enlevée à la ligue en 1591, par le maréchal de Biron, qui en fit la remise au nouveau gouverneur pour suivre le roi en Normandie.

Dix-huit mois après, ce gouverneur fut pris par les ligueurs (1592), et emmené prisonnier à Beauvais. On l'obligea, pour obtenir sa liberté, de consentir à la démolition des fortifications de Bresles et de Gerberoy, de faire évacuer la garnison de Château-Rouge et de déclarer la neutralité des forts de Mouy et du château Vert d'Hondainville.

1621 à 1794. — Le dernier seigneur qui ait possédé Mouy, fut, selon nos documents, Georges de Saint-Phar, baron de Saint-Mesmin, qui vivait encore en 1621; cependant les seigneurs et les domaines du comté de Mouy, desquels une partie de Bury et d'Ansacq dépendaient, passèrent par droit de succession sur la tête du duc de Richelieu, avec Marguerite Guyot des Charmeaux, dame d'Ansacq. Henri étant mort sans enfants, le duc de Riche-

---

de H. Dusevel, et celle de Doullens par A. J. Warmé, pag 235, 236 et 237.

lieu lui succéda dans les terres qu'il donna à sa nièce Claire-Clémence, fille du maréchal Maillé-Brézé, en la mariant à Louis de Bourbon, prince de Condé. Celui-ci céda le comté de Mouy à son frère Armand, prince de Conti, des descendants duquel il vint, avant la révolution de 1789, à Monsieur, frère du roi, depuis Louis XVIII.

C'est ainsi que nos auteurs de diverses époques désignent les seigneurs qui ont possédé successivement la place de Mouy et les domaines qui y étaient attachés.

Le lecteur remarquera qu'en faisant passer le seigneurie de Mouy sur la tête du prince de Condé, on donna au bourg le titre de comté, sans aucune explication.

JANVILLE, l'une des annexes de Mouy, et ancienne dépendance de sa seigneurie.

§ Ier.

Cet écart, dont l'origine se perd dans la nuit des temps, est cependant un lieu qui offre beaucoup d'intérêt parce qu'il se rattache à l'histoire des seigneurs de Mouy, plus qu'au chef-lieu communal.

Le chapitre troisième serait donc incomplet, ainsi que l'ouvrage vu dans toute son étendue, si on n'y ajoutait tout ce qui est particulier à Janville, que Jean Dreux de Mouy possédait dès le XIIe siècle, en qualité de baron et de seigneur privilégié du bourg. Il était déjà remarquable par la vaste étendue du domaine, embrassant une grande partie du terroir de la localité, ainsi que ceux de Bury et d'Ansacq, remarquable surtout par tous les droits et priviléges que le seigneur pouvait exercer et percevoir, non-seulement sur les propriétés qui ne se trouvaient pas comprises dans le domaine proprement dit, mais encore sur les habitants du lieu que ce seigneur considérait comme inhérents à l'immeuble. Ces droits consistaient en grosses et menues dîmes, se percevant, ainsi que nous l'expliquerons bientôt, par des agents particuliers résidant sur les lieux, ou au moyen de baux publics.

On sait jusqu'où s'étendaient l'ambition et la jalousie des riches des premiers siècles de l'ère moderne. Un historien nous dit que souvent le roi Louis VI, dit le Gros, se plaignait beaucoup de l'insubordination de ses seigneurs et de l'influence du roi d'Angleterre, devenus trop puissants en France ; que tous ces vassaux n'étaient ni sujets, ni souverains, mais autant de petits tyrans qui, par leur jalousie et leur ambition, allumaient continuellement la guerre civile dans le royaume.

Mais rentrons dans notre sujet.

§ II.

Description des lieux.

Le siége de l'exploitation rurale offrait dès les premiers temps, pour les seigneurs et leurs subordonnés, des ressources de diverses natures. A côté de l'habitation et de ses dépendances, se trouvait une chapelle, sous le vocable de saint Jacques, entourée d'un cimetière où l'on a découvert des ossements humains, il y a à peine quatre ou cinq ans; puis un parc entouré de murs embrassant toutes les constructions dont nous venons de parler, des eaux, un enclos garni de vignes sur un point élevé, au milieu duquel était un bâtiment qui couvrait la cave profonde où on recueillait les dépouilles de la vigne, du bois dont une partie existe encore, des carrières presqu'entièrement exploitées et desquelles nous avons déjà parlé, et enfin des arbres à fruits.

Il existe encore en ce hameau la plus grande partie des habitations qui y ont été établies pour profiter des ressources que le domaine offrait aux ouvriers de plusieurs professions. On y a vu même, pendant près de deux siècles, une famille d'artisans du nom de Morel, dont la principale profession était celle d'horloger, et dont le dernier n'a quitté Janville qu'en l'année 1870. Le plus âgé des Morel (Adrien) est décédé en l'année 1683, âgé de 94 ans, et son fils Claude a l'âge de 84 ans.

Un nommé Jean Lecure a vécu longtemps à Janville, n'ayant pour ressources qu'une habitation placée au centre d'un enclos d'environ deux arpents de terrain de bonne qualité.

Il existe encore, à l'époque actuelle, sur trois points peu éloignés du parc, trois pierres taillées, mais dégradées par le temps et les saisons ; elles sont percées à leur point central, faisant voir qu'il y a existé des croix en bois, et que l'on désigne ainsi : *Croix Rouge*, *Croix Jacques Buquet* et *Croix Héluïsse* ; noms qui sont restés dans la mémoire de tous les cultivateurs dont les principales occupations consistent ou se bornent au labourage.

La première de ces croix était située au-delà de Janville, dans la direction de Château-Rouge et à quelques pas de distance de la potence à carcan du seigneur privilégié de Mouy. La deuxième, vers le nord, à côté de l'ancien chemin de Mouy à Janville, passant au pied du calvaire Saint-Laurent ; et la troisième, à très-peu de distance du chemin qui conduit de la route de Mouy à Noailles, passant aussi par Janville, pour aller à Château-Rouge et au-delà.

Mais ces renseignements resteront incomplets à défaut de documents sur leur origine.

Le bras de justice dit potence, dont nous avons fait mention, était situé sur la limite du terroir de Mouy et celui de Balagny-sur-Thérain. Le lecteur connaît l'usage que le seigneur pouvait faire de cette potence, contre ses vassaux et manants.

Le domaine du principal seigneur de Mouy était d'une vaste étendue, puisque, à partir du XVI° siècle, le prince de Condé a été reconnu possesseur de ce domaine, non-seulement sur le terroir de Mouy, mais aussi sur ceux d'Ully-Saint-Georges, de Bury, annexe comprises, Angy et Ansacq, composés de terres, prairies, bois, carrières, vignes et usines ; propriétés auxquelles les seigneurs se sont succédés jusqu'en 1790, et auxquelles se joignaient des redevances seigneuriales, dites aussi féodales, de toutes natures.

La réalité de ces diverses déclarations peut se vérifier sur les procès-verbaux d'adjudications de ventes de ces biens nationaux qui ont eu lieu, après 1789, en cent et quelques lots, suivant les divisions qui ont passé sous nos yeux.

Ceux de ces immeubles qui étaient sur le terroir de Mouy, se trouvaient situés aux lieux que nous allons indiquer :

1° Les moulins de Mouy : sur le quai où se trouve le grand pont sous lequel passe la rivière du Thérain ;

2° Les granges qui se trouvaient sur les deux places.

3° Les prairies qui étaient derrière celle dite du Château ;

4° Un four banal qui s'y trouvait aussi ;

5° Un autre four banal en la rue de Fourneau ;

6° Une grange aux dîmes, en la même rue ;

7° Le pressoir dit de Monseigneur, en la rue Saint-Laurent ;

8° Le pressoir banal situé au faubourg de Coincourt;

9° Les terrains légumiers voisins;

10° La ferme de Janville, annexe de Mouy, parc compris;

11° La chapelle St-Jacques et son cimetière;

12° La terre du lieu nommé la Justice, sur laquelle se trouvait le bras de justice désigné sous le nom de potence à carcan;

13° Celle où existe encore le pied de croix nommé *Croix de Jacques Buquet*;

14° Celle où se trouve aussi le pied de croix *Heliusse*;

15° Les autres terres de la plaine, ayant sur le plan divers autres noms;

16° La vigne des Hayettes, sur laquelle on trouve encore maintenant une partie des fondations de la cave qui y existait à l'époque de la vente;

17° La carrière du Minil, dont nous avons parlé;

18° Le Camp-Barbet, bois situé sur un coteau de Janville, et dans l'intérieur duquel des fouilles ont été faites par plusieurs savants antiquaires de la Société du département de l'Oise, dont les réunions ont lieu fréquemment à Beauvais. Ces fouilles ont eu, à n'en pas douter, des résultats d'un intérêt remarquable, au point de vue des amateurs d'antiquités; mais c'est tout ce que nous pouvons en dire.

§ 111.

Parlons maintenant du domaine de Janville, considéré comme fief dominant.

On sait qu'un fief dominant était un domaine noble, dont d'autres fiefs relevaient, et qu'à celui-ci étaient attachés des droits multiples sur lesquels nous pouvons donner quelques explications.

Nous n'avons trouvé que deux francs-fiefs, dont le fief dominant était redevable de ce que nous ferons connaître, à savoir : celui de Jacques-Nicolas de Guédeville, écuyer-capitaine de cavalerie au régiment de Noailles, seigneur particulier de Bruiles et de Morainval, et celui du doyen des chanoines de Saint-Pierre de Beauvais, comme prenant part aux grosses dîmes sur le territoire de Mouy.

Mais venaient ensuite d'autres perceptions en nature, et des servitudes que le seigneur de ce bourg levait exclusivement sur la population, et que nos documents nous permettent d'exposer :

1° En dehors de celles dont nous voulons parler, il est essentiel de dire que le principal fermier de Janville était tributaire des perceptions qu'il était chargé de faire sur le gros bétail; qu'il devait conserver dans ses écuries et dans d'autres étables, pour la reproduction, des animaux domestiques que les autres possesseurs de ces sortes de bestiaux devaient mener en ce lieu pour ce que nous venons d'expliquer, droits dont le seigneur jouissait dans toute l'étendue de la seigneurie.

A Mouy et dans ses annexes, se trouvaient des pressoirs, des fours banals et des granges aux dîmes.

Il existait en la rue Saint-Laurent ce qu'on appelait le pressoir de Monseigneur, où se trouvait ausssi un four banal, assis sur un terrain de plusieurs arpents ;

Un autre pressoir banal dans l'annexe de Coincourt ;

Un autre four banal en la rue de Fourneau ;

Des granges aux dîmes sur plusieurs points de la localité,

Et des moulins qui servaient à moudre les graines propres à faire la farine au pain, et auxquels la rivière du Thérain servait de moteur dans l'intérieur du bourg.

Les habitants étant soumis aux droits féodaux du seigneur, ils subissaient d'abord la dîme sur leurs récoltes aux lieux mêmes où elles se produisaient, puis la mouture des grains avec lesquels ils faisaient leur pain, et enfin celui de la cuisson au four banal.

Après tous ces prélèvements, venait celui du pressoir, soit en argent soit en nature.

Puis arrivaient les corvées.

Toutes ces charges devaient être servies avec d'autant plus d'exactitude, que la potence menaçait les vassaux et les manants de sa sévérité en cas d'insoumission.

Le seigneur de Mouy avait aussi des potences sur les localités voisines, que nous ferons connaître.

§ IV.

Sur le mode de Perception des grosses Dîmes.

Le silence que les archives publiques ont gardé jusqu'au XVIIIe siècle sur le mode de perception des grosses dîmes dont nous entretenons le lecteur, nous porte à croire que jusque là elles ont été levées par les agents particuliers du seigneur.

Il existait du reste assez de granges sur les lieux pour les remiser, les conserver, et satisfaire aux besoins des chevaux et des mulets dont les seigneurs se servaient pour leurs plaisirs, la chasse particulièrement.

Ce que nous exposons, se trouve confirmé dans les archives du département de l'Oise, où il existe des actes dont nous donnons l'extrait qui suit :

« On fait savoir qu'à la requête et diligence du procureur syndic de la justice de Mouy pour son Altesse Monseigneur le prince de Conti, prince du sang, seigneur de Mouy, il va être procédé devant M. le prévôt d'Angy, à l'adjudication à titre de loyer, pour trois années et trois dépouilles consécutives, des *grosses di-*

mes de *Mouy*, après deux annonces et deux publications faites dans l'église du bourg les dimanches précédents, et ce, aux charges suivantes :

» Payera l'adjudicataire le prix de l'adjudication, le jour de Saint-Martin d'hiver de chaque année.

» Sur ce prix sera prélevé et payé à M. le curé de Mouy la quantité de cinq muids et douze mines de blé, mesure du lieu, et deux muids d'avoine.

» Sera livré à Jacques-Nicolas de Guédeville, écuyer, capitaine de cavalerie au régiment de Noailles, seigneur de Bruiles et de Morainval, quatre muids de blé et un muid d'avoine ; à M. le doyen chanoine de Saint-Pierre de Beauvais, la 6º partie du restant de l'adjudication de la dite dîme.

» Le surplus reviendra à Son Altesse le prince de Conti.

» L'adjudicataire sera tenu d'engranger dans la grange aux dîmes de la rue de Fourneau, pour le loyer de laquelle il payera quarante livres au receveur de Mouy, chaque année (au receveur du seigneur) d'acquitter toutes les charges ci-dessus sans pouvoir prétendre à aucune indemnité.

» Plus encore cent vingt livres chaque année, en argent, au prince de Conti.

» Recevra l'adjudicataire tant les dites grosses dîmes que les novelles.

» Il payera les frais de l'adjudication.

» Il fournira caution.

» Il ne pourra sous-louer.

» Il fournira chaque année, le 23 juin, 4 heures de relevée, sur la place de Mouy, 23 bourrées pour le feu de Saint-Jean, sous peine de trois livres d'amende et de dommages-intérêts.

» Et après toutes les formalités préalables remplies, la location des grosses dîmes a été adjugée par devant M° Louis Pintart, avocat au parlement, prévot général d'Angy et dépendances, à l'issue de l'audience du procureur fiscal, en exécution de son ordonnance contrôlée par Mullot, assisté du greffier, en la salle dudit procureur, à Louis Gosso, marchand de bois à Mouy, moyennant la redevance principale de quarante-six muids de blé, le 20 juin 1755. »

Le bail suivant a eu lieu le 23 juin 1758, aux mêmes conditions que celui de 1755, à Louis Brassart, receveur, moyennant la redevance principale de 40 muids et six mines de grains, deux tiers blé et un tiers avoine.

Mais ces perceptions privilégiées ont dû finir en 1788, occasionnées par un décret du 4 août 1789, qui avait été prévu dès l'année précédente, et qui en effet a aboli le régime féodal; par celui du 28 octobre 1790, en confirmant celui de l'année 1789.

CHAPITRE IV.

Prieuré de Saint-Jean-des-Viviers, annexe de Mouy.

La réunion des documents qu'il nous a été possible de rassembler sur ce prieuré, nous met en mesure de produire de grandes lumières sur ce monastère.

Parlons d'abord du point sur lequel il était assis au terroir de Mouy, et de son origine.

§ I".

Placé sur un point isolé de l'ancien bourg, il n'était aperçu qu'à fort peu de distance de sa solitude; caché entre des bois en pente, au levant, des oseraies dont les souches se baignaient constamment, vers le couchant, dans des eaux auxquelles on donnait le nom de viviers, puis au midi par des marais plantés, qui le distançaient d'un hameau que l'on connaît sous le nom de Bruiles, autre écart de Mouy; le quatrième point (sa façade), vers le nord, regardait, et se voit encore, par une avenue d'une largeur qui était à son origine de quarante pieds, réduite actuellement à quatre mètres, et dont deux lignes de haies servaient de bornes au-delà desquelles étaient deux rangées de pommiers.

Cet ancien prieuré est à deux kilomètres de son chef-lieu communal; il est occupé maintenant par deux femmes veuves descendant par alliance de la famille Crouzet, acquéreur de ce domaine par suite de la vente que le gouvernement français en a faite comme bien de main-morte, dans le cours des années révolutionnaires dites de 1789.

Le voyageur qui a le désir de visiter l'intérieur de l'ancien prieuré de Saint-Jean-des-Viviers, y est toujours reçu par les dames Crouzet, et y peut recueillir assez de renseignements pour se rendre compte de l'ancien état des choses.

En arrivant au pied des constructions qui se présentent, on se trouve en face d'une porte cochère cintrée, ayant à sa gauche une autre porte à un seul battant et percée d'un judas grillé. Lorsque cette porte s'ouvre pour recevoir la personne qui s'est fait entendre par un marteau, on aperçoit une voûte formée pour les deux portes, soutenue par des ogives du temps du moyen-âge, et qui paraissent avoir encore leur solidité primitive.

Après avoir traversé cette voûte servant de remise, on voit à gauche la porte d'entrée du couvent, porte qui a aussi son cachet d'architecture ancienne. On y trouve le pied de l'escalier qui conduit aux étages supérieurs, et la porte d'entrée de la cuisine qui ressemble en toutes choses au temps le plus reculé.

Au côté gauche de la petite porte d'entrée, se fait remarquer aussi une ancienne porte d'une certaine suréminence; il nous a été dit que cette porte servait d'entrée à l'église pour les étrangers qui étaient autorisés à assister aux offices des prieurs, et qui n'avait plus maintenant de raison d'être. La partie surélevée de cette porte servait de clocher; ce qui se fait comprendre facilement, ce petit clocher carré paraît avoir été édifié antérieurement aux deux portes d'entrée.

L'examen des lieux porte à croire qu'il existait sur ce point de l'église une crypte, ce que du reste il est difficile de reconnaître à cause de l'effondrement qui s'y est opéré.

Une tour était placée à peu de distance de là, et formait une encoignure du couvent; ce qu'il en reste ne se trouve plus qu'à la hauteur des murs de clôture. Il existe aussi sur cette façade des croisées de différentes dimensions.

Aussitôt rentré dans le monastère, on nous a fait voir ce qui reste debout de l'église dont nous venons de parler, à savoir : le pignon sur la base duquel était appuyé le grand autel. Ce pignon est conservé sur toute sa hauteur, y compris la croupe par laquelle commençait le plafond de l'édifice. Cette église était placée sous le vocable de saint Jean-Baptiste.

Au-dessus de l'autel se trouvait un tableau représentant saint Jean baptisant Jésus-Christ, peinture dont la famille Crouzet a fait don à l'église Saint-Léger, de Mouy.

Il se trouvait de chaque côté et à la distance de quelques mètres de cet autel, une chapelle : celle du côté gauche était dédiée à la vierge Marie, et la maçonnerie de son autel y reste encore tout entière ; mais il n'y a plus que le souvenir de la deuxième (1).

Au-delà de cette église, sur la même ligne de terrain, se voit encore l'ancien cimetière où se faisaient les inhumations du couvent, et aussi, pendant de longues années, celles du

---

(1) Il est resté sur un pan de mur de cette église une main sur laquelle on nous a dit qu'en voulant faire tomber le Christ qui s'y trouvait scellé, on fut surpris d'y voir encore, après sa chute, une main jusqu'à son poignet ; ce que le propriétaire ayant appris, il ordonna qu'elle y restât indéfiniment, et cette main a été respectée, jusqu'à ce jour. On a ajouté que les Prussiens qui ont logé dans cet ancien couvent, en l'année 1871, n'ont voulu le connaître que sous le nom de la maison des dames de la Main-de-Dieu.

prieuré de Saint-Aubin de l'ordre de Saint-Benoît, de Chambly, pour les causes qui nous ont été expliquées et dont nous parlerons plus loin. Le cimetière de l'abbaye de Saint-Jean-des-Viviers reste entouré de ses anciennes clôtures. On nous a montré aussi l'emplacement d'une chapelle particulière que nous supposons avoir servi aux hommes morts, à titre de dépôt, en attendant le jour et l'heure de leur inhumation.

Au pourtour de la vaste cour du prieuré, se trouvaient d'autres bâtiments, dont plusieurs, paraît-il, servaient de cellules, et les autres de bâtiments de décharge, tels que granges, bûchers, etc. Il y reste encore des dépendances que les dames du lieu savent utiliser.

On ne peut douter de l'existence d'une exploitation rurale formée avec une grande partie des biens des prieurs, en occupant les bâtiments de la basse-cour, puisque des baux authentiques écrits sur parchemin nous en ont été communiqués.

Le feu de Saint-Jean se faisait avec beaucoup d'éclat chaque année, le 23 juin, sur la pelouse qui régnait sur toute la surface du couvent.

Les prieurs en faisaient un sujet de grande solennité, mais c'était en même temps, pour les habitants des lieux voisins, une occasion de se distraire en se partageant, non sans peine comme sans plaisir, les débris du foyer claustral.

§° II.

Ayant pour objet l'origine du Prieuré.

D'anciens Picards du Beauvaisis voulaient que ce monastère fût construit et occupé primitivement par des templiers, et cette erreur s'est continuée par tradition, jusqu'à ce jour, dans quelques esprits.

Nous disons que c'est une erreur, parce que l'origine du prieuré dont nous parlons remonte au-delà du XIII° siècle, ainsi que nous croyons pouvoir le démontrer en exposant :

1° Qu'au mois de février 1217, sous le règne de Philippe II dit Auguste, il y eut une transaction entre l'église de Saint-Jean-des-Viviers et Drogon, seigneur fieffé de Mouy, pour une pièce d'aunaie sise au terroir de Mouchy-la-Ville, acte que le roi Philippe III dit le Hardi, confirma en 1277, ce qui démontre que ce couvent existait antérieurement à l'année 1217.

2° Qu'en novembre 1279, Jean de Mouy et Théophile..... sa femme, vendirent aux moines et à l'église de Saint-Jean-des-Viviers les quatre cinquièmes de la moitié d'un pré situé à Mouchy-la-Ville.

3° Qu'antérieurement à l'année 1520 :

Le bourg de Mouy avait reconnu devoir au prieuré de Saint-Jean-des-Viviers, neuf mines de blé de champart.

Et Balagny, Chambly et Angy, un quart de dîmes et surcens au même prieuré.

Du 27 mai 1569, confirmation par plusieurs ecclésiastiques mandataires du Pape, d'une vente faite par adjudication publique de six arpents de terre en trois pièces, situées au terroir de Mouy, appartenant au prieuré de Saint-Jean-des Viviers, au profit de Pierre Baudeloche, de Mouchy-la-ville-lès-Mouy, moyennant deux cent quatre-vingts livres tournois, et de payer en outre, chacun an, six deniers parisis de cens par chaque arpent, audit prieuré.

Vente faite en même temps que beaucoup d'autres pour subvenir aux nécessités des affaires du roi Charles IX, après les jours néfastes du mois d'août 1572.

Du 7 mars 1577, vente de sept arpents de terre sis au lieudit le Grand-Terrachy, au chemin de Mouy à Château-Rouge, au sieur Baudeloche susnommé, pour l'amélioration des revenus temporels du clergé de France, moyennant cinq-cent-cinquante et une livres et deux sous six deniers pour livre.

Tous les actes que nous venons de mentionner sont autant de choses qui font partie d'une liasse composée de dix-sept pièces qui se trouvent aux archives de la préfecture de l'Oise, concernant exclusivement le prieuré de Saint-Jean-des-Viviers. Les autres pièces ont pour objet :

1° L'homologation par le parlement de Paris des deux ventes faites au sieur Baudeloche ;

2° Les notifications faites les 26 et 27 octobre 1623, à Charles Isoré, de Mouy, et à Pierre Bernard, procureur de la prévôté d'Angy, par M. Charles de Vallès, prieur de Saint-Jean-des-Viviers, par lesquelles on leur faisait savoir que Sa Majesté entendait leur retirer les biens dont ils jouissaient, pour les réunir au domaine rural du prieuré de Saint-Jean.

3° Une note indique qu'à Charles de Vallès succéda, comme supérieur du couvent, M. Charles de La Grange, demeurant à Paris, cloître Notre-Dame, et qu'en sa qualité de prieur il dût faire, en l'année 1679, au greffe de la Chambre du Trésor, une nouvelle déclaration du dénombrement de la ferme de Saint-Jean-des-Viviers et de tous les biens du prieuré.

NOTA. — Cette déclaration nous a éclairé sur les divers changements que nous expliquerons bientôt, dans l'intérieur de ce prieuré.

4° Le dénombrement fait en 1679 par le prieur Charles de La Grange avait été précédé de plusieurs autres, dans l'intervalle de 1624 à 1640.

Ce que nous venons d'exposer sur le second point de l'histoire particulière du prieuré de Saint-Jean-des-Viviers, nous conduit à la question de savoir si ce sont réellement ces religieux qui sont arrivés les premiers sur ce lieu isolé du territoire de Mouy, ou plutôt si réellement les templiers n'y ont jamais paru.

Nous avons prouvé que les prieurs s'y trouvaient établis antérieurement au XIIIe siècle, et qu'ils étaient considérés comme propriétaires d'un domaine en disposant d'une partie de leurs biens dès les premiers temps.

Quant aux templiers qui étaient à Jérusalem en l'année 1118, on sait qu'ils ne reçurent cette dénomination qu'à cause de leur voisinage du temple et quand ils vinrent à Paris lors de leur retraite de la Terre-Sainte, époque à laquelle le prieuré était en possession de son monastère.

Du reste, le raisonnement irrécusable est celui-ci :

Si les templiers étaient à Saint-Jean-des-Viviers avant les prieurs dont nous parlons, ils ont dû en sortir en 1311, époque à laquelle Philippe IV dit le Bel abolit cet ordre, de concert avec le Pape Clément V, et les força de s'éloigner de la France.

Or, les choses ne se sont pas passées ainsi, puisqu'une fois installés dans leur couvent, au XIe siècle, les prieurs n'ont dû le quitter forcément qu'en 1792, époque à laquelle dom Blondin d'Esigny était le premier administrateur de ce couvent. Sa résidence ordinaire était alors, paraît-il, à Abbeville (Somme).

Les congés que le prieuré a fait signifier à plusieurs de ses fermiers au mois d'octobre 1623, ainsi que nous l'avons expliqué, ayant eu pour but des changements à opérer sur le système de production des terres arables du domaine, on vit à cette époque faire des travaux d'appropriation dans les bâtiments qui entouraient la vaste cour des moines, et concentrer leurs cellules pour faire place à un fermier général de l'établissement, ce qui explique la situation actuelle des lieux et pourquoi le grand nombre de cheminées qu'on avait comptées jusque-là pour le personnel du couvent, s'est trouvé réduit à cinq.

Les baux faits successivement à ces fermiers généraux expliquent aussi la situation que nous présentons au lecteur. Il existait une séparation entre le couvent et ses fermiers. Ceux-ci avaient aussi une entrée particulière pour pénétrer dans leur exploitation et pour en sortir.

Il ne nous reste que quelques lignes à tracer sur l'usage qui a pu avoir eu lieu pendant un certain laps de temps, de faire des inhumations d'étrangers dans le cimetière particulier que le couvent de Saint-Jean avait dans son intérieur.

La tradition veut que le prieuré de Chambly, sous le titre de Saint-Aubin, de l'ordre de Saint-Benoît, eut le privilége de faire inhumer ses morts dans le cimetière dont nous parlons. Les nombreuses recherches que nous avons cru devoir faire sur ce point n'ayant eu que des résulats négatifs, nous ne pouvons en parler que d'après les affirmations qui nous en ont été faites.

Or, si les choses se sont passées ainsi, nous ne pouvons les attribuer qu'à la ruine que les

Bourguignons firent éprouver à toute la ville de Chambly, en 1417, en parcourant le pays depuis Beauvais jusqu'à cette malheureuse ville, après avoir été repoussés à Beaumont-sur-Oise.

M. Graves nous éclaire sur cet événement, mais il ne dit rien sur les inhumations qui font l'objet de ce dernier paragraphe.

Si donc ces sépultures ont eu lieu, comme on affirme en avoir vu jusqu'en 1790, à la distance des cinq lieues qui séparent Chambly de Mouy, nous ne pouvons les attribuer qu'à des actes de charité de la part des prieurs de Saint-Jean-des-Viviers envers leurs frères en religion de Chambly. Le désir de connaître la situation réelle des choses sur ce point nous ayant porté à faire de nouvelles recherches, nous pouvons assurer en définitive que le couvent de Chambly, que nous avons cité, ayant été réduit par le fait des Bourguignons à 2000 livres de rente et mis au pillage, les moines du prieuré de Mouy ont pris la résolution de recevoir les morts de cette malheureuse maison, et les ont fait inhumer dans leur cimetière de Saint-Jean jusqu'en l'année 1792.

CHAPITRE V.

Ayant pour objet l'Histoire de Mouy proprement dite,

faisant suite aux chapitres I, II, III et IV.

—

Nous avons expliqué dans les chapitres qui précèdent : 1° la situation topographique de cet ancien bourg et de ses dépendances ;

2° Fait connaître ce que cette ville a pu être depuis son origine juqu'au X° siècle ;

3° Tous les seigneurs du lieu depuis le commencement jusqu'en 1792 ;

4° Janville, son domaine et ses priviléges ;

5° Le prieuré de Saint-Jean-des-Viviers ;

6° Ce que fut Mouy, comme point fortifié, jusqu'à l'avénement de Henri IV au trône de France ;

7° Tout ce que la commune entière a dû faire ou subir jusqu'au règne de ce roi pour se défendre contre les ennemis du pays et de sa religion, et qui ont séjourné à Mouy et dans les lieux environnants.

Et c'est après avoir recueilli et exposé ce que nous avons obtenu par le témoignage des historiens que nous avons cités, ainsi que les archives communales et celles du département à Beauvais, que nous arrivons à une époque plus rapprochée de nous, pour continuer l'ouvrage commencé. Et il nous paraît assez facile de convaincre nos lecteurs, en leur exposant qu'au XVIe siècle toutes les habitations qui étaient en dehors de Mouy, entourées de clôtures, considérées comme fortifications, n'étaient en grande partie que des annexes; de pauvres chaumières occupées par des ouvriers, cachées par des buissons et sans autres moyens de communications extérieures que des sentiers qui pouvaient suffire aux besoins du temps. Nous devons ajouter cependant que la longue rue de Fourneau ou des Fourneaux (maintenant de Paris) était une rue commune entre tous ses habitants, mais qui était à peine viable à défaut d'entretien, et dont les ornières permettaient à peine aux voitures de circuler. On sait, du reste, que l'autorité municipale du siècle actuel a dû faire commencer, il y a quarante ans, des travaux de viabilité sur ce point fréquenté, et qui sont depuis vingt ans environ à la hauteur désirée.

Nous avons fait connaître aussi les luttes qui, sous le règne de Charles IX et celui de

Henri III, causèrent tant de désordre en France entre la Ligue, les Calvinistes et les Catholiques romains, jusqu'à l'avénement de Henri IV. A ces agitations vinrent se joindre les ravages de plusieurs épidémies causant des pertes réitérées. Cependant la présence de ces sortes de calamités qui décimaient la France dans les XVIe et XVIIe siècles firent naître dans l'esprit des hommes éminents la nécessité de faire constater tous les décès par des actes publics, non plus en latin, mais en langue française. Cette mesure ayant été prise pour les actes de décès et d'inhumation comme pour les actes de mariages et les naissances-baptêmes, on vit paraître une ordonnance de François Ier, de l'année 1539, exigeant les dispositions de cette ordonnance si utile, indispensable même à plusieurs points de vue, mais qui ne fut suivie cependant qu'à diverses époques dans les paroisses et au plus tôt à Mouy en l'année 1585.

Nous le répétons, cette mesure était de la plus haute importance, puisqu'elle donnait aux familles la possibilité de se reconnaître en établissant leur filiation.

Premier curé :

M. Gilles LECONNETTÉ.

1585.

Le prêtre à qui l'on doit le premier acte de

l'état civil, se nommait Gilles Leconnetté, curé de la paroisse de St-Léger, décédé dans l'exercice de ses fonctions sacerdotales, après vingt et un ans de fonctions, et qui a été inhumé au milieu de l'église ainsi que l'explique son acte mortuaire.

Nous ne pouvons, à défaut de documents, faire remonter au-delà de 1585 la présence d'un prêtre à Mouy.

Mais en entretenant le lecteur de celui que nous venons de nommer, nous avons remarqué en compulsant les petits registres qui étaient destinés à recevoir les actes de naissances et baptêmes, les mariages et les inhumations de la paroisse, que de nombreuses omissions avaient dû se faire pendant les vingt et une années que le prêtre avait été chargé d'y inscrire ces actes, sans lacune.

Nous ajoutons une autre observation à celle que nous venons d'exprimer, celle de l'insuffisance de ces notes (car ce ne sont que des notes) pour donner à ces actes civils le moindre caractère d'utilité, en ce sens qu'ils ne contiennent que le nom de l'enfant que l'on baptisait, et celui de l'individu à l'inhumation duquel on avait procédé. Mais il est juste de reprocher ce laconisme à l'auteur de l'édit du roi François I*er*, qui garde le silence sur le libellé des actes.

Ces diverses choses ayant été remarquées dès le commencement du règne de Henri IV, une ordonnance en date de 1601 fut publiée dans toute la France, dans le but d'obtenir du clergé français chargé de la tenue des registres dont nous parlons, plus de soins qu'on n'en avait mis jusqu'alors.

Mais bien des choses peuvent être exprimées, qui tendent à excuser les ecclésiastiques, par les mains desquels ces registres devaient être ouverts pour les tenir avec exactitude. Parlons d'abord des désastres que les épidémies causaient à Mouy, où la population pouvait être de neuf cents à mille habitants, sur une surface très-étendue, y compris les quinze à vingt nourrissons étrangers auxquels les femmes des quartiers de Fourneau et de Coincourt tenaient constamment; population à laquelle le prêtre se devait sous plusieurs rapports; car visiter les malades pour leur procurer des secours, était pour lui des actes de charités qu'il ne pouvait négliger.

Les luttes de religion engagées dans toute la France, et qui, à la fin du règne de Henri III, avaient pris dans la province beauvaisienne les proportions effrayantes que nous avons signalées, étaient aussi des choses qui gênaient le curé du lieu dans ses actions en dehors de ses devoirs de l'église (voir le chapitre II au règne de Louis XIII.)

Nous ajoutons ceci à ce que nous venons d'expliquer, c'est que les prêtres se voyant dans la nécessité (à l'occasion de la rédaction des actes civils) d'abandonner la langue latine pour suivre la langue française, devenue langue vulgaire, un certain nombre d'entre eux purent se trouver d'autant plus embarrassés que leurs évêques avaient exigé jusque là que les laïques ne pussent avoir en leur possession que des psautiers latins, et les prêtres des bréviaires aussi latins.

Or, de tout ce que nous venons d'exposer, on peut penser que le rédacteur de ces actes éprouvait de fréquents embarras.

Cependant, la situation ne pouvait rester indéfiniment dans cet état.

Louis XIV le comprit dès le jour où il put s'en occuper ; il prit donc, par son édit du mois de juillet 1667, des mesures énergiques qui produisirent les résultats les plus complets ; tels en un mot que l'on trouve dans les actes postérieurs à cette date tous les éléments au moyen desquels les familles puissent y reconnaître les auteurs de leurs jours.

Les chefs des anciennes prévôtés royales étaient, il est vrai, chargés, dès le XVI⁰ siècle, de veiller ou de faire veiller à la rédaction et aux soins qu'exigeaient les registres; mais ces magistrats n'y pensaient guère : les vieux registres des actes de l'état civil de Mouy le constatent par des visas que le prévôt d'Angy venait donner à des distances de plus d'une année. Il ne fallait pas moins qu'un sinistre pour le faire venir sur les lieux pour donner sa signature.

Tous les registres de dates antérieures au XVII° siècle, sont dans le plus fâcheux état ; rongés par l'humidité des lieux où ils ont dû rester dans les temps anciens, plusieurs d'entr'eux sont devenus illisibles.

Ce que nous en disons, après cette courte description, peut s'appliquer ou plutôt être comparé à l'état sanitaire dans lequel se trouvaient deux quartiers de Mouy, c'est-à-dire le hameau de Coincourt et la longue rue de Fourneau. Sans surveillance aucune, on n'y trouvait que des rues boueuses, des ornières qui recevaient les eaux ménagères dont les odeurs repoussantes se faisaient trop sentir quand par hasard des voitures chargées y passaient. Ce que nous en disons, du reste, est une répétition de ce que déjà nous en avons fait connaître. Ajoutons-y que la rue des Caves est restée aussi bien longtemps dans les mêmes conditions.

Un édit de Henri IV, daté du mois de décembre 1607, se rattache parfaitement à ce que nous venons d'exposer ; mais comme le bourg de Mouy n'avait ni charte, ni conséquemment aucun moyen d'administrer la localité, il fallut attendre jusqu'en 1792 pour sortir des ornières.

La bourgade avait bien son seigneur et son procureur fiscal, mais qui voyaient les choses de plus haut.

Deuxième curé :

DE 1605 A 1637.

Malgré les désordres que les ligueurs vinrent faire à la place de Mouy, la légende des curés de la paroisse ne fut point interrompue, et à l'abbé Leconnetté succéda l'abbé Charron (Louis), installé en l'année 1605, et décédé en 1637.

Troisième curé :

1638.

Ce dernier fut remplacé par l'abbé A. Fébues en 1638, au mois de septembre, et ne put rester à Mouy que jusqu'au 20 novembre 1639.

Quatrième et cinquième curés :

1638 A 1648.

L'abbé Fébues fut remplacé le même jour par l'abbé Jean Sumil, lequel ayant quitté sa cure en 1646, eut pour successeur le curé de Noroy, qui renonça à sa charge en l'année 1648.

Sixième curé :

1648 A 1676, soit 28 ans à Mouy.

Après ce dernier, est arrivé messire Charles de Mouchy, pour qui la tâche a été assez facile parce que, à partir de cette époque, un vicaire fut attaché à la paroisse, et qu'il s'y trouvait aussi constamment un prêtre habitué, en attendant un vicariat a Mouy ou ailleurs.

On avait aussi compris la nécessité de donner un aide au curé, par suite de l'accroissement de la population et des embarras que les ligueurs occasionnaient sur les lieux. De son côté l'évêque de Beauvais faisait de fréquentes visites à l'église de Mouy, à cette époque, pour des cérémonies religieuses ; toutes ces raisons réunies, firent comprendre l'impossibilité de laisser plus longtemps un seul prêtre pour desservir cette paroisse et répondre en même temps aux autres besoins que la position réclamait.

Le lecteur comprendra mieux la situation de la paroisse en lui mettant sous les yeux la note ci-après, que l'abbé de Mouchy a tracée à la fin de l'un de ces registres de l'année 1663.

« Le dixième jour du mois de mai 1663, Messire Nicolas Choart de Buzenval, évêque et comte de Beauvais, est venu à Mouy faire sa troisième visite ; ce jour, le clergé, composé de dix-sept prêtres, l'a été recevoir, treize en chappes et quatre en aubes, pour porter le dais, au-delà de la porte du bourg, en une maison appartenant à M. Lefèvre, et là, après avoir baisé la croix, à genoux en un prie-dieu, à la porte, il a été conduit processionnellement dans l'église. A l'instant, les cérémonies religieuses ordinaires ont commencé.

Le seigneur évêque a été harangué par le curé du lieu.

Et après avoir visité le saint Sacrement et les fonts, il a monté en chaire revêtu de ses habits pontificaux, mître, crosse et chappe, et a prêché le peuple qui était en grand nombre.

Le dimanche suivant, jour de la Pentecôte, il a dit la messe pontificalement, ce qu'il n'avait fait encore en autre lieu de son diocèse.

La semaine suivante, veille de la Trinité, il a fait des ordinations dans le chœur, à savoir : ordonné six prêtres, quatre diacres, trois sous-diacres, trois acolytes et un tonsuré.

Et le jour de la Trinité, le prélat a donné la confirmation. »

Après un séjour de vingt-huit années à Mouy, comme curé de la paroisse, l'abbé Charles de Mouchy ss rendit à Mouchy-le-Châtel, où une autre position l'attendait.

Un chapitre particulier étant destiné à l'église de Mouy et à tout ce qui peut s'y rattacher, nous y renvoyons le lecteur et nous n'en faisons ici que cette simple mention.

Nous ne pouvons rendre compte des ravages que la peste a pu produire à Mouy jusqu'à l'année 1571 et dans les années suivantes, puisqu'il ne s'y trouvait point encore de registres sur le mouvement de la population, que du reste ces registres n'étaient qu'un amas de notes incomplètes; mais il nous paraît

utile de présenter un tableau de ce qui se passait postérieurement, relativement à cette épidémie. Dans les premières années du XVII° siècle, on y comptait pour chacune d'elles,
de 46 à 50 naissances,
de 15 à 19 mariages,
et de 44 à 55 décès, y compris la moitié de jeunes enfants.

Nous avons compté, savoir :

Pour l'année 1647 : 55 naissances, 150 décès dont 108 enfants, et 17 mariages.

Pour l'année 1648 : 47 naissances, 81 décès dont 35 enfants.

Pour l'année 1649 : 49 naissances, 143 décès dont 97 enfants d'âges différents.

Pour l'année 1650 : 57 naissances, 215 décès dont 153 enfants.

Et pour l'année 1655 : 56 naissances, 225 décès dont 115 enfants; mais, parmi les enfants il se trouvait toujours dix à douze nourrissons, la plupart parisiens, qui étaient confiés à des nourrices pauvres.

Après ces années de pertes cruelles, on est resté pendant quelque temps sans sinistres autres que les préocupations que certains seigneurs faisaient naître dans l'esprit des habitants de la place, et en dehors desquels ceux des lieux écartés restaient en quelque sorte sans inquiétude. Ceux-ci étant presque toujours les premières victimes dans les épidémies, on comprend parfaitement leur indifférence quand il ne s'agissait que de luttes à soutenir contre l'ennemi dévastateur, ou de l'éviter.

Nous avons constaté, en suivant le dépouillement des registres des actes de naissances, mariages et décès, l'absence de ceux des années 1659, 1670, 1671 et 1672. Mais le prêtre qui les avait perdus en ayant fait spontanément l'aveu, le dépositaire responsable s'en est trouvé affranchi.

La perte s'est du reste trouvée couverte par le visa confirmatif de M. le prévôt d'Angy, daté de l'année 1673.

Septième curé :

DE 1676 A 1692.

M. le curé Charles de Mouchy s'étant éloigné de Mouy le 29 septembre 1676, il fut remplacé le 1er octobre suivant par l'abbé Jean Hamel, prêtre parisien, professeur de hautes-classes, installé en l'église de cette paroisse par un délégué de l'évêque diocésain. Il fut témoin, avant de mourir, des ravages qu'une épidémie nouvelle faisait dans sa paroisse. Décédé le 4 février 1692, et inhumé le 15 sous le pavé du grand porche de son église, aux termes de son testament des 4 et 24 janvier 1692.

Huitième curé :

DE 1692 A 1708.

M. le curé Charles de Mouchy fut remplacé, le 15 mars suivant, par l'abbé Michel.

Neuvième curé :

DE 1708 A 1727.

Cet ecclésiastique ayant été appelé à remplir des fonctions plus élevées à Beauvais, le 19 février 1708, il fut remplacé par le curé Lebarbier.

Dixième curé :

DE 1727 A 1734.

A ce dernier, succéda le prêtre Chapeau, en l'année 1727.

Onzième curé :

Pour l'année 1734.

Après l'abbé Chapeau vint, en l'année 1734, le prêtre Lenouvel, mais pour cette année 1734 seulement, parce que voyant arriver en même temps que lui un prêtre bénéficiaire, il comprit que ce dernier aurait sur lui une autorité quelconque à exercer et des prélèvements à faire sur les produits de sa prébende.

En reportant notre attention sur les choses qui se sont passées entre les années 1676 et 1734, nous y avons remarqué d'abord qu'en 1677 sont arrivés, dans toutes les paroisses françaises, des registres petit in-quarto, destinés à recueillir tous les actes civils dont la rédaction était toujours confiée aux curés paroissiaux pendant les années 1677, 1678, 1679 et 1680.

Ces registres portent des instructions sur lesquelles on a appelé toute l'attention des hommes qui avaient à s'en occuper.

Nous avons remarqué aussi en les compulsant, à la date du 8 janvier 1679, l'acte de baptême de François, fils de l'honorable Etienne Leclercq, conseiller du roi, et de Marie Ledoux, sa femme, natifs de Mouy.

Ensuite celui de Noël, fils de Mᵉ François Vaudré et de Madeleine Galland, son épouse.

Puis, à la même date, celui d'un enfant à Mᵉ Dupuis, notaire à Angy.

Nous faisons remarquer également en passant, au lecteur, qu'un certain nombre d'actes de cette catégorie se recevaient à Mouy, bien que les familles qu'ils intéressaient au premier degré fussent des habitants d'Angy, où ils exerçaient des fonctions publiques. La même chose s'y voyait fréquemment à l'occasion des mariages, voire même pour les décès ; mais il faut dire que plusieurs familles de Mouy ont préféré se rendre à Bury, pour les grandes solennités.

A la date du 26 mars 1681, eut lieu le décès de messire Jean Bassetard de Brilas, qualifié de conseiller du roi, prévôt de la justice d'Angy, inhumé à Mouy le 29, en présence de son fils et de Mᵉ Vaudré, notaire, son gendre.

Une note placée à la fin du registre des décès de cette année 1681, et qui paraît avoir été relevée par le curé de la paroisse, constate que la population de Mouy eut beaucoup à souffrir de l'épidémie qui y a régné pendant toute l'année, particulièrement en la rue de Fourneau et dans l'annexe de Coincourt ; ce qui confirme encore une fois ce que nous avons expliqué sur l'insalubrité, l'abandon et la misère de ces points extérieurs du bourg. Cette situation était devenue presque normale, puisque nous avons compté 27 décès arrivés dans les deux quartiers cités, pendant les mois de novembre et décembre 1683 ; 260 dans l'année 1694, dans l'étendue de la localité ; mais 63 seulement en l'année 1695, en y ajoutant les enfants dits nourrissons, qui étaient toujours les premières victimes en pareil cas.

Il y eut recrudescence sur la mortalité pendant l'année suivante, 1696, puisque nous avons compté 86 décès contre 71 actes de naissance.

On vit une inversion complète pendant 1697, puisqu'on n'y vit que 30 décès en présence de 106 actes de naissance (1).

Les neuf années suivantes se passèrent avec beaucoup de calme ; mais comme pour tenir cette malheureuse population dans une inquiétude perpétuelle, les années 1709 et 1711 furent signalées par de nouveaux sinistres.

Cependant un document officiel nous apprend que la population de Mouy était de 1,488 âmes en 1720.

---

(1) Ce sont des remarques que nous avons faites dans un autre département ; dans la commune de Candas (Somme) particulièrement.

Nous suspendons ici les détails dans lesquels nous sommes entré sur le dépouillement des registres des actes de l'état civil de Mouy, pour faire connaître à nos lecteurs la situation morale et l'état fiévreux dans lesquels sa population se trouvait au commencemet du XVIIIe siècle, particulièrement la classe indigente.

Les ouvriers, en grande partie, se trouvaient alors sans ressources particulières.

Les prix de journées, lorsqu'ils en avaient à faire, n'étaient que de 60 à 75 centimes, pour chaque famille plus ou moins nombreuse.

Or, il est facile de comprendre jusqu'où allaient les privations, et ce quelles pouvaient provoquer dans les lieux qui n'avaient qu'un air impur à respirer et où la charité n'offrait que peu de secours.

Nous abrégeons les détails, parce qu'il nous paraît suffisamment démontré que c'est aux privations de toute nature qu'il faut attribuer la permanente mortalité qui se faisait remarquer dans les lieux cités.

Mouy avait à cette époque un établissement de charité auquel on donnait le nom pompeux d'hôtel-Dieu ; mais on se demande quels secours on devait procurer là où on ne pouvait recevoir que cinq personnes. Il y avait, à la vérité, six lits, mais en comprenant celui de la garde-malades, laquelle, en attendant les billets d'hôpital, vivait aux frais de l'établissement de charité. Du reste, l'administration hospitalière dépensait plus souvent ce chétif revenu en distributions faites à domicile, qu'autrement. En visitant les pauvres de sa paroisse, le curé aidait puissamment les administrations à soulager les malades et les plus indigents du lieu. Ce sont, paraît-il aussi, les peines qu'il se donnait, jointes aux autres fatigues qu'il éprouvait, qui ont déterminé l'envoi à Mouy du premier vicaire qui y a été reçu (1).

Nous avons déjà, du reste, parlé de cette situation en nous reportant vers les malheu-

---

(1) Nos documents indiquent que l'origine de l'hôtel-Dieu remonte aux premières années du XVIe siècle, sous le règne de Louis XII, surnommé le Père du peuple ; la rue où était son siége en portait le nom. Plus tard l'honorable abbé Michel, curé de Mouy, de 1692 à 1708, aurait fait construire, sur une partie des terrains de la maison des pauvres, une maison d'école pour les jeunes filles du bourg, et qui fut dirigée, jusqu'en 1787, par une demoiselle Lavallette, remplacée dans les derniers temps par une demoiselle Escombart. La tradition s'accorde avec notre exposé. On ajoute que l'abbé Michel était un prêtre très-charitable, et que l'évêque de Beauvais ayant reconnu en lui de hautes qualités, voulut l'avoir auprès de lui.

A son origine, l'hôtel-Dieu ne possédait qu'un revenu de 1,500 livres environ ; mais il s'élève à l'époque actuelle à 4,000 francs au moins, d'après des documents officiels.

reux ouvriers du bourg de Mouy. Nos documents nous les montrent encore travaillant pour leurs maigres salaires, pendant toute la journée, soit aux vignes, soit sur la plaine, pour cultiver la terre, ou occupés dans les bois et dans les carrières.

Il y avait bien quelquefois des travaux extraordinaires mieux salariés, mais ces exceptions devenaient insensibles en présence de la situation pleine de privations des familles dont nous parlons.

Tous les terrains qui se présentaient en pente à Mouy, vers le levant et vers le sud, étaient couverts de vignes dans les temps les plus reculés, comme le sont encore en partie les terroirs de Beauvais et d'Allonne; les choses étaient dans le même état à Clermont, ainsi qu'à Balagny-sur-Thérain, à Cires-les-Mello et en beaucoup d'autres localités environnantes.

Les produits de ces vignes n'étaient pas encourageants; ils étaient même, paraît-il, de temps en temps négatifs à cause des gelées du printemps; mais les récoltes des céréales présentaient des ressources plus certaines et plus abondantes.

Tous les ouvriers indigents étaient admis au glanage de ces céréales, et ensuite au ratelage de ce qui pouvait rester sur le sol. Cette ressource était pour eux un véritable apaisement à leurs souffrances, mais pour peu de temps.

Si la vigne donnait une bonne récolte, elle

ne servait qu'à faire un vin de mauvaise qualité et qui ne pouvait être trouvé potable que par les personnes qui avaient contracté l'habitude d'en boire ; mais rien n'améliorait la situation des ouvriers, et toutes ces choses ne changeaient rien à la situation digne d'intérêt de ces travailleurs.

Il faut dire cependant que ces vignerons y pensaient depuis longtemps, tant pour eux-mêmes que pour ces malheureux, puisque dès le XVI° siècle ils avaient obtenu un édit du roi Charles IX, en date du 19 mars 1571, ayant pour objet la longeur que devraient avoir leurs pièces d'étoffes, fixée à 24 aunes, sauf payement d'impôt toutes les fois qu'il y aurait excédant ; et ensuite un règlement général sous le règne de Louis XIV, daté du mois d'août 1669, s'appliquant spécialement, par son article 11, à la couleur de la lisière des serges de Mouy

Jusque là cette fabrique n'avait pu occuper qu'un petit nombre d'ouvriers, et ce n'est, paraît-il, qu'après le règne de Louis XIV que l'on vit cette manufacture prendre son essor en donnant à ses étoffes une plus grande largeur que celle adoptée jusqu'alors.

On veut que la suite des désastres du roi dans les dernières années de son règne, ait été très-nuisible à la fabrique de Mouy ; mais une fois relevée de sa langueur, on vit cette industrie prospérer.

C'est alors seulement que, rassurés sur leur avenir, ceux des fabricants qui possédaient des vignes, se mirent à en défricher la plus grande partie, et particulièrement celles qui étaient situées à peu de distance de leurs habitations, pour en faire des pelouses propres à faire sécher leurs laines et à étendre leurs tissus nouvellement fabriqués, ce qu'on appelle des étendoirs.

Les choses se trouvant ainsi établies d'une manière définitive, on vit dans la localité, chaque jour, de nouveaux fabricants d'étoffes; les ouvriers du bourg devenant insuffisants on en cherchait dans les lieux voisins.

Ceux de l'intérieur se trouvant satisfaits de leur position, aimaient à se qualifier d'ouvriers fabricants, de compagnons sergers, etc.

Les fabricants eux-mêmes, qui se qualifiaient d'abord de vignerons, prirent bientôt, dans les actes publics, la qualification de sergers, de maîtres sergers, de fabricants d'étoffes, fabricants de draps. Ils indiquaient ainsi les progrès qui se faisaient dans leurs ateliers.

L'intérieur de Mouy ayant à cette époque une enceinte close par trois portes, l'industrie dont nous parlons ne pouvait guère se faire et se développer qu'au dehors, soit dans la rue des Caves, celles de Fourneau et des Gourgouchons, puis dans le faubourg de Coincourt.

Les étendoirs se trouvaient, comme à l'époque actuelle, dans les lieux qui se nomment

Souville, Surville, au-dessus de la rue des Caves.

Les registres des actes de l'état civil du XVIIIe siècle, faisant bien connaître la variété des professions que se donnaient les fabricants d'étoffes à Mouy, et leurs ouvriers, nous en mettrons quelques-uns sous les yeux du lecteur.

Cependant beaucoup de vignes restaient sur pied, et on en a vu jusqu'aux premières années du XVIIIe siècle ; ce qui s'explique par la grande aisance dans laquelle se trouvaient plusieurs familles de la localité, et peut-être aussi par l'habitude contractée de boire du vin de leur crû.

Les vignes autres que celles dont nous avons parlé étaient sur un point plus élevé, et elles ont toujours été connues sous le nom de Hayettes, c'est-à-dire un point qu'on entourait de haies plus ou moins solides, mais susceptibles néanmoins de défendre le raisin contre la maraude.

Après ces trois points en pente, se voit la plaine qui s'étend depuis la limite du terroir de Balagny au levant, jusqu'à l'ancien domaine de Janville au midi, et la section de Coincourt à l'ouest ; c'est ce qu'on appelle la plaine.

Tout ce que nous venons d'exposer sur les projets des propriétaires vignerons de Mouy, se passait dans la seconde partie du XVIIe siècle, c'est-à-dire entre 1670 et 1680, et la preuve s'en trouve dans tous les actes publics qui se passaient à Mouy, soit chez les agents ou devant les officiers ministériels, comme, par exemple, dans les actes de MM. les notaires, soit enfin et particulièrement devant le curé de la paroisse, à l'occasion des actes de naissances, baptêmes, de mariages et d'inhumations.

1679.

Nous avons trouvé le premier de ces actes sur le registre des actes mortuaires de l'année 1679.

1680.

De là nous passons à l'année 1681 : les registres des actes du curé de la paroisse, pour 1680, présentant des obstacles pour en connaître le contenu.

Ceux que nous avons rencontrés en ouvrant le registre des actes de baptêmes de l'année 1681, sont ainsi conçus : « Du quatre septembre 1681, baptême de Jean, fils de Jean Barbier, *serger*, et de Marguerite Ruelle, sa femme, de Fourneau, en présence des parrain et marraine. » Suivent les signatures et les croix qui en tiennent lieu.

« Du 22 du même mois, naissance et baptême de Nicolas, fils de Charles-Charpen-

» tier, *serger* (1), et de Marie Rellot, sa femme,
» demeurant à Fourneau, Parrain et mar-
» raine, de Foulangues. » Suivent les signatures.

Il n'y avait dans les premiers temps que des vignerons dans la rue des Caves. Ces derniers étaient beaucoup plus attachés à leurs vignes que ceux des autres quartiers du bourg, parce que, croyons-nous, elles étaient mieux exposées dans leurs enclos que celles des autres vignerons, et que leurs caves étaient de véritables celliers à vin, dont plusieurs sont encore conservées. Ce sont ces caves voûtées qui ont donné leur nom à la rue.

Suivons maintenant les nouveaux commerçants dans leurs entreprises, leur mouvement progressif, et autant que possible leurs succès.

Nous n'en jugeons pas par la fortune qu'ils surent en obtenir, mais bien par les qualités qu'ils prenaient en assistant aux actes que le curé rédigeait en qualité d'officier de l'état civil. En effet, au fur et à mesure que la fabrique de Mouy avançait dans sa marche et son accroissement, tous ces fabricants de serges se qualifiaient de maîtres sergers, de fabricants d'étoffes, puis de fabricants et marchands, et enfin de marchands de draps. Tous ces progrès se font connaître sur les registres des

---

(1) Les époux Charpentier étaient originaires de Balagny-sur-Thérain.

actes de baptêmes, de mariages et d'inhumations de la paroisse. Ils se faisaient aussi comprendre en voyant leurs vignes négligées dans les travaux qu'elles exigeaient, et en en voyant la plus grande partie remplacée par des productions ou plantes potagères.

Les ouvriers imitaient leurs maîtres, car, après s'être qualifiés de tisserands, ils se dirent ouvriers fabricants, puis compagnons. Plus la fabrication se développait, plus le salaire s'élevait, et c'était justice, puisqu'après avoir tissé la serge ils durent tisser une étoffe moins commune, puis un drap écru que les apprêteurs d'étoffes de Beauvais, de Paris et de bien d'autres villes étaient loin de dédaigner.

Cependant, l'année 1727 s'était fait remarquer par la mort de cent trente-trois hommes, femmes et enfants ; mais cette fois la crise fut de courte durée, et il fut facile de remarquer que la masse de la population était en position de mieux se défendre contre les maladies épidémiques.

Disons en terminant ce qui se rattache à la culture de la vigne.

Quoique peu agréable au goût, le raisin exigeait une grande surveillance lorsqu'il approchait de sa maturité.

Au commencement du mois d'octobre de chaque année, la société des vignerons nommait des surveillants et un messier comme président de la commission de surveillance.

Ces fonctions s'exerçaient jusqu'après les vendanges. La commission, après avoir fixé le jour où commençaient ces vendanges, en faisaient publier le ban qui tenait lieu d'ordonnance de police, et le messier veillait à son exécution. Les choses se passèrent ainsi jusqu'en l'année 1793, époque à laquelle le maire eut l'honneur et la responsabilité de toutes ces mesures, car il restait à Mouy encore assez de vignes, à cette dernière époque, pour nécessiter toutes les mesures dont nous venons de parler.

La fabrication des étoffes de Mouy faisait quelques progrès depuis son origine ; mais elle serait peut-être restée longtemps encore dans son enfance si un étranger, M. A. Dubois, n'était pas venu dans cette localité, vers 1788, pour y fonder une fabrique d'étoffes dite royales, sur une vaste propriété qui paraît être celle qu'occupe bourgeoisement de nos jours M. Hector Leroy, l'un des fils de M. Léger-Leroy, ancien filateur et fabricant de draps en cette ville, propriété qui est située entre les rues des Caves et Chantereine.

M. Dubois se fit donc fabricant de draps à Mouy. Loin de nuire par ses tissages aux fabricants du lieu, ceux-ci purent en profiter en cherchant à imiter leur nouveau confrère.

M. Dubois ayant laissé sa manufacture à un successeur, après l'avoir exploitée pendant quinze à vingt ans, on y vit un sieur Briquet, de Beauvais, comme continuateur des travaux de son prédécesseur, et bientôt après, c'est-à-dire en l'an IX de la République, vint s'installer à la même fabrique M. Jean-Baptiste Papavoine, aussi de Beauvais. Celui-ci s'était fait connaître, par une enseigne, comme fabricant de draps pour la troupe.

Ces divers changements, nous le répétons, ne pouvaient produire que des lumières chez les fabricants de Mouy, soit en faisant des comparaisons sur les tissus, soit par suite des changements d'atelier que les ouvriers faisaient d'une maison à une autre.

Du reste, M. Papavoine ayant quitté Mouy vers l'année 1825, sans y laisser de successeur, la fabrique de Mouy avait pris les devants dès les premières années du siècle, en faisant usage des procédés mécaniques pour la filature de leurs laines par le procédé Douglas et celui de Jacquart, de Lyon, et les apprêts d'une partie de ses produits.

Dès l'année 1799, la fabrique des étoffes de Mouy avait demandé, par une supplique collective couverte de vingt-quatre signatures, au prince de Conti, que les pétitionnaires croyaient être encore le propriétaire des moulins à blé de Mouy, que ce prince, seigneur de la localité, voulût bien abandonner un de ses moulins pour le mettre à l'usage du foulage des étoffes de leur fabrication. Renvoyée au concessionnaire des usines, ce dernier y répondit par un refus; mais un jour vint où tous ces moulins, un seul excepté, devinrent des filatures et les ateliers d'apprêts dont nous parlions il n'y a qu'un instant.

Le passage par Mouy d'un chemin de fer qui rapproche les distances entre cette ville et celles avec lesquelles leurs relations sont établies, ayant donné lieu à d'autres industries que celles dont nous parlons, nous en ferons l'objet d'un chapitre subséquent, voulant au surplus reprendre ce qui nous reste à expliquer sur le dépouillement des registres des actes de naissances, mariages et inhumations de la commune de Mouy.

REPRISE DE LA LÉGENDE DES CURÉS DE MOUY
1735.

En continuant la légende des prêtres qui ont desservi Mouy, et le récit des faits qui se rattachent à leur exercice, nous nous trouvons en présence de deux ecclésiastiques qui furent installés en même temps dans l'église paroissiale de Mouy.

Douzième et treizième curés.

Celui qui paraissait avoir quelque privilége ou de la prépondérance sur l'autre, était l'abbé Sallentin; le second se nommait l'Abbé Fouchu.

Examen fait de leur position respective sur leurs registres des actes de baptêmes, mariages et inhumations, il fut facile de reconnaître que le premier nommé était un prêtre bénéficier qui n'avait à Mouy que la chambre et la table que ses deux parentes, les demoiselles Prothais, lui avaient généreusement offertes, mais qui avait le privilége de prendre part aux avantages que présentait la cure du bourg; et que le second, à qui incombaient tous les devoirs de la cure, n'était qu'un prêtre à portion congrue. Cependant les pauvres ecclésiastiques qui sont arrivés successivement et fréquemment à Mouy jusqu'en l'année 1793, durent supporter la situation avec plus ou moins de résignation, car l'abbé Sallentin voulut profiter, nous ne dirons pas de la prébende, mais des avantages qu'il avait à prélever sur ses confrères jusqu'en cette année 1793 où il se fit simple habitant de Mouy, pour partager les honneurs non salariés de l'autorité municipale, conjointement avec celui des vicaires de la paroisse qui s'y trouvait alors.

L'abbé Fouchu put rester à Mouy jusqu'en l'année 1741, dans la position que nous avons expliquée; mais à défaut de remplaçant, l'abbé Sallentin dut séjourner à Mouy pendant les années 1741 et 1742, y remplissant les fonctions sacerdotales avec l'aide d'un vicaire et d'un prêtre habitué.

Quatorzième curé :

DE 1743 A 1769.

Mais l'abbé P. Guéroult, arrivant en l'année 1743, soumis aux retenues ordinaires du curé-doyen Sallentin, y resta pendant 26 ans, c'est-à-dire jusqu'à son décès, en l'année 1769.

On ajoute que ce bon prêtre est mort à l'âge de soixante-douze ans, pauvre et regretté de tous les habitants de Mouy, et après avoir demandé à être enterré au milieu du cimetière de Saint-Laurent, où il avait inhumé un grand nombre de ses chers et bien-aimés paroissiens.

Les regrets qu'il a laissés peuvent être attribués aux fréquentes visites qu'il leur faisait, au soulagement qu'il apportait aux souffrances des malheureux, et aux fatigues extraordinaires qu'il dût supporter pendant les travaux qu'on dût faire à son église pendant les années 1760 et 1761; ce que nous expliquerons au paragraphe qui concerne particulièrement cette église.

Quinzième curé :

DE 1770 A 1775.

Le prêtre que Mouy venait de perdre ne put être remplacé que l'année suivante (1770) par l'abbé de Rivière; mais les deux vicaires qui sont restés à Mouy pendant cette vacance, permettaient facilement l'attente.

Celui-ci ne fut le curé de Mouy à portion congrue, que cinq ans, pendant lesquels il eut un vicaire du nom de Warmé.

L'abbé de Rivière est mort à Mouy au mois

de juillet 1775, à l'âge de quarante-quatre ans, et a été inhumé dans son église sous la lampe du chœur.

—

Seizième curé :
Monsieur DEVERGIE.
1776.

M. de Rivière eut pour successeur l'abbé Devergie, mais pour une seule année.

Ce dernier étant resté sans successeur, on mit le curé bénéficiaire dans la nécessité ou en position de profiter seul des avantages pécuniaires que la cure pouvait présenter.

Mais le curé Sallentin avait su s'épargner bien des fatigues, en se faisant assister de deux vicaires dont il restait escorté, pour desservir une paroisse qui ne comptait point encore deux mille âmes. Il lui était donc facile de continuer ses exercices coutumiers.

—

PREMIÈRE ANNÉE DE LA RÉVOLUTION.
1789.

M. le curé Sallentin put se rendre à Paris le 5 mai 1789, pour prendre vent de ce qui se passait ou de ce qui devait s'être passé à l'assemblée des Etats généraux, et rentrer ensuite à Mouy pour réfléchir sur son avenir et communiquer ses idées à l'abbé Lemoine, son vicaire affectionné, ce que nos lecteurs sauront bientôt.

Cependant les événements avançaient à grands pas. En effet, l'année suivante, la commune de Mouy organisait sa garde nationale pour veiller au repos de la localité.

Cette garde urbaine était composée de trois compagnies commandées par trois capitaines, savoir : MM. Antoine-Yves Dupuis pour la première, Pierre-Robert Dupuis pour la deuxième, et Carpentier pour la troisième.

Ce sont les registres de l'administration nouvellement composée qui nous donnent ces détails.

Cependant on avait désigné un autre capitaine, M. Chartier-Duraincy, dans la prévision de la composition du bataillon dont le commandement devait être confié au premier capitaine, déjà fonctionnaire de la prévôté d'Angy, espèce de tribunal qui n'avait plus de raison d'être.

Du reste, le lecteur va voir que le chef de bataillon proposé n'avait point encore été reconnu dans ce grade lorsque la mort vint l'enlever à ses collègues, et qu'il fut inhumé dans le cimetière de Mouy, en présence de toute la population de la commune, ainsi que le constate l'acte d'inhumation en date du 15 novembre 1790. La commune de Bury avait, comme toujours, suivi les inspirations des habitants de Mouy.

1791 ET 1792.

A cette époque, le règne de Louis XVI touchait à son terme, ne gouvernant plus qu'en se soumettant aux exigences du régime nouveau, quoique fort agité. Bientôt après, le roi vit ses pouvoirs suspendus, puis disparaître pour être remplacés par ceux de la République, au mois de septembre 1792 (1).

On sait qu'après avoir mis tous les biens de main-morte et ceux des émigrés à la disposition de la nation française, la République supprima les vœux monastiques, la noblesse, les titres honorifiques, les armoiries, etc.

Cependant le curé de Mouy, l'abbé Sallentin, put continuer paisiblement les fonctions sacerdotales et continuer aussi à recevoir les actes des naissances, mariages et décès de la commune jusqu'à la fin de cette année 1792, première de la République française, commencée le 23 septembre.

1795.

Ce fut le 1er janvier 1793 que ces registres passèrent aux mains du conseil général nouvellement organisé dans cette commune, comme on dut le faire pour ceux des autres paroisses de la France (2).

---

(1) Décret sur le régime nouveau des 19 et 29 floréal an II (mai 1793).

(2) Voir à la légende des maires de Mouy, remontant à 1790.

Comme le curé de Mouy et son vicaire Lemoine avaient renoncé à l'état ecclésiastique, après avoir prêté serment à la Constitution, ils furent désignés, en restant à Mouy, pour faire partie du conseil général de la localité, dans les rangs duquel ils furent installés. Presque aussitôt, l'ancien vicaire fut chargé de remplir les fonctions d'officier de l'état civil, charge qui le mit presque immédiatement dans la nécessité de rompre des liens qu'il avait formés, comme prêtre; c'est-à-dire de constater le divorce de deux époux qui avaient voulu se séparer et renoncer à la foi promise.

Du premier janvier 1793 à la fin de cette même année, ce nouveau fonctionnaire dut recevoir 119 actes de naissances, 35 actes de mariages, 2 actes de divorces et 78 actes de décès.

Les deux ex-prêtres durent prendre part aussi, comme membres du conseil, à tous les autres actes qui se faisaient au nom de la République, et assister aux fêtes fédératives que l'on ne pouvait se dispenser d'observer.

Les fêtes et les autres cérémonies religieuses étaient défendues, mais remplacées par celles dites décadaires; des agents cantonaux étaient chargés de les faire observer avec plus ou moins de rigueur dans toutes les communes de leurs circonscriptions. L'église de Mouy était fermée et dépouillée de tous ses ornements, la chaire exceptée. Un écriteau portant ces mots : *Temple de la Raison*, avait été cloué sur le portail.

Des restrictions avaient été faites au sujet de la cloche qui restait dans le clocher (1). Il fallut aussi faire disparaître tous les signes de la royauté et de la féodalité qui pouvaient se trouver sur tous les points du bourg, ainsi que les papiers qui en portaient des traces, en les brûlant sur la place du marché, au pied de l'arbre de la liberté. Cette mesure ne put point s'appliquer, entre autres choses, aux actes de l'état civil, puisqu'en remontant à l'année 1692, on y remarque des signes frappants des règnes des souverains qui ont gouverné la France depuis cette époque, signes qui se trouvent enveloppés par les actes dont nous parlons.

On fit démolir, peu de jours après, la chapelle qui avait été élevée au centre du cimetière de Saint-Laurent, et on en vendit les matériaux.

La première fête nationale s'était célébrée du haut d'une montagne qui avait été élevée à l'extrémité de la place de l'ancien château où se trouve de nos jours l'hôtel-de-ville. C'est là que se fit remarquer, assise sur un autel, la femme qui voulut bien y représenter la déesse de la Raison pour la commune de Mouy. C'est

---

(1) Il s'en trouvait six dont deux petites, ce que nous avons déjà dit.

là aussi que se firent entendre les chants patriotiques alors en vogue dans toute l'étendue de la République.

1794.

Toutes les autres fêtes de ce genre eurent lieu sur la place du Marché, où des discours plus ou moins acclamés se sont fait remarquer sur ce qui faisait l'objet de ces solennités, fêtes auxquelles la garde nationale assistait toujours, tant pour escorter les autorités du lieu que pour y montrer sa tenue et son zèle.

A cette époque, la population du bourg de Mouy était descendue au chiffre de dix-huit cent quatre-vingts habitants. C'était ce que l'on appelait les premiers temps de la Terreur, parceque Robespierre, considéré comme un dictateur effréné, voulait imposer sa volonté à tous ses collègues de la Convention, et avait en même temps conduit le tribunal révolutionnaire à rendre des jugements qui envoyaient par centaines des hommes innocents à la mort.

Une dernière chose avait mis le comble aux exigences du dictateur : nous voulons parler de la demande qu'il avait faite à quelques-uns de ses collègues de la Convention, et qu'il crut trop facilement avoir obtenue. Or, Robespierre, jacobin, ayant l'ambition de devenir réellement dictateur, chef de la République, crut pouvoir y arriver en faisant un retour sur lui-même, en instituant une fête par laquelle la Convention ferait déclarer au peuple français qu'il reconnaissait *l'Être suprême et l'immortalité de l'âme.*

Il se mit donc au mois de mars 1794 dans une position critique relativement aux fêtes publiques. On le vit en effet renoncer tout à coup à la déesse Raison son idole, et qu'il croyait n'être plus celle du peuple, pour la remplacer par l'Être suprême, ainsi que nous venons de le dire. C'est donc après avoir fait toutes ses dispositions qu'on le vit à la tête de la Convention pour cette fête mémorable. Il avait un costume merveilleux, nous dit l'histoire, des fleurs et des épis plein les mains, marchant seul à quinze pas en avant de ses collègues, le 7 mai 1794, mais paraissant peu satisfait des succès sur lesquels il comptait. La fête avait eu lieu, mais il se vit immédiatement en face d'ennemis qui lui reprochèrent ses allures et une ambition sur lesquelles il n'y avait rien de bon à espérer pour lui. Bref, Robespierre suivit seul, le 27 juillet 1794 (1), à l'échafaud, tous ceux qu'il y avait envoyés, et cela aux acclamations de la foule. (Robespierre voulait se faire considérer comme un grand-prêtre).

---

(1) 9 Thermidor an II.

Cependant la Convention autorisa le 29 septembre 1795 à reprendre le libre exercice du culte catholique, sous la surveillance des autorités constituées, croyant par ce moyen obtenir du peuple la confiance qu'elle savait perdre de plus en plus, ce dont du reste elle ne pouvait douter par suite de la réaction de la terreur qui lui était reprochée. Mais quoique soutenue par la force publique, la Convention dût disparaître le 26 octobre de cette année après avoir tyrannisé la France pendant plus de trois ans.

DU 26 OCTOBRE 1795 AU 13 NOVEMBRE 1799.

On vit paraître immédiatement une nouvelle constitution, qui changeait la face du gouvernement et la ramenait à des proportions moins démocratiques. Le pouvoir exécutif, sous le nom de Directoire, était confié à cinq cents membres et le pouvoir législatif à deux cents qui se nommaient conseil des anciens.

On ajoutait à l'ancienne déclaration des Droits de l'homme, un corollaire oublié dans le premier élan des esprits, la déclaration du droit des gens; mais comme un grand nombre de décrets de la Convention restaient encore debout, le peuple fit une vive opposition au Directoire.

Cependant ce nouveau gouvernement avait besoin d'autorité pour faire face aux orages qui se présentaient et calmer autant que possible la mauvaise disposition des esprits, particulièrement celle des hommes qui, dans cet état de choses avaient perdu leur position de conventionnels.

Rien cependant ne pouvait arrêter la dépréciation des assignats.

La disette faisant souffrir ceux-là mêmes qui mettaient obstacle aux premiers actes du Directoire, il y avait nécessité de maintenir le décret sur le maximum.

La loi sur la sécurité des personnes et des propriétés ne pouvait pas être abrogée, car la terreur donnait de nouveaux signes de violence.

Les marchés, manquaient d'approvisionnements ; il fallait s'occuper des besoins les plus pressants des populations et connaître les causes qui mettaient les malheureux dans l'impuissance de se procurer du pain, faire des enquêtes, forcer ceux des cultivateurs qui retenaient leurs denrées et refusaient de les exposer sur les marchés ; mesures qui nécessitaient souvent des poursuites et des condamnations.

Obtenir de certains possesseurs de terrains nouvellement cultivés ou défrichés la représentation de leurs titres à leurs mairies respectives, demander à ceux qui ne jouissaient qu'à titre précaire de faire connaître les noms des personnes au nom desquelles ils jouissaient.

Le gouvernement qui voulait disposer des

biens des émigrés et de ceux dits de mainmorte, cherchait les moyens de s'éclairer sur l'origine des grandes propriétés, ainsi que sur certains terrains en côte, dont les indigents avaient pris possession pour en obtenir des pommes de terre.

Il faut le dire en passant, sur tous ces points, la municipalité de Mouy ne négligeait rien. Les registres des actes de la mairie en fournissent des preuves suffisantes.

Le domaine de Janville, les moulins à farine de Mouy et le prieuré de Saint-Jean-des-Viviers avaient été signalés comme devant être autant de propriétés sur lesquelles on devait s'éclairer avec le plus de soin possible ; c'est ce qui se fit dans les termes des actes que nous croyons devoir reproduire ici *in extenso :*

« Le 31 décembre 1792 a comparu Antoine
» Dupont fermier du domaine de Janville, com-
» mune de Mouy, et a déclaré que le prince de
» Conti dont il était le fermier n'avait qu'une
» jouissance usufruitière de la propriété rurale
» qu'il exploitait, et que la nue propriété appar-
» tenait au roi Louis XVI, et que sa redevance
» était de quatre mille cinq cents livres (1). »

---

(1) Cette propriété fut vendue comme bien national.
— La chapelle, sous l'invocation de saint Jacques, qui existait à Janville, faisait partie de ce domaine, ainsi que d'autres propriétés situées sur les terroirs voisins.

« Le trois janvier suivant (1793) s'est présen-
» tée la dame Marie-Geneviève Mercier, veuve
» Horoy, meunière à Mouy, et a déclaré que
» par acte passé devant M° Bro, notaire à
» Paris, le 20 juillet 1777, M·· Joseph-François
» Bourbon Conti lui a donné à titre de bail à
» cens les moulins de Mouy, moyennant une
» rente foncière annuelle et perpétuelle,
» exempte de retenue, de *cinq mille livres*.
» deux septiers de blé et six chapons. »

La dame Horoy, ayant justifié sa déclaration en communiquant une expédition du contrat dont nous parlons, fut reconnue propriétaire des usines qui faisaient l'objet du bail à rente foncière précité.

Quant au prieuré de Saint-Jean-des-Viviers, il eut le même sort que le domaine de Janville.

Ce prieuré avait pour possesseur en 1792 dom Blondin d'Esigny, dont la résidence était à Abbeville (Somme). Cependant ce prieuré dépendait de l'Abbaye de Saint-Germer, canton du Coudray, arrondissement de Beauvais.

—

SITUATION DE LA FRANCE AU POINT DE VUE DE LA TRANQUILLITÉ PUBLIQUE.

1793 A 1796.

Une partie de la population française suppor- tait non sans peine tous les événements sur lesquels nous venons de présenter un tableau très-restreint; mais le plus grand nombre en ayant été victime, le pays était impatient de voir renaître le calme dont il avait le plus grand besoin.

La Convention avait eu à s'occuper en 1792 des choses qui se passaient non-seulement dans l'intérieur de la République, mais encore sur les frontières du nord dont les limites avaient été franchies par les puissances voisines.

Sans armée et sans ressources précuniaires pour arrêter les étrangers dans leurs entreprises, la France dut faire des efforts surhumains pour repousser ces armées étrangères et s'opposer à l'invasion menaçante.

A cette époque, la France avait sur les bras les Autrichiens, qui nous avaient déjà fait perdre la Belgique (mars 1793).

Toulon se rendait aux Anglais.

Lyon soutenait énergiquement toutes les horreurs d'un siége à jamais mémorable.

Les Espagnols obtenaient divers avantages à Bayonne.

Les Autrichiens enlevaient le camp des Français à Famars, près de Valenciennes, (avril 1793.)

Peu de jours après, l'amiral anglais Howe, se rendait maître d'une flotte française composée de six vaisseaux, après un combat opiniâtre.

La Vendée, dans la même année, était en pleine révolte contre la République.

Mais la France s'armant bientôt par bataillons, on la vit en peu de jours en mesure d'arrêter tous ses ennemis dans ces audacieuses entreprises, quoiqu'elle fût privée de chaussures, de vêtements et de ce qui peut donner au soldat la force qui lui donne l'ardeur dont il a besoin pour combattre devant l'ennemi.

C'est dans cette situation que l'on vit le général Jourdan gagner la bataille de Fleurus au commencement de l'année 1794 et dans laquelle les alliés perdirent dix mille hommes en même temps que l'armée Française put reconquérir la Belgique et l'année suivante faire la conquête de la Hollande.

La France ayant alors de sept à huit cent mille hommes sous les armes, elle put malgré toutes ses privations obtenir de nouveaux succès en 1795.

Cependant l'intérieur du pays restait toujours fort agité. Le peuple parisien se trouvait fatigué d'une assemblée à laquelle il croyait avoir beaucoup de reproches à faire, et c'est après une démonstration armée, faite contre elle que la Convention crut devoir se dissoudre pour faire place au gouvernement nouveau, qui parut au mois de juin sous le nom de Directoire. Et c'est peu de temps après son installation que parut le général Bonaparte, pour continuer les succès que les armées françaises avaient obtenus et que nous avons signalés.

Pendant les trois années environ que le général Bonaparte dut employer pour soumettre ou combattre les peuples qui restaient hostiles à la France, d'autres évènements se passaient dans l'intérieur du continent, et sur lesquels nous renvoyons le lecteur à l'histoire.

1799.

18 Brumaire an VIII.

Citons cependant en passant le 18 brumaire où Napoléon Bonaparte fit tomber le Directoire et cesser les troubles intérieurs de chaque jour. Passons de cette époque au Consulat.

DE 1799 A 1804.

Le Consulat, pendant lequel fut signé, à la date du mois de juillet 1801 entre le Pape représenté par le cardinal Caprara et les trois consuls français, un concordat pour le rétablissement en France du culte catholique et qui a été solennisé le 15 août suivant.

1802.

La Légion-d'Honneur.

Ensuite le décret du 10 mai 1802 par lequel le Premier Consul institue la Légion-d'Honneur pour récompenser les services civils et militaires ; il est nommé peu de jours après Consul à vie.

1804.

Napoléon Ier Empereur.

Et enfin la date du 2 décembre 1804, jour où Napoléon Ier est monté sur le trône comme empereur des Français à l'âge de trente-quatre ans. Il fait mettre en usage le Code civil dans cette année, et reparaître le calendrier Grégorien le 1er janvier 1806.

Le régime nouveau laissait apercevoir au commencement du XIXe siècle des jours d'autant plus heureux que les douze années qui venaient de s'écouler n'avaient été pour ainsi dire qu'un temps de souffrances et de misère.

La situation faisait renaître la confiance et reparaître les trésors cachés. Le Concordat dont nous venons de parler ayant dit son dernier mot sur l'exercice du culte catholique, on vit arriver à Mouy, comme curé de cette ville, l'abbé Lepicard prêtre du diocèse d'Amiens, muni de l'autorisation du Préfet et de l'évêque de Beauvais, et il fut installé dans son église par l'autorité municipale.

L'industrie et le commerce reparurent.

PROGRÈS DE LA FABRIQUE DE MOUY.

Or, les fabricants d'étoffes de Mouy, comme tous les autres industriels, appelant leurs ouvriers dans leurs ateliers, on y vit bientôt des tissus mieux faits que ceux des années antérieures.

Jusque-là les usines de Mouy n'avaient été que des moulins à farine ; mais le filage de la laine, qui ne se faisait que par un système ancien (semblable du reste à celui de la toile) pouvant s'opérer par le procédé mécanique inventé par Jacquart de Lyon, ces moulins à farine devinrent bientôt des filatures à laine agissant par le procédé de l'immortel Jacquart. Ces moulins furent presque tous en même temps employés au foulage et aux apprêts de ces draps.

Le chemin de fer qui met depuis dix huit ans le département de l'Oise en communication directe avec Paris en passant par Mouy, ayant introduit d'autres industries, il en est résulté de la perturbation, notamment la diminution du nombre des fabricants de draps, ce qui s'explique par l'augmentation du salaire provoquée par l'industrie nouvelle. Mais un des fabricants d'étoffes qui ont tenu à leur commerce ayant donné plus de valeur à leurs tissus et fabriqué ce qu'on appelle des fantaisies, la fabrique de Mouy pourra survivre à cette nouvelle lutte.

Les eaux du Thérain ne pouvant plus suffire comme force motrice aux besoins du commerce et à l'industrie de la localité, on compte sur plusieurs points de la ville, douze pompes à feu pour y suppléer.

Nous faisons suivre ces détails par deux citations qui s'y rattachent :

En l'an sept de la République (1799), Louis Monbergne taillandier, Jacques Leroy charpentier, Noël Vaudrée, charron et Eloi Béranger, qui tous habitaient la rue pavée en entrant à Mouy, furent autorisés, sur leur demande collective, à faire percer et a établir à leurs frais, un puits à l'entrée de la rue des Caves, appuyé sur le mur extérieur de la propriété du sieur Dervillé, et au point le plus rapproché de la rue pavée d'en haut, quartier Saint-Laurent. Ce puits est public et a été transformé en pompe aspirante et foulante.

1805.

La halle qui existait à Mouy sur la place du marché a été démolie en l'année 1805. Son emplacement a été acheté par le sieur Jean-Charles Parmentier de la rue de Fourneau (de Paris maintenant). L'autorité municipale rencontra de nombreux obstacles pour faire rentrer ce terrain en possession de la commune par suite des prétentions trop élevées du sieur Parmentier, ce qui est constaté sur les registres des délibérations du conseil municipal.

Nous mettons sous les yeux du lecteur un article emprunté au Guide pittoresque du voyageur en France, chapitre spécial au département de l'Oise qui a dû paraître de 1820 à 1822, pour justifier les explications que nous donnions à la page précédente sur Mouy :

« Mouy, petite ville sur le Thérain, à deux
» lieues et demie de Clermont. Population
» 2372 habitants. Cette ville est devenue importante par les fabriques d'étoffes de laine,
» qui ne consistaient dans l'origine qu'en un
» seul genre sous le nom de serges de Mouy,
» étoffes communes et grossières.

» Maintenant, on y fabrique des draps qui
» rivalisent avec ceux de Beauvais, et dont
» une partie est employée pour l'habillement
» des troupes. Ce genre d'industrie s'accroît
» tous les jours se perfectionne et donne à ce
» pays l'aspect animé des grandes villes. »

Mais il faut tout dire :

Si Mouy a eu des années prospères, il a dû supporter aussi des années stériles.

1805 A 1812.

On ne vit, il est vrai, dans les premières années du premier Empire que de grandes victoires remportées par les armées françaises dans toute l'Allemagne, en Russie et ailleurs ; mais 1812 arrivant on dut reconnaître l'inconstance de la fortune par les affreux ravages qui se firent dans nos bataillons. Ces pertes reparurent dans les années 1813 et 1814, et c'est ainsi que la France se vit dans la nécessité de réorganiser la garde nationale des villes, des bourgs et des plus simples communes dès les premiers jours de 1814, lorsqu'elle se vit menacée d'une invasion de peuples impatients de se venger de ce qui s'était passé dans leurs pays à l'occasion des victoires qui les avaient soumis aux lois qui leur avaient été imposées. Déjà une avant-garde s'était emparée de la ville de Mondidier.

Dans cette situation, la garde nationale de Mouy (200 hommes environ) crut devoir suivre le premier mouvement qui lui avait été imprimé par les villes de Beauvais et de Clermont, en se dirigeant le jour indiqué vers Mondidier. Saint-Just-en-chaussée avait été désigné comme halte et le point où les dispositions seraient prises pour avancer sur l'ennemi. Les forces numériques étaient de dix-mille hommes, dont une partie n'avait que des armes sans valeur. La ville de Beauvais avait en tête de sa colonne un peloton de cuirassiers et une compagnie d'infanterie de sa garnison. Clermont et Mouy étaient à forces égales ; mais les hommes composant l'effectif de Clermont étaient mieux exercés au maniement de l'arme à feu. Bref, chacun prit le rang de bataille qui lui avait été désigné, et on arriva ainsi jusqu'à l'une des entrées de la ville. Il y eut aux premiers rangs quelques coups de feu échangés entre les assiégeants et les assiégés ; mais ceux-ci se retirant presque aussitôt, il n'y eut de part et d'autre ni tués ni blessés, et la troupe improvisée put rentrer dans ses foyers le lendemain de la campagne.

Les éclaireurs ennemis furent qualifiés d'avant-poste de l'armée de l'Arche-en-Ciel, arche d'alliés.

On crut que cette démonstration avait suffi pour décider les armées étrangères à changer la direction par laquelle elles voulaient entrer à Paris, opinion qui ne paraît pas fondée. Du reste les alliés qu'on nommaient aussi la Sainte-Alliance, firent l'entrée à Paris dès le commencement du mois de mars de cette année. Napoléon 1er ayant signé son abdication le 13 de ce mois, Louis XVIII ne tarda pas à monter sur le trône et à présenter au peuple français la constitution que le Sénat avait préparée.

Ce gouvernement fut appelé la Restauration.

Le 2 avril de cette même année, l'empereur Napoléon est envoyé à l'île d'Elbe par le Sénat après avoir été déchu de tout droit à la couronne; mais le 1er mars 1815 on le voit reparaître en France et remonter sur le trône le 20 du même mois escorté de l'armée qu'on avait envoyée contre lui.

Louis XVIII s'éloignant en toute hâte de la France, Napoléon fait de grands efforts pour s'y maintenir; mais il ne peut résister aux armées alliées qui avaient repris les armes contre lui, et c'est après ce nouveau règne de cent jours qu'il fut exilé à Saint-Hélène où il est mort le 5 mai 1821.

Cette nouvelle restauration coûta cher à la France, après y avoir souffert une partie considérable des alliées (1) depuis le mois de juillet 1815 jusqu'en l'année 1818 comme garantie de l'exécution du traité de paix signé à la première de ces deux époques. Nous ne parlons ici que des dépenses que les communes et leurs habitants ont dû supporter dans leur intérieur pendant deux années environ.

1818.

Ainsi soulagé et rendu à lui-même, l'esprit français put se rasséréner. Prenant confiance dans l'avenir, l'industrie française reprit la marche qu'elle pouvait se donner dans la situation des choses, et les fabricants d'étoffes de Mouy avaient fait reprendre aux ouvriers leurs métiers à tisser dès l'année précédente

L'autorité municipale, en applaudissant à ces mouvements, s'occupait sérieusement des intérêts qui lui étaient confiés.

Or, les ressources budgétaires présentaient un chiffre annuel de 2500 à 2600 francs sur lequel on faisait ordinairement quelques économies. Le Conseil eut sans tarder le soin d'ouvrir un crédit pour acquitter les 1473 francs que la ville devait pour les dépenses qui avaient été faites en son nom pendant le sé-

---

(1) Cent cinquante mille hommes.

jour du bataillon de soldats prussiens dans la localité, ainsi que nous l'avons expliqué, et non compris les dépenses qu'avaient eu à supporter ceux des habitants auxquels avait incombé l'obligation de les loger.

Ne voulant entretenir nos lecteurs que des choses qui se rattachent aux intérêts de la localité qui fait l'objet de notre ouvrage, nous ne parlerons pas des secousses qui ont agité la France entre les années 1818 et 1830. Mais nous pouvons présenter la fabrique de Mouy comme ayant travaillé avec succès pendant ces douze années.

Et comme pour faire parralèle à cet état de choses, nous exposerons que les ressources municipales augmentant chaque année ainsi que le constatent les budgets de la ville, son conseil produisait aussi annuellement des améliorations plus ou moins sensibles et toujours bien accueillies par les habitants.

Citons en quelques-unes :

1821 ET 1822.

Pendant les années 1821 et 1822, il a été dépensé en la rue de Fourneau, une somme de deux mille cinq cents francs pour commencer les travaux permettant d'y circuler avec des voitures, et une somme beaucoup plus élevée avait été employée pour l'éclairage de la ville par le système de Bordier-Marcet (1825).

1828.

Trois mille francs pour travaux indispensables à l'église et l'achat de quelques objets mobiliers.

Dans la même année pour le pavage en blocage des rues des Caves, des Gourgouchons et de Saint-Léger, la somme de neuf cent cinquante francs.

A l'époque où nous nous occupons d'écrire l'histoire de Mouy, nous voyons encore la rue et l'impasse Saint-Léger dans leur premier pavage.

La dernière dépense extraordinaire de l'année 1828 eut pour objet la visite faite à la ville de Mouy, M. le comte de Puymaigre étant Préfet de l'Oise, par la duchesse d'Angoulême au mois de juin 1827, dépense qui s'est élevée à sept cent trente-neuf francs.

Comparées aux ressources du budget de la ville, les dépenses dont nous venons de parler étaient d'autant plus élevées que l'on reconnaissait déjà depuis plusieurs années la nécessité de pourvoir à ce qu'il fallait encore créer dans la commune pour l'exonérer des loyers qu'il fallait payer annuellement et se mettre à la hauteur de tout chef-lieu progressant, car Mouy ne possédait alors ni maison commune, ni prétoire pour la justice de paix, ni presbytère, ni maisons d'école, ni abris pour les pompes à incendie, etc.

Le Maire de Mouy et son conseil municipal étaient loin de rester indifférents sur cette question, puisque dès l'année 1822 on avait agité la question de savoir comment on en sortirait, et on ne vit qu'un premier et unique moyen à employer, celui de solliciter l'autorisation d'établir un octroi sur la ville, demande qui fut suivie sans opposition et augmenta l'actif du budget de quatre à cinq mille francs à compter du mois de janvier 1825.

Le personnel de l'administration municipale avait subi quelques modifications en l'année 1824, et loin de contester les dépenses faites et celles projetées, cette nouvelle administration voulut donner une première preuve de son désir de suivre les errements du conseil des années antérieures en proposant la vente d'un petit marais communal improductif. Cette vente s'est faite au prix de six mille francs, et on crut pouvoir avec toutes les ressources réunies s'occuper sérieusement de la construction d'un hôtel-de-ville sur un terrain communal avantageusement placé pour cet objet.

1830.

La prise d'Alger avait été favorablement accueillie en France ; mais arrêté par la révolution que les derniers jours du mois de juil-1830 venaient de provoquer, on dut suspendre l'exécution du projet dont nous parlons.

Le duc d'Orléans succédant au roi Charles X,

dès le lendemain de la disparition de celui-ci Louis-Philippe d'Orléans fut proclamé roi des Français le 9 août, la secousse fut bientôt calmée, et dès le commencement de l'année 1831, le conseil municipal revenant à son projet, en prit toutes les mesures préparatoires. L'emplacement est celui où nous voyons aujourd'hui l'édifice qui, après avoir été modifié et élargi, est assujetti à deux services publics distincts : celui de la mairie avec ses dépendances, et celui de la justice de paix, aussi avec ses accessoires, et une pièce particulière pour le commissaire de police.

La fabrique s'était aussi ranimée après l'événement sur lequel nous venons d'écrire quelques lignes ; mais le choléra qui faisait l'effroi du monde à cette époque, ayant envahi la France en l'année 1832, la population de Mouy en fut bientôt frappée cruellement.

En l'année suivante, les magasins de la fabrique étaient encombrés de tissus de diverses qualités qui attendaient impatiemment des amateurs du dehors. Un jour cependant, on voit dans la ville, et de maisons à autres, des négociants qui paraissaient faciles en affaires et mériter toute confiance, et un grand nombre des fabricants se laissent prendre dans leurs filets, car ces étrangers inconnus obtiennent tout ce qu'ils demandent, et en moins d'une journée, ils ruinent les uns et mettent dans la gêne ceux qui peuvent supporter de grandes pertes et continuer leur industrie. Bref ce n'était que de hardis voleurs qu'on ne put atteindre. Il en reste encore des souvenirs, surtout chez les fabricants qui de maîtres sont devenus simples tisserands.

1834.

La situation présentée par le receveur municipal de la ville, le 6 mai 1834, ayant montré comme espèces disponibles douze mille quarante-trois francs, le conseil vote un crédit particulier et plus élevé que celui ci-dessus pour la construction d'une école communale, a établir en la rue Cayeux, et ce local indispensable fut élevé dans le courant de la même année.

1840.

La situation reste sans mouvements extraordinaires pendant quelques années. Mais en l'année 1840, la maison de Mouchy-le-Châtel vint donner à Mouy une nouvelle preuve de l'intérêt particulier qu'elle lui porte : Madame la Vicomtesse de Noailles, lui offre la création d'une salle d'asile pour les enfants des deux sexes de la ville. En l'acceptant par sa délibération du 10 décembre de la même année, le conseil municipal y ajoute l'expression de la reconnaissance que la population doit à sa bienfaitrice à ce sujet. La salle d'asile est bientôt construite en la rue Cayeux, et mise à la disposition de l'indigence sur les listes présentées annuellement par le conseil municipal.

Cet établissement est précieux pour les jeunes enfants, ainsi que pour les familles qui peuvent en profiter.

Madame la vicomtesse de Noailles n'existe plus, mais M. le duc de Mouchy et Mme la duchesse qui la remplacent n'oublient pas l'asile, et en le visitant chaque année, ils y arrivent toujours chargés de choses propres à soulager tous ces enfants, heureux de se voir couverts, par ces actes de charité, de vêtements pour supporter les rigueurs de l'hiver.

1841.

L'année 1841 a vu aussi ses actes de première utilité : nous voulons parler des lavoirs publics au nombre de six, que le conseil municipal a fait placer sur des cours d'eau dans la ville et les faubourgs de Fourneau et de Coincourt. Chacun de ces lavoirs à sa vanne, son toit et tout ce qui peut faciliter le travail des laveuses de linge.

On voit aussi cinq abreuvoirs dans toute l'étendue de la commune.

C'est également en l'année 1841, que se fit la translation du cimetière dit de Saint-Laurent sur une autre extrémité de Mouy connue par cette dénomination : « *Au-dessus de la cavée du Dieu de Pitié.* » En l'une des années suivantes s'est opérée solennellement la translation dans ce nouveau cimetière des ossements humains qui étaient restés dans l'ancien cimetière de Saint-Laurent.

1848.

Encore un temps d'arrêt.

Celui-ci fut nécessité par la révolution de février 1848, qui eut pour effet de faire tomber le roi Louis-Philippe d'Orléans du trône français, et de le voir remplacé par un gouvernement républicain qui eut pour président le prince Louis-Napoléon Bonaparte, qui le 2 décembre 1852, fut appelé, par le vœu de la France, et la proclamation du Sénat, à monter sur le trône comme empereur, sous le nom de Napoléon III.

Le 4 avril de l'année 1853, le Conseil municipal de la ville de Mouy est appelé par une circulaire de l'autorité supérieure à délibérer sur l'utilité qu'il y aurait d'appliquer *à la ville de Mouy les règles tracées en matière de voirie urbaine par le décret du 26 mars 1852*, relatif aux rues de Paris. Le Préfet engage le Conseil à se prononcer sur la question. Le Conseil donne immédiatement une réponse affirmative, et on en tire la conséquence que Mouy était considéré comme ville antérieurement à cette époque, ce que nous sommes loin de contester.

— Nous arrivons à l'époque où la ville de Mouy fut dotée d'une station de chemin de fer, par suite de l'embranchement par lequel la grande voie du Nord consentait à mettre le chef-lieu du département de l'Oise, et au-delà, en rapport direct avec Paris en partant de Creil, et en parcourant la vallée du Thérain où se rencontre la ville de Mouy.

Considérant cet embranchement comme un événement heureux pour eux, les habitants de Mouy, s'empressent de voter par l'organe de leur conseil municipal, l'expression de la reconnaissance qu'ils doivent à MM. le duc de Mouchy, de Vuillefroy et baron Seillière, à l'occasion des soins par eux apportés et des efforts qu'ils ont faits pour faire reconnaître à qui de droit la justice de diriger le chemin de fer de Paris à Beauvais, par Mouy et la vallée du Thérain, de préférence à Clermont.

L'impatience des populations de voir et de profiter de cette voie ferrée était grande; cependant ils durent attendre quatre ans pour en avoir la jouissance.

1856.

On nous communique une délibération du conseil municipal de Mouy qui doit avoir sa place dans notre ouvrage ; elle est ainsi conçue : du 7 septembre 1856, délibération par laquelle le conseil municipal de la ville de Mouy, estime qu'il y a lieu de reconnaître l'intérêt particulier que feu le duc de Mouchy a porté en plusieurs circonstances à la ville de Mouy, notamment à l'occasion de la ligne adoptée pour le percement du chemin de fer de Paris à Beauvais, parcourant la vallée du Thérain passant par Mouy.

Le conseil émet le vœu qu'une statue soit érigée à ce sujet sur la place qui fait face à la station de Mouy, et il charge une commission de solliciter les autorisations nécessaires à ce sujet.

L'autorisation dont parle cette délibération fut obtenue puisque la statue qui en fait l'objet se trouve et se voit sur le point indiqué.

1857.

Le buste de l'honorable duc de Mouchy est placé sur un piédestal entouré d'une clôture grillée en fonte.

Sur les quatre faces sont les inscriptions suivantes :

La première est ainsi conçue :

NAPOLÉON RÉGNANT

LA VILLE DE MOUY

A PAR SOUSCRIPTION

ÉLEVÉ UN MONUMENT

AU DUC DE MOUCHY

EN RECONNAISSANCE

DES SERVICES PAR LUI RENDUS

La deuxième :

> CONSEILLER GÉNÉRAL
> DU DÉPARTEMENT
> DE L'OISE.

La troisième :

> LE 11 JUIN 1857, A ÉTÉ INAUGURÉ
> LE CHEMIN DE FER DE CREIL
> A MOUY ET BEAUVAIS
> DONT LE DUC DE MOUCHY
> FUT LE PROMOTEUR.

La quatrième :

> REPRÉSENTANT DU PEUPLE
> ET SÉNATEUR.

Peu de temps après la solennité à laquelle a donné l'inauguration du chemin de fer, on vit s'établir à la station de Mouy un bureau de télégraphie privée mis à la disposition du public.

Notons en passant qu'un marais dit de Moineau qui se trouve entre Mouy, Bury et Angy et qui jusque-là n'avait été qu'un point insalubre et conséquemment inhabitable, est maintenant une propriété divisée sur laquelle on voit chaque année des constructions nouvelles. Celles que l'administration du chemin de fer a dû asseoir en exhaussant le sol ont servi d'exemple pour les habitations qui s'élèvent dans ce quartier nouveau, c'est aussi en élevant le terrain dont nous parlons qu'on a pu y former des chaussées solides au moyens desquelles on peut communiquer en toute saison avec les communes voisines.

C'est ainsi que Mouy s'accroît, étend son enceinte et qu'on y voit des industries nouvelles.

Une usine à gaz établie près de la station du chemin de fer, permet d'éclairer les rues de la ville et celles de Bury, et a donné aux habitants de ces deux communes la faculté d'éclairer leurs maisons par le même procédé.

Le Conseil municipal n'avait pas oublié qu'antérieurement à l'année 1857, il avait d'autres obligations à remplir envers ses administrés. Il avait commencé par s'assurer les ressources nécessaires pour y parvenir, et il y parvint en élargissant le périmètre de l'octroi de la ville, et en soumettant aux droits d'entrée en ville d'autres objets de consommation que ceux compris dans le tarif primitif.

Il crut indispensable de proposer en même temps l'aliénation de marais communaux autres que celui qui avait été déjà vendu.

C'est après être arrivé aux résultats désirés qu'on se crut en position de continuer les dépenses qui restaient à faire pour mettre la ville en possession des choses qui avaient paru être de première nécessité.

La construction qui avait été édifiée en la rue Cayeux pour faire une école destinée aux enfants des deux sexes de la commune, ayant été reconnue insuffisante et en même temps incommode, il fallait en établir une autre. Celle-ci devait servir à l'instituteur, l'autre devant rester à l'institutrice. L'école des garçons fut donc élevée en la rue de l'Hôtel-de-ville de 1854 à 1856, et l'instituteur s'y trouve installé depuis cette dernière époque.

A Mouy comme partout ailleurs, on reconnaissait la nécessité d'avoir des pompes à incendie et des pompiers pour les entretenir, et s'en servir au besoin.

La ville de Mouy possède trois pompes et les engins qui en forment les accessoires; mais le conseil municipal, voulant les placer à proximité de chacun des trois principaux quartiers de la ville, a décidé d'établir des constructions dans les faubourgs de Paris, (Fourneau) et de Coincourt, la troisième devant rester où elle se trouvait et où elle se trouve encore sur un point particulier de l'Hôtel-de-ville.

La compagnie de pompiers de Mouy étant divisée en trois sections, dont une habite la rue de Paris et ses environs, et une autre à Coincourt, ces dispositions permanentes peuvent faciliter l'entretien et surtout le service de ces pompes, en donnant un secours plus prompt dans les incendies.

Tels paraissent être les motifs sur lesquels l'autorité municipale s'est appuyée pour justifier la mesure dont nous parlons et qui ont servi pour obtenir l'autorisation de faire la dépense de ces deux petits bâtiments. Ils existent donc depuis plusieurs années sur les deux petites places publiques des lieux ci-dessus indiqués

Leurs façades ont une forme distinctive qui plaît à l'œil.

Nos lecteurs trouveront au chapitre suivant.

1° Les diverses désignations qui sont tracées et écrites sur l'ancien planterrier des seigneurs de Mouy, et sur ceux qui lui ont succédé jusqu'à l'époque actuelle ;

2° La légende des rues, impasses et places de la ville.

3° Celle de MM. les préfets de l'Oise ;

4° Celle de MM. les maires de Mouy ;

5° Celle des prêtres de la paroisse ;

6° Celles de MM. les notaires de la même résidence ;

7° Et enfin le mouvement de la population de la ville depuis les temps les plus reculés jusqu'à l'époque actuelle.

CHAPITRE VI.

Ayant pour objet tous les renseignements indiqués en la page qui précède celle-ci.

§ 1ᵉʳ.

Concernant les plans de la ville, son territoire compris.

Le plan du bourg de Mouy, de date antérieure à la révolution française de 1789 et qui reste déposé aux archives de la préfecture du département de l'Oise, mérite à tous égards d'occuper une place dans cet ouvrage. Il peut en diverses occasions être consulté sur le passé et éclairer sur ce qui peut faire l'objet de discussions sur les siècles écoulés et l'époque actuelle.

Il sera souvent, il est vrai, préférable d'interroger ce plan que de s'en rapporter à de simples explications presque toujours insuffisantes, et sans caractère officiel.

Ce plan donne les explications suivantes sur tous les points intérieurs et extérieurs de l'ancien bourg (ville maintenant).

A l'intérieur de Mouy et au centre de l'ancien plan figurent sous les lettres D. 2, F. 2, G. 2, et H. 2, la place du marché sur laquelle se trouvaient une halle, un calvaire et une grange couverte en paille, qui ont disparu.

Puis, à quelques pas de distance vers le nord-est, sous la lettre F. 2, la place verte ou du château, close par l'ancien cimetière et l'église à l'Ouest, une ligne de vieux bâtiments sur les deux côtés de cette place et sur une autre ligne; par un large fossé qui sur ce point servait à la défense du château, lequel Château-fort était sur les autres points, défendu par la rivière du Thérain. Ce plan montre en outre trois grosses tours, dont deux restent encore entières, et qui ne se font remarquer que par leur résistance contre le canon.

Et sous la lettre H. 2, l'église qui fera l'objet du chapitre VI ci-après; édifice dont le portail fait face à la place du marché.

Au-delà de ces trois choses principales se voit sur ce plan l'enceinte du lieu fortifié et enfermé dont les portes ont été abattues en grande partie par le temps. Elles étaient et sont restées désignées sous les noms de porte Saint-Laurent, porte de Clermont ou de l'Hôtel-Dieu et porte de Fourneau.

Dans un cercle plus étendu, et sous les sections B. 2, C. 2, E. 2, Z. 1, et E. 1, le plan dont nous parlons encore désigne la rue des Caves, celles de Saint-Germain, de Fourneau, des Gourgouchons, Saint-Frambourg, Noyante et Maupin; puis les bois du Veil, le marais dit de Moineau, et tous les terrains en côte vers le levant et le midi, qui sont en grande partie restés plantés de vignes jusqu'à la fin du XVIIᵉ siècle.

Ce plan nous montre aussi en la rue Saint-Laurent, un point où se trouvaient un four banal et un pressoir aussi banal s'appelant le four de Monseigneur.

En la rue de Fourneau, étaient placés un four banal et une grange aux dîmes.

L'annexe de Coincourt avait le pressoir banal qui est resté debout tout entier jusqu'à ce jour.

On trouve à l'ouest sur ce plan au-delà de la rue de Nœu, sous les sections B. 4, C. 4, A. 4, X. 2, Y. 3, et E. 3, les bois dits de Nœu, l'annexe de Coincourt entourée de vergers, de terrains légumineux et de marais.

Puis enfin vers le midi, au delà de tout ce qui vient d'être désigné sur le plan principal, le domaine de Janville pour lequel il existe un plan particulier et dans lequel sont enclavés des terrains sur lesquels le seigneur n'avait aucune autre prétention que celles de ses champarts. Le plan avait ses limites vers le nord, au calvaire de Saint-Laurent, au levant et au midi, au terroir de Balagny, et à l'ouest, aux terroirs de

Wlly-Saint-Georges, de Mouchy-le-Châtel et de Mouy, dans la direction des annexes de Bruiles, de Saint-Jean-des-Viviers et de Coincourt.

Nous terminerons ces détails par les noms donnés à chaque section de cette grande partie du territoire de Mouy, noms donnés dans les affiches par lesquelles on a annoncé en 1794, la vente du domaine de Janville en quatre vingt dix neuf lots :

Vers le midi et au levant :

La cavée Hosse.

Le champ Simon.

Le Buisson.

Le chemin de Perel.

La vieille Sente.

Le Tire cou.

Les carrières du Mini.

Les Egayés.

A la Haye d'Echalats (vignes).

Les Bois.

La Justice (lieu où était la potence).

Les Noyers.

Au chemin de Mouchy-le-Châtel,

Aux Friches, au dessus de Perel.

Au nord, jusqu'au calvaire Saint-Laurent :

La croix Jacques Buquet.

Les Hayes de Mouy.

A l'ouest :

La croix Héluisse (Sur un point voisin du chemin de Mouy à Noailles, traversant Mouchy-le-Châtel).

La cavée de Coincourt.

La ferme de Saint-Jean (ancien prieuré).

La vallée de Coincourt (pressoir banal)

Au premier plan général de la commune de Mouy, a succédé celui qui a été déposé dans ses archives au mois de mai 1832, après l'achèvement de son cadastre, M. le baron Feutrier étant Préfet de l'Oise, et M. Bertaut maire de la ville de Mouy.

On trouve aussi une carte du canton de Mouy, dans l'ouvrage que M. Graves, ancien secrétaire général de la préfecture de l'Oise, a fait paraître en 1835, sur la statistique et l'histoire des communes de ce canton.

§ II.

Légende des places, rues, impasses, cloîtres et propriétés publiques.

DÉSIGNATION.	EXPLICATIONS.
Places publiques.	
De l'Hôtel-de-Ville........	Appelée originairem' place du Château. Lieu où se trouve la première pompe à incendie.
Du Marché.............	Où il a existé une halle.
De la Rue-de-Paris.......	Primitivement de Fourneau, où il se trouve un bâtiment qui renferme une pompe.
De et à Coincourt........	Où il se trouve aussi une construction qui renferme la troisième pompe de la ville.
Propriétés communales.	
L'Hôtel-de-Ville..........	Y compris son mobilier et sa bibliothèque.
L'église Saint-Léger.	
L'école des garçons.	
L'école des filles.	

DÉSIGNATION.	EXPLICATIONS.
Propriétés communales.	
L'asile pour les jeunes enfants.	
L'Hôtel-Dieu	Rue de Paris, précédemment en la rue de Clermont.
Deux constructions pour deux pompes	Rue de Paris et faubourg de Coincourt.
Cimetière	Situé au-dessus de la cavée du Dieu-de-Pitié.
Six lavoirs publics	Dont cinq sont couverts.
Cinq abreuvoirs.	
Un grand pont, deux autres ponts ordinaires et plusieurs ponceaux et aqueducs.	
Rues, ruelles, passages et impasses.	
Passage Saint-Léger.	
Passage de l'Hôtel-de-Ville.	
Rue de l'Hôtel-Dieu.	
Rue Chantereine.	
Impasse du Veil.	
Rue Neuve-Chantereine.	
Rue Cayeux.	
— des Gourgouchons.	

DÉSIGNATION.	EXPLICATIONS.
Rues, ruelles, passages et impasses.	
Rue de Noailles.	
Faubourg-de-Noailles.	
Faubourg-Saint-Laurent.	
Rue de Nœu.	
Maison-Masson..........	Quartier isolé, à l'ouest de la ville.
Quai des Filatures........	Précédemment des Moulins, puis des Foulons.
Rue du Pont-Gambot.	
Rue Basse-d'Egypte.	
Rue Traversière-d'Egypte.	
Rue de Liancourt........	Traversant Bury.
— d'Egypte ou de la Gendarmerie..........	Au Faubourg d'Egypte.
— de Clermont........	Précédemment de l'Hôtel-Dieu.
— des Caves.	
— de Paris............	Précédemment de Fourneau, où il existe une population agglomérée de 800 habitants environ.
— de Saint-Germain ou du Cimetière.	
Poterne Saint-Germain....	Ou plutôt chemin par lequel on arrive à la plaine, et qui conduit à l'écart de Janville.

DÉSIGNATION.	EXPLICATIONS.
Rues, ruelles, passages et impasses.	
Cour Leclerc............	Qui était au XVIIe siècle un corps de ferme qui appartenait à une famille de ce nom ; maintenant divisée en plusieurs habitations ainsi que le vaste jardin qui en dépend.
Boulevard de Surville.	
Rue Saint-Frambourg.....	Qui rattache cette rue au chemin du Veil.
Chemin du Veil..........	Parallèle à la rue de Paris.
Rue Maupin.	
Rue des Prés.	
La Briqueterie...........	Au-delà de la rue de Paris, à peu de distance du terroir de Balagny.
Rue Noyante............	Aboutissant à la rue de Paris ; ainsi nommée parce qu'en recevant une grande partie des eaux de Surville, elle les versait précédemment sur la rue de Fourneau et la rendait ainsi insalubre.

DÉSIGNATION.	EXPLICATIONS.
Rues, ruelles, passages et impasses.	
Rue de Heilles............	Traversant l'annexe de Coincourt.
Rue de Coincourt.........	Dans l'intérieur de Coincourt.
— du Lavoir et de l'Abreuvoir..........	Au même lieu.
Janville.................	Ancien domaine seigneurial où il se trouve maintenant neuf maisons particulières.
Bruiles..................	Ecart. Ancien fief particulier.
Saint-Jean-des-Viviers....	Ancien prieuré.
Maison Gérin............	Isolée, touchant au hameau de Perel-lès-Balagny.
Avenue qui se trouve dans le bois dit du Veil......	La tradition veut que le bois fut dans le XVIIIe siècle la propriété d'un anglais du nom de Markam. Ce bois, maintenant divisé entre un grand nombre d'habitants de Mouy, est traversé par deux autres allées. Au centre se trouve une guinguette.

§ III.

Préfets de l'Oise.

MM.

1. De Chambry, de mars 1800 à août 1802.
2. Belverbuch, d'août 1802 à février 1810.
3. Brulé de Valsuzenay, de février 1810 à septembre 1813.
4. Cte Régnier de Gronau (duc de Massa), de septembre 1813 à avril 1815.
5. Basset de Châteaubourg, d'avril 1815 à juillet suivant.
6. Cte de Tocqueville, de juillet 1815 à juillet 1816.
7. Cte Maxime de Choiseul, de juillet 1816 à février 1817.
8. Cte de Germigny, de février 1817 à juillet 1820.
9. Brochet de Verigny (député et conseiller d'Etat), de Balagny, de juillet 1820 à mars 1822.
10. De Balzac, de mars 1822 à juin 1823.
11. Vte Blin de Bourdon, de juin 1823 à septembre 1825.
12. Cte de Puymaigre, de septembre 1825 à mars 1828.
13. Cte de Nugent, de mars 1828 à août 1830.
14. Baron Feutrier, d'août 1830 à novemb^e 1835.

15. Ménadier, de novembre 1835 à juillet 1836.
16. Bellon, de juillet 1836 à août 1838.
17. Germeau, d'octobre 1838 à août 1839.
18. De Crévecœur, d'août 1839 à novemb° 1842.
19. Mercier, de novembre 1842 à janvier 1847.
20. Eugène Mancel, de janvier 1847 à fin février 1848.
21. Barillon (*commissaire du gouvernement*), fin février 1848 au 1ᵉʳ avril 1848.
22. Desormes (*commissaire du gouvernement*), journée du 4 avril 1848.
23. Place (*commissaire du gouvernement*), avril jusqu'au 8 juin 1848.
24. Hippolyte Martin, préfet du 8 juin au 7 août 1848.
25. Cuzon, préfet du 7 août au 31 décemb° 1848.
26. Randoin, préfet du 31 décembre 1848 à janvier 1860.
27. Léon Chevreau, préfet de janvier 1860 au 4 septembre 1870.
28. Georges Jeannerod.
29. Esménard du Mazet.
30. Schwarzkoppen, préfet prussien.
31. Choppin, préfet français.

Légende des Maires de Mouy (depuis 1790 jusqu'en l'année 1860 inclusivement).

Dans les premières années de la République, ces fonctionnaires s'appelaient *Agents municipaux*; ils étaient nommés par le Conseil général de la commune. A Mouy (comme en beaucoup d'autres communes), un membre du conseil était désigné pour remplir spécialement les fonctions d'officier de l'état civil.

NUMÉROS d'ordre.	NOMS DE MM. LES MAIRES.	Temps pendant lequel ils remplirent leurs fonctions.	OBSERVATIONS.
1	Guyart agent municipal.....	pour 1790.	
2	Horoy (Charles), agent municipal....................	— 1791.	
3	Racine (Jean), agent municipal....................	en la même année.	

NOMS DE MM. LES MAIRES.	Temps pendant lequel ils remplirent leurs fonctions.	OBSERVATIONS.
Haquin (François), agent municipal..........	1792 et 1793.	
Rannequin.............	l'an III et l'an IV.......	de la république. Jusque-là, Lemoine avait rempli les fonctions d'officier de l'état civil.
Rannequin et Saint-Omer....	l'an IV et l'an V.......	remplissant conjointement les fonctions d'officier de l'état civil.
Méan.................	l'an VI et l'an VII......	
Saint-Omer, agent municipal.	l'an VIII.............	étant en même temps officier de l'état civil.
Carpentier.............	de l'an VIII à l'an XIV..	A cette époque, M. Charles Leroy Saint-Yves, de Mouy, était président de l'administration cantonale, et M. Maupin, administrateur du district de Clermont.
Burgaud père, maire.......	de l'an XIV à 1807.	
Rannequin, maire.........	de 1807 à 1815.	
Maupin, maire............	de 1815 à 1816.	
Léger-Leroy, adjoint.		
Baudelocque, avocat, maire.	de 1816 à 1824.	
Warmé, notaire, adjoint.		
Warmé, notaire, maire.....	de 1824 à 1831.	
Stanislas Cauchois, premier adjoint.		
Legendre, deuxième adjoint.		

NUMÉROS d'ordre.	NOMS DE MM. LES MAIRES.	Temps pendant lequel ils remplirent leurs fonctions.	OBSERVATIONS.
15	Bertaut, ancien avoué, maire.	de 1831 à 1839.	
16	Sédillon, notaire............	de 1839 à 1845.	
17	Baudon, médecin............	de 1846 à 1851.	
18	Cauchois, adjoint.	de 1815 à 1852........	il n'était désigné que comme maire provisoire.
19	Demorlaine, notaire........	de 1852 à 1854.	
20	Chantepie, notaire..........	de 1854 à 1860.	
21	Poupet, notaire.............	de 1860 à 1871.	notaire honoraire, chevalier de la Légion-d'Honneur en 1870.
22	Bonnat et Budin, adjoints.... Depaule.	de mai 1871 à	

Légende ayant pour objet les Prêtres qui ont desservi la cure de la paroisse Saint-Léger de Mouy, élevée maintenant au titre de doyenné.

NUMÉROS d'ordre.	NOMS DES TITULAIRES.	Temps pendant lequel ils sont restés en fonctions.	OBSERVATIONS.
1	L'abbé Leconnetté	de 1605 à 1637.	
2	Charron (Louis)	de 1637 à 1638.	
3	Fébues	de 1638 à 1639.	
4	L'abbé Sumil (Jean)	de 1639 à 1646.	
5	De Noroy	de 1646 à 1648.	

NUMÉROS d'ordre.	NOMS DES TITULAIRES.	Temps pendant lequel ils remplirent leurs fonctions.	OBSERVATIONS.
6	De Mouchy (Charles)........	de 1648 à 1676	La paroisse de Mouy eut un vicaire à partir de cette dernière époque.
7	L'abbé Hamel (Jean)........	de 1676 à 1692.	
8	Michel	de 1692 à 1708.	
9	Lebarbier	de 1708 à 1727.	
10	Chapeau	de 1727 à 1734.	
11	Lenouvel...................	pour 1734 seulement.	
12	Sallentin	de 1735 à 1792..........	curé bénéficiaire.
13	Fouchu	de 1735 à 1741..........	curé à portion congrue. — Ainsi, à cette époque, il se trouvait deux curés, un vicaire et un prêtre habitué.
14	L'abbé P. Guéroult..........	de 1743 à 1769..........	inhumé dans la chapelle du cimetière Saint-Laurent.
15	L'abbé Rivière	de 1769 à 1775..........	inhumé sous la lampe de l'église.
16	— Devergie............	pour 1767	

A compter de l'année 1777, l'abbé Sallentin dut fixer sa résidence à Mouy pour y remplir assidûment ses fonctions sacerdotales, ce qu'il put faire avec d'autant plus de facilité qu'il avait deux vicaires nommés Lemoine et Warmé, plus un prêtre habitué.

Les choses restèrent en cet état jusqu'en 1792, ainsi que nous l'avons expliqué en la page 111; mais après le Concordat de 1801, c'est-à-dire en l'an XII de la République, on vit arriver à Mouy, pour l'exercice du culte :

17 L'abbé Lepicard, qui desservit cette paroisse jusqu'en 1816.
18 Puis l'abbé Durieu, et après lui
19 L'abbé Levasseur.
20 L'abbé Michel Sonnet et l'abbé Laffineur en 1869.

§ VI.

Légende des Notaires des deux études de Mouy (Oise).

MM.

Debeaumont, de 1565 à 1589.
Chantrelle, de 1601 à 1650.
Defasquelles, de 1651 à 1689.
Vaudrée aîné, de 1689 à 1704.
Vaudrée (Nicolas-François), de 1704 à 1748.
Vaudrée (Paul), de 1748 à 1749.
Mullot, de 1750 à 1759.
Guédé-Maupin, de 1759 à 1760.
Maupin père, de 1761 à 1789.
Maupin fils, de 1789 à 1814.
Warmé-Maupin, de 1814 à 1826.
Sédillon, de 1826 à 1842.
Poupet, de 1842 à 1864.
Budin, de 1864 à

Gautier, de 1601 à 1632.
Bassetard, de 1660 à
Hubert, de   à 1685.
Rannequin, de 1687 à 1719.
Polle (Jean-Rolland), de 1719 à

Ici se trouvent des omissions ou des vacances sur lesquelles les documents ne s'expliquent pas.

Vennier, de 1761 à 1796.
Il y eut vacance de 1796 à 1809 (1).
Grenon, de 1809 à 1816.
Pignel.
Chantepie.
Demorlaine.
Patte.
Corpechot.

---

(1) Mes souvenirs :

Le notaire Vennier est décédé dans l'exercice de ses fonctions en l'année 1796, laissant un frère qu'il avait fait son collaborateur.

Celui-ci s'étant fait agent d'affaires dans la maison du défunt, rue Pavée-d'en-Bas, et ayant pu retenir ses minutes, il s'en est servi pour conserver la clientèle du notaire, et les choses sont restées dans cet état jusqu'en l'année 1816, époque à laquelle on fit à l'agent d'affaires une sommation de se dessaisir des minutes de son frère, sommation qui n'eut aucun résultat sérieux.

Le ministère public était représenté à cette époque par M. Hainsselin, procureur du roi.

§ 7°.

Population.

L'absence de tout moyen de contrôle sur les mouvements de la population de Mouy jusqu'au XII° siècle ne nous permet pas d'en poser les chiffres avant l'époque à laquelle a commencé la tenue des registres des actes de naissances, mariages et décès du bourg.

Or, jusqu'au XV° siècle, nous n'en ferons mention que d'après notre jugement sur les choses passées, comparées à celles du présent et de l'avenir et sur lesquelles nous nous sommes expliqué dans les chapitres qui précédent celui-ci.

	Habitants.
Nous avons lieu de croire qu'au XIII° siècle, la population de Mouy pouvait s'élever de 700 à............	800
Au XIV° siècle à..................	950
Au XV° siècle à....................	1,250
Au XVI° siècle, le bourg avait perdu une grande partie de sa population par suite de violentes épidémies qui s'étaient succédées de 1571 à 1574, ainsi que nous l'avons expliqué au chapitre troisième; elle était descendue à.....	1,180
En 1640, d'après le dépouillement des archives de la mairie............	1,285

En 1692, elle était restée au même chiffre par suite d'une autre épidémie

Habitants.

qui a régné à cette époque, après une inondation du mois de février.

En 1720, d'après un recensement officiel		1,488
1795,	——	1,906
An 8-1799,	——	1,840
1820,	——	2,079
1826,	——	2,518
1831,	——	2,372
1836,	——	2,507
1841,	——	2,693

Dont 741 en la rue de Fourneau.

En 1846,	——	2,700
1851,	——	2,750
1856,	——	2,753
1861,	——	2,763
1866,	——	3,089
Et en 1872,	——	3,200

A nos yeux, l'accroissement de la population de Mouy, pendant les dernières années, trouve sa principale cause dans le passage d'un chemin de fer par cette ville.

La station ayant été établie sur un point convergent entre le territoire de la ville et ceux de Bury et d'Angy, il en est résulté un accroissement de territoire pour Mouy, qui a eu pour conséquence des constructions nouvelles sur lesquelles nous avons donné quelques explications à la figure du chapitre III.

L'accroissement constaté par le recensement municipal de Mouy en l'année 1866 pour les cinq années qui ont précédé celle-ci en fournit en quelque sorte la preuve.

On y voit en effet que la population de Mouy s'est élevée de 2763 habitants à 3089 pendant les années 1861 à 1866.

Faisant un retour sur l'origine de Mouy, nous devons mettre ici sous les yeux du lecteur les hommes qui paraissent avoir appartenu aux familles les plus anciennes de cette localité.

Or, une histoire ecclésiastique nous apprend que Albert, curé de Bury au XI° siécle, après avoir vendu une partie des biens qu'il possédait à Mouy, lieu de sa naissance, fonda dans sa paroisse quatre prébendes en faveur de quatre chanoines chargés de célébrer l'office canonical et de le perpétuer ce qui pouvait être cité alors comme un modèle du bien qu'il y pourrait faire pendant sa vie ; cette fondation fut approuvée par Guy, 46° évêque de Beauvais, le jour de Noël de l'année 1078.

Après lui, le conseiller Denis Simon de Beauvais nous montre Thibaut autre habitant de Mouy qui aurait été échevin à Beauvais de 1362 à 1368 ;

Puis Louis Vaudrée, successeur des Soyécourt comme seigneur de Mouy, ainsi que nous l'avons expliqué au chapitre III et dont les descendants ont habité cette ville jusqu'à ce jour :

MM. Leclerc, ancien conseiller du roi,
Ledoux, allié aux Leclerc,
Chardon,
Blochet,
Boulanger,
Parmentier,
Guidé, notaire,
Maupin, notaire,
Dupuis,
Gautier, notaire,
Hubert, notaire,
Rannequin, notaire,
Commien,
Briot,
Wallon,
Fortin,
Lencrin,
Pommery,
Flament,
Vennier, notaire,
Demontreuil,
Isoré,
Poilleux.

Arrivé à l'année 1870, époque à laquelle la France se trouve exposée à des événements extraordinaires, ne pouvant ni ne voulant nous y introduire, nous n'irons pas plus loin dans notre histoire locale.

Mais nous continuons ce qui est en dehors de ces éventualités.

CHAPITRE VII.

Sur l'Eglise Saint-Léger de Mouy et les choses qui s'y rattachent.

§ Ier.

Motifs qui, pendant de longues années, se sont opposés à la construction de cet édifice.

L'auteur d'une première histoire de Mouy a fait sur l'église de cette ville une description qui fournit peu de lumières sur l'époque à laquelle elle a été édifiée; mais il nous fait voir qu'il y a eu peu d'uniformité sur le genre d'architecture employé pour décorer l'intérieur du monument; ou plutôt que la construction s'étant faite avec lenteur, elle a dû subir les idées et peut-être aussi les caprices des hommes qui y ont été employés.

Cette lenteur s'explique par tous les motifs que nous croyons devoir exposer.

On sait que le Christianisme n'ayant eu de succès réels que vers le VIe siècle, au règne de Clovis 1ᵉʳ, après l'éloignement des Romains de la France, il n'y eut jusque-là aucune possibilité de satisfaire à ce besoin.

Quelques hommes sérieux ont pensé que des églises provisoires ont pu s'établir, mais il ne reste dans les petites localités ni traces ni souvenirs de ces sortes de constructions avant les églises des temps modernes, c'est-à-dire avant le XIᵉ siècle.

Les documents qui sont en notre possession nous autorisent à faire sur ce point l'exposé que nous mettons sous les yeux du lecteur :

Citons d'abord le village de Nogent-les-Vierges, situé entre Mouy et Creil, qui, d'après l'historien Houbigant et le Guide pittoresque du voyageur en France, serait un établissement de Clovis 1ᵉʳ qui vint au VIᵉ siècle camper sur les bords de l'Oise, à l'époque où il reculait les limites de son empire, chassant devant lui ce qui restait de légions romaines dans la Gaule.

On ajoute à cet exposé un fait qui semble prouver ce que nous venons de mettre sous les yeux du lecteur :

« Sur une partie du territoire de Nogent, ajoutent les historiens cités, au lieu nommé *le Retiro*, placé dans l'escarpement d'une des collines qui bordent la route d'Amiens, on a découvert en 1816 une grotte sépulcrale profonde de douze mètres, large de plus de six, et haute d'un mètre et demi. Cette grotte renfermait environ deux cents squelettes pressés les uns contre les autres et placés par lits alternant avec des couches de sable, dans lesquelles on a trouvé des haches de silex, telles qu'on en rencontre en beaucoup de lieux du département comme à Mouy entre autres lieux.

Ces corps humains étaient vraisemblablement des Gaulois qui avaient succombé dans un combat contre les Romains.

Secondement, l'ancienne ville d'Angy, chef-lieu de Prévôté et dont on fait remonter l'origine au VIIIe siècle ;

3° Clermont, de la même époque où Charles-le-Chauve se fit connaître par la victoire qu'il remporta contre le roi de Bavière son frère en 841 et les souffrances que les habitants de la ville eurent à endurer des incursions des Normands, peuple cruel du nord, incursions qui s'étendirent jusqu'aux bourgs et villages d'Ansacq, Angy, Bury, Mouy, Balagny, puis après eux l'abolition de l'ordre des Templiers, le règne continuellement agité des rois des 13 et 14° siècles, celui de Jean le bon particulièrement fait prisonnier par les Anglais.

A ces calamités succédèrent les désastres de la Jacquerie, les guerres suscitées par le duc de Bourgogne, Charles-le Téméraire et les Anglais, qui ont parcouru tout le Beauvaisis.

Antérieurement à cette époque ruineuse, la France dut prendre part aux croisades promises aux religieux qui étaient chargés de garder les lieux saints à Jérusalem.

Un historien contemporain, Michel Vion, d'Amiens, nous faisant connaître la véritable situation dans laquelle la France se trouvait à ce point de vue au XI° siècle, nous croyons devoir le suivre dans l'ouvrage qu'il a fait paraître en l'année 1860, sous le titre de Pierre l'Hermite : il expose dans cet ouvrage que la fin du X° siècle fut peut-être l'époque la plus malheureuse que présente l'histoire universelle et que toutes les calamités semblaient tomber à la fois sur la pauvre espèce humaine : tremblements de terre, apparitions de météores, pluies continuelles, inondations fréquentes, chaleurs et froids excessifs, pertes générales; tout cela joint aux guerres opiniâtres, fruits de l'horrible anarchie à laquelle l'Europe était livrée.

Passant de cette époque au siècle suivant nous voyons Pierre l'Hermite arrivant de son voyage en terre sainte, profondément affligé des cruautés que les infidèles y avaient exercées en sa présence contre les chrétiens. On croyait d'abord ne voir en lui qu'un homme exalté, mais on vit bientôt que le pélerin n'était point atteint de folie, ses idées étaient en tous points celles qui étaient déjà répandues en France sur la situation de nos chrétiens à Jérusalem. On lui laissa toute liberté de parler et d'agir dans cette grave circonstance.

Or, après s'être adressé au roi Philippe 1ᵉʳ et lui avoir fait comprendre la situation des choses Pierre l'Hermite se mit à prêcher partout ses idées, conformes à celles du souverain sur la croisade qu'il fallait faire immédiatement en terre sainte pour sauver les religieux qui étaient chargés de veiller à ce que la France, plus que tout autre puissance y avait à faire respecter.

Le pèlerin prêchait selon sa foi et son zèle, d'une voix beaucoup plus puissante que celles de cinquante stentors réunis, couvert d'une longue robe blanche et ayant pour arme le Christ sur la croix dans la main droite, tel au surplus qu'on le montre par sa statue sur l'une des places publiques de la ville d'Amiens.

L'armée des croisés ayant été organisée en peu de jours, on y vit bientôt des hommes de toutes les classes de la société française conduits par Godefroy de Bouillon, le plus grand homme du siècle. »

C'en est assez à nos yeux pour juger de la situation dans laquelle la France se trouvait depuis le Xᵉ siècle, et savoir s'il y avait possibilité de donner une église à chaque localité.

Il s'en trouvait cependant, mais comme par exception. On a pu remarquer aussi dès le VIIᵉ siècle, des abbayes, des retraites et des châteaux-forts au centre desquels se trouvait toujours une chapelle.

Mais au retour des deux premières croisades

(car on en fit jusqu'au règne de Louis IX, (Saint-Louis), on vit immédiatement des retraites fortifiées dans un grand nombre de lieux isolés, habités par des religieux se qualifiant de Templiers, et qui se sont élevés, croit-on, au moyen des grandes richesses qu'ils surent rapporter de Jérusalem : choses qui n'ont pu s'expliquer qu'au commencement du XIV® siècle, époque à laquelle Philippe-le-Bel abolit l'ordre des Templiers militaires, en les faisant sortir de France, et fit brûler Jacques Molay, leur chef.

Un grand nombre de ces malheureux croisés avaient rapporté une lèpre affreuse de la Palestine, pour la guérison de laquelle on dût les isoler de la société en les réunissant au milieu des bois, où ils étaient renfermés dans des hospices auxquels on donnait indistinctement les noms de *Maladrerie* ou de *Léproserie*. Ils n'avaient d'autre liberté que celle d'aller mendier du pain et du linge, une clochette à la main et une besace sur l'épaule. En traversant les villages voisins de leurs retraites, ils avertissaient les habitants de ces localités de leur présence en agitant leur clochette afin que la charité pût s'exercer dans la rue, les lépreux n'ayant pas le droit d'entrer dans les habitations.

Après le récit de tous les événements que nous venons de mettre sous les yeux de nos lecteurs, l'un d'eux nous a demandé si l'église de Mouy n'a pu être édifiée avant le XIII® siècle.

Nous l'engagerons à recueillir d'autres renseignements en lisant d'abord les notices qui suivront l'histoire de Mouy, ayant pour objet les communes d'Angy, Ansacq, Bury, Hondainville, Saint-Félix, Foulangues et Thury, puis les histoires particulières de Beauvais, Clermont, Compiègne, Senlis et Noyon; et enfin l'histoire d'Amiens, ancienne capitale de la Picardie, écrite à trois époques; d'abord celle du père Daire du XVI° siècle, la seconde par H. Dusevel du XIX° siècle et la troisième de la même époque par Pringuet.

Ces historiens nous disent pourquoi des temples et des autels ont pu être dressés dès le VII° siècle en certains lieux, tandis qu'ailleurs on n'a pu les posséder qu'au XV°.

Du reste, d'autres écrivains nous apprennent que les premiers fondements de l'ancienne cathédrale de Beauvais (la Basse-Œuvre), furent jetés vers le VIII° siècle, par Hervé, quarantième évêque de Beauvais, terminée en 997. Nous pouvons en citer plusieurs autres, en commençant par celles que Saint-Denis fit édifier au III° siècle, à Lyon, Paris, Saint-Denis près Paris et ailleurs.

Celle de Nogent près de Creil qui reçut les corps des vierges sainte Maure et sainte Brigide, après leur martyre arrivé en 514 dans le bois de Balagny-sur-Thérain. On sait que c'est depuis cette époque que Nogent est appelé Nogent-les-Vierges.

La sainte chapelle de Paris dont l'origine remonte au règne de Louis IX (saint Louis).

Nous ne citons pas l'origine de l'Eglise d'Angy, mais en lisant la notice qui suivra celle sur Angy, le lecteur se rendra compte de son antiquité.

Nous tenons le même langage sur celle d'Ansacq.

§ 2.

En dehors des titres et des privilèges dont les seigneurs de Mouy se décoraient et s'enrichissaient, ainsi que de tous les autres détails que nous avons présentés pour éclairer nos lecteurs, nous pensons qu'il est important d'y ajouter le reflet des lumières qui viennent de se produire autour de nous dans des circonstances imprévues, ce sont des lumières que l'on peut présenter deux fois dans un ouvrage comme celui-ci.

Nous voulons parler des fouilles souterraines qu'un honorable habitant de Mouy, antiquaire, membre de plusieurs sociétés savantes, et docteur en médecine de la faculté de Paris, a faites avec de grands succès depuis quelques années sur les terroirs d'Angy, Bury, Mérard et Balagny-sur-Thérain, et qui ont fait l'objet d'une brochure dont le prix se trouve singulièrement augmenté par les planches qui représentent avec talent et précision les objets recueillis dans les travaux dont nous parlons, tels que squelettes humains, pièces de monnaie, vases de formes variées; armes et autres instruments, le tout des siècles les plus recureculés de notre ère, y compris les Gaulois du temps des Romains.

Le livre de M. le Docteur Baudon (c'est le nom de notre savant antiquaire) se fait particulièrement remarquer à la page onzième par une conclusion ainsi conçue :

« Tels sont les divers objets que m'ont fournis
» les fouilles que j'ai pratiquées à Angy. D'après
» l'étude de ces restes, je crois que l'on peut
» attribuer sans erreur cette station d'Angy
» aux Francs des premières invasions. Il y
» a absence d'objets artistiques.

» Quand ces guerriers sauvages eurent sé-
» journé pendant de longues années au milieu
» des Gallo-Romains, ils partagèrent à leur
» insu tout en les dédaignant ; c'est alors qu'ils
» eurent ces verroteries richement enchassées
» dans l'or. Mais leurs prédécesseurs qui n'a-
» vaient pas eu de contact prolongé avec les
» habitants du pays envahi estimèrent mieux
» une bonne arme que les objets artistiques.

» Les tombes de Mérard, si voisines des
» sépultures appartiennent bien à la même
» période, seulement les vases étaient garnis
» de dessins. »

Après ces explications, l'auteur de cet ouvrage se livre à des réflexions scientifiques et à une espèce de cours anatomique qui seraient déplacés dans notre ouvrage et qu'il serait indiscret d'ajouter à ce qui nous a été permis de comprendre dans notre histoire.

Le Docteur Baudon donne aussi une description fort intéressante sur les vases trouvés dans les cerceuils; puis des détails précis sur l'arrangement des parties dont est composé le corps humain, sa conformation et l'existence sauvage des Francs dont nous parlons, se partageant entre la chasse et la guerre au moyens de leurs armes nationales, c'est-à-dire de la *lame* (frame) couteau ou javelot.

L'auteur parle aussi de leur introduction dans la Gaule du nord par petites bandes séparées, s'arrêtant là où le pays leur paraît convenable, y séjournant plusieurs années, rançonnant les Gallo-Romains, méprisant qui ne leur opposait aucune résistance, puis, entraînés par leur humeur incontestante, allant s'établir ailleurs jusqu'à ce qu'un nouveau caprice les poussât plus avant sans direction arrêtée. (Pages 20 et 21.)

Lorsque Clovis envahit le pays, ajoute encore l'auteur, leur position prit une certaine stabilité, ils se fixèrent sur notre sol. En se fondant avec la race gauloise, ils formèrent des villages et devinrent insensiblement Gallo-Francs (1);

---

(1) Voir la page 166 sur le village de Nogent-les-Vierges.

souvent plusieurs bandes vivaient à peu de distance les unes des autres ou bien de nouveaux groupes succédaient à de plus anciens. L'auteur s'appuie sur le rapprochement de leurs divers lieux d'inhumations dans nos contrées pour le prouver. Il nous paraît rationel d'assigner le commencement du VIe siècle comme époque de la présence de ces Francs à Angy, époque du règne de Clovis et de sa présence dans notre contrée. Leurs armes grossières, nous dit-on, le petit nombre d'objets et leur ornementation primitive, ne dénotent pas une civilisation en voie de progrès et c'est seulement dans les siècles suivants qu'ils ont commencé à paraître ; cependant le docteur Baudon a remarqué dans plusieurs poteries une plus grande habileté, il nous montre le jeton en cuivre repoussé représentant saint Fiacre, comme étant beaucoup moins ancien et n'ayant pas de rapports avec ceux mentionnés plus haut.

Bref, en apparaissant à notre travail, le docteur Baudon y produit une grande lumière et affirme en quelque sorte certains faits que nous n'avons présentés que d'une manière dubitative, et c'est par l'ensemble de toutes les explications qui ont fait l'objet des deux premiers paragraphes de ce chapitre que nous croyons avoir prouvé comment les églises n'ont pu être édifiées avant les IXe, X^e, XIe, XIIe et XIIIe siècles.

Il fallait bien, répétons-le, que les populations fussent fixées sur le sol avant de les mettre en position de pratiquer leurs religions.

On sait que les églises ont du être édifiées avant les temples des protestants, le protestantisme n'ayant paru qu'au XVIe siècle.

§ III.

Sur l'Eglise Saint-Léger.

Nous arrivons enfin à la position de pouvoir entrer dans l'église sur laquelle nous avons tracé quelques lignes aux pages 56 et 57, chapitre IIIe de cette histoire, à l'occasion du cimetière sur le terrain duquel elle a été placée.

Nous devions nous borner à parler de l'extérieur de l'édifice, mais nous pouvons maintenant en visiter l'intérieur pour en faire l'examen et rendre compte de nos impressions au double point de vue de son architecture et de son ornementation.

Cet intérieur est vaste et cruciforme, mais il a l'aspect d'un monument trop peu élevé, parce que ayant été assis sur des fondations sujettes aux inondations on a dû en relever le carrelage de plus d'un mètre pour éviter autant que possible cette humidité qui se fait encore remarquer à la base des piliers raccourcis qui soutiennent la construction.

Examen fait de chaque partie de l'édifice il

nous a paru que son origine remontait pour la plus grande partie aux XIII⁰ et XIV⁰ siècles ; et en effet, les fenêtres du chœur sont étroites, pointues, et entourées d'un cordon à dents de scie et surmontées d'une rosace.

A l'intérieur, les fenêtres du chœur ont chacune deux colonnettes qui nous portent à croire que cette partie de l'église date bien du XIII⁰ siècle.

Les piliers de la nef paraissent courts par la raison que nous avons expliquée ; ils sont entourés de colonnes minces dont le fût de forte épaisseur monte jusqu'à l'origine des voûtes.

Le chœur est polygone.

La nef, entourée d'une corniche du XIV⁰ siècle est soutenue par des contreforts dont les arcs-boutants passent au-dessus des collatéraux ; ils supportent des clochetons gothiques. Il se trouve au-dessus des arcades inférieures deux étages de fenêtres à ogives bouchées, les unes géminées et les supérieures associées par trois. Les carreaux de ces fenêtres sont des losages des premières époques.

Les voûtes du chœur de la partie méridionale du transept sont d'une grande beauté ; quand à celles primitives du transept nord, ayant été écrasés par le poids du clocher le jour où il fut renversé (vers 1450) par un coup de vent, on ne peut parler que de celle qui se voit maintenant. Cette voûte n'ayant été remplacée que par une charpente, on dut la reconstruire telle qu'elle existe actuellement, il y a environ vingt ans, en même temps que l'on fit à cette église d'autres travaux d'une certaine importance. Nous citerons entre autres choses ceux qui avaient pour objet son portail, depuis le sol jusqu'à la partie supérieure de son pignon, voulant mettre l'édifice en rapport avec son architecture intérieure ou en à approcher autant que possible du but auquel on ne sut atteindre au point de vue particulièrement de la grande croisée du pignon que des travaux superposés tiennent en partie cachée.

Le clocher qui a été renversé au XV° siècle était, nous assure la tradition, une flèche très-élevée où se trouvaient cinq cloches qui avaient le double inconvénient de gêner par leurs sons pendant les offices et celui de n'être point assez sonores au dehors. C'est paraît-il après la chute du premier clocher et en élevant la maçonnerie de la grosse tour actuelle que l'on a fait disparaître les deux inconvénients dont nous venons de parler.

On sait que l'église de Mouy eut beaucoup à souffrir pendant la Ligue et la Révolution de 1792 ; qu'à la première de ces deux époques elle fut divisée en deux parties, c'est-à-dire que la nef servit d'écurie à la cavalerie des Ligueurs et qu'elle fut fermée pendant les années 1793, 1794 et 1795, et employée comme lieu de réunion par les clubistes qui montaient en chaire pour parler, chanter, ou improviser leurs discours élogieux sur la république, faire du salpêtre, etc.

Il n'y restait que les bancs, placés sur une terre humide et qui, à la réouverture de l'église furent trouvés dans le plus mauvais état. Comme elle avait été dépouillée de tous ses ornements on fut obligé de dépenser quelque argent pour reprendre l'exercice du culte et on ne vit dans cette église, jusqu'en l'année 1824, que les objets indispensables, tels que des chandeliers et des croix en bois peints.

Une note signée P. Guéroux, curé de Mouy, datée de l'année 1760 nous est arrivée au mois de juillet 1872.

Elle confirme les détails que nous n'avons pu donner sur les travaux exécutés à l'église de Mouy, en l'année 1760, que sur des renseignement particuliers obtenus sur les lieux.

La note ajoute cependant que la couverture en tuiles du clocher ayant été remplacée par des ardoises, on a pu employer les tuiles dans la toiture d'un bas côté de l'église.

Mais à partir de l'année 1825, le conseil municipal reconnaissant la nécessité de remettre les lieux consacrés au culte, dans un état décent, vota des allocations qui permirent de faire des réparations à l'édifice communal, et ensuite remplacer les bancs vermoulus par des chaises, de faire quelques autres restaurations, et enfin de placer sur le grand autel des chandeliers en argent, auxquels un don particulier a ajouté une croix et deux petits chandeliers aussi en argent.

D'autres familles généreuses ayant suivi cet exemple, l'église se trouve dans l'état d'ornementation que nous allons décrire.

Ornementation de l'Eglise.

Dans le Chœur :

Le devant et les encoignures de l'autel sont ornés de divers sujets dorés au nombre desquels on croit remarquer des apôtres. L'ensemble produit beaucoup d'effet et est un travail du genre du règne de Louis XIV.

A droite de cet autel se trouve dans une niche une statue de saint Laurent, l'un des patrons du lieu et à gauche une autre statue pareille, laquelle figure saint Léger, autre patron de cette église.

La boiserie qui existe à la surface d'une grande partie du chœur, à sa partie supérieure, sur l'étendue du sanctuaire est surmontée d'un chapiteau tournant d'ordre ionique.

Les trois grandes croisées qui sont placées au-dessus de l'autel sont garnies de vitraux peints dont les sujets rappellent par leurs images le sacrifice de la messe.

Les autres croisées sont des grisailles.

Deux lignes de stalles sont placées de chaque côté et presque sur toute la longueur du chœur jusqu'au sanctuaire. Le pupitre est au millieu.

Le chœur est fermé par une grille en bois sculpté surhaussé d'un couronnement plus artistement sculpté et au centre duquel est fixé un Christ.

Sur le côté gauche du chœur est placée la chapelle de la sainte Vierge, fermée à son entrée par une petite grille de la plus grande beauté et s'accordant parfaitement avec le carrelage nouveau.

La façade supérieure de l'autel est à colonnes de l'ordre corinthien. La statue qui en occupe le centre n'offre rien de remarquable.

Une statue est placée dans une niche de chaque côté de cet autel. Celle du côté droit représente sainte Anne, donnant une leçon de lecture à la sainte Vierge enfant, celle du côté gauche figure saint Joseph ayant l'Enfant Jésus dans ses bras.

Dans une croisée à vitraux peints éclairant le côté gauche du sanctuaire de cette chapelle se font remarquer deux sujets : saint Dominique et un rosaire. On sait que saint Dominique est le fondateur de l'ordre des Dominicains.

Sous la partie nord du transept de l'église est placée la chapelle de Sainte Catherine martyre. Au-dessus de son autel se voit une peinture encadrée qui la représente debout comme se trouvant surprise ou dans l'attente. A ses côtés sont deux sujets par lesquels l'artiste a voulu retracer deux événements de sa vie.

L'ensemble de cette chapelle est un bel ornement dans cette église, tânt à cause du talent de l'artiste qui a peint le tableau dont nous venons de parler qu'au point de vue de la récente restauration de la chapelle entière.

Sous la voûte de cette partie du transept se trouve une grande rosace en verre peint nommée grisaille.

Au-dessus d'une autre croisée garnie également en grisaille se trouve un reste des anciens vitraux dont cette église était richement ornée. Ce fragment qui paraît avoir échappé aux désordres de l'année 1793 et qui a la forme d'un médaillon, représente Saint Crépin travaillant de son métier dans son intérieur, il est entouré de chaussures; une femme semble vouloir les réunir et s'en occuper diligemment. On voit même une partie des outils du cordonnier.

A l'autre extrémité du transept se trouve une autre chapelle où figure aussi un tableau en peinture ancienne qui représente le baptême de Notre Seigneur, chapelle qui vient d'être également restaurée. Ce tableau appartenait précédemment au prieuré de Saint Jean-des-Viviers, dépendance de la paroisse de Mouy, et remontant à plusieurs siècles.

Cette chapelle de saint Jean ayant été démolie à une époque postérieure à la vente du domaine qui en dépendait; vente qui a eu lieu pendant la révolution de 1790 à 1795, au profit d'un acquéreur qui a fait transporter l'autel entier de la chapelle détruite dans l'église paroissiale vers l'année 1826, et cette église en a conservé la possession jusqu'à ce jour sans réclamations de qui que ce soit.

A peu de distance de cette chapelle est venue se placer en 1871, de douloureuse mémoire, une statue de saint Joseph, afin que le point sur lequel cette statue se trouve posée provisoirement devienne chapelle aussi.

Dans la nef, en face du banc d'œuvre se fait remarquer la chaire, qui a été offerte depuis peu d'années par une personne de la ville. Cette chaire est d'un style gothique qui paraît avoir été réussi. Elle est surmontée d'un abat-voix en forme de clocheton à jour très-élevé.

A l'extrémité de cette nef, appuyé sur le tambour du portail, se trouve et se fait entendre régulièrement un orgue à tuyaux qui a figuré à l'exposition générale qui a eu lieu a Paris en 1867, époque après laquelle il a été placé dans l'église après avoir été offert également par un bienfaiteur de Mouy.

En face du bas-côté méridional de l'église sont placés les fonts-baptismaux, imitant une urne de la plus grande beauté et élevés d'un gradin, le tout posé sur un pavé à modillon moucheté, genre moderne, et entouré d'une clôture en bronze, à claire-voie.

Au centre de l'autre bas-côté se trouve une autre porte qui sert de petit portail et son ouverture à deux battants paraît remonter à l'origine de l'église. Elle est désignée sous le nom de porte saint Léger et elle est en effet décorée à son extérieur d'une statuette de saint Léger, placée au-dessus du cintre de cette porte.

En face de cette utile ouverture, il existe un passage très-fréquenté qui porte aussi le nom de ce patron de Mouy.

Nous ne parlerons de la sacristie que pour compléter ce que nous avons à exprimer sur l'intérieur de l'église, car en dehors de l'humidité qui y domine, on peut dire qu'il est insuffisant et d'une grande incommodité.

Un chemin de croix se fait remarquer au pourtour de la nef ; les confessionnaux sont neufs et d'une belle simplicité.

• Le carrelage actuel de la nef et celui du transept sont en terre cuite. Le temps a presque entièrement effacé la couleur noire qui se trouvait à la surface de ceux qui formaient des lignes distinctives avec ceux couleur de brique.

La nef et le transept sont garnis de chaises et de prie-Dieu.

Les bénitiers tous adhérents aux piliers n'offrent rien de particulier.

Cette église est d'une grande propreté, et très-bien ornée.

CHAPITRE VIII

Ayant pour objet les Propriétés de la commune.

---

§. 1.

1° Son Hôtel-de-Ville, situé sur la place qui en porte le nom et qui est plantée d'arbres essence de tilleul.

2° Le mobilier qui le garnit, à savoir :

Il se trouve dans les salles, dans le grand salon; dans le cabinet du maire;

La bibliothéque, sur les rayons de laquelle on compte actuellement une centaine de volumes; dans le bureau toujours ouvert au public, et où sont les archives;

Dans le prétoire de la justice de paix;

Dans le cabinet du commissaire de police;

Dans le logement du concierge, agent de police;

Et dans les bâtiments de décharge et le clocheton où se trouve l'horloge.

3° Trois pompes à incendie et leurs accessoires.

4° Tout ce qu'on appelle fourniment, servant à la compagnie des pompiers tels que : armes casques, caisses, clairons et instruments de musique militaire.

5° Les places publiques, notamment celle des marchés, celle de l'hôtel-de-ville, celle de la rue de Paris et celle de Coincourt étant à l'usage particulier des deux pompes qui y sont placées.

6° L'église paroissiale dite de Saint-Léger.

7° La belle construction située en la rue de l'hôtel-de-ville, servant d'école pour les garçons de la ville.

8° Celle située en la rue neuve Cayeux, pour les filles.

9° Et celle de l'asile des jeunes enfants, qui se trouve en la même rue.

10° L'Hôtel-Dieu situé en la rue de Paris;

11° Les piliers et les lanternes au gaz servant à l'éclairage de la ville et des faubourgs.

12° Les poteaux qui indiquent les limites de l'octroi.

13° Deux pavillons qui servent à loger la pompe de la rue de Paris et celle de Coincourt.

14° Les constructions qui servent d'abri aux six lavoirs publics qui sont établis sur un pareil nombre de quartiers de la commune.

15° Les maçonneries qui forment l'enceinte des abreuvoirs.

16° Les plantations qui existent sur les allées, les chemins, les voiries, places et carrefours situés au pourtour de la ville.

17° La partie de l'ancien marais de Moineau,

qui appartient maintenant à la ville, nommée le chapeau de gendarme, parce qu'elle en a la figure ou forme extérieure.

On compte douze ponts et ponceaux dans toute l'étendue de la ville.

§. II.

Ressources financières et Administration municipale.

Les ressources financières de la ville sont variables, s'appuyant principalement sur les produits de son octroi ;

Celui du marché résultant du reste d'adjudication publique sur des rôles particuliers ;

Les recettes extraordinaires ;

Produits qui forment la base des dépenses annuelles que le conseil municipal est appelé à voter après examen.

§. III.

Hospice civil et Bureau de bienfaisance.

Ces deux établissements de charité ont aussi leurs ressources particulières, qui sont confiées à deux commissions administratives spéciales, et dont les principales délibérations sont soumises au conseil municipal. Les délibérations du conseil municipal lui-même sont soumises, on le sait, à l'approbation de l'autorité supérieure.

FIN DE MOUY.

ANGY.

ANGY.

Angy, Angi, Angiae, Angiacum.

Ancienne ville ainsi désignée par la charte que le roi Philippe-Auguste conféra à cette localité en 1186.

CHAPITRE Ier

Ayant pour objet la situation territoriale et topographique de cette commune, l'étendue de son territoire et les produits du sol.

Angy est située sur la pente septentrionale de la vallée du Thérain et son territoire, coupé par quelques vallons, a sa principale étendue dans la direction du nord au sud, c'est ainsi que M. Graves s'explique.

En d'autres termes, Angy se trouve au nord-ouest de Mouy, le faubourg d'Egypte étant placé et partagé entre les deux localités qui se rencontrent encore vers le sud-est au point où se trouve la station du chemin de fer qui parcourt la vallée du Thérain de Creil à Beauvais et au-delà. Vers le nord on rencontre le territoire d'Hondainville, et vers Clermont, Ansacq et Thury.

Le village d'Angy est traversé par des chemins qui rendent aux habitants toutes communications faciles dans diverses directions. Sa rue dite de Hermes conserve le souvenir de l'ancien chemin qui mettait en rapport les villes de Beauvais et de Senlis en traversant les villages de Hermes et d'Angy. Ce chemin avait pour ce chef-lieu de prévoté sa raison d'être : la juridiction de ce chef-lieu le mettant en rapport forcé avec Beauvais, et étant du côté opposé du baillage de Senlis. Les chanoines de Saint-Frambourg de Senlis ont possédé la moitié de la seigneurie d'Angy à partir de l'année 1207 et purent acquérir plus tard l'autre moitié. (1)

A l'époque actuelle, la commune dont nous nous occupons est encore traversée par la route départementale qui met la ville de Clermont (Oise) en communication avec celle de Beaumont (Seine-et-Oise) en passant par Angy, Mouy, Balagny-sur-Thérain, Cires-lès-Mello et plusieurs autres localités. Angy a de plus les

---

(1) Voir le chapitre VI pour connaître leurs droits respectifs.

ressources du chemin de fer qui le traverse et la route départementale de Noailles à Catenoy, passant par Mouy, Bury et Liancourt.

La contenance du territoire d'Angy était à l'époque de son cadastre de trois cent cinquante et un hectare soixante-dix ares quatre-vingt-dix centiares ; mais il peut être réduit de quatre à cinq ares par suite de quelques concessions de terrains que la commune d'Angy a pu faire à la ville de Mouy au faubourg d'Egypte, ainsi qu'à la haute administration à l'occasion du placement des constructions que l'on a dû faire à l'occasion de l'assiette de la station du chemin de fer dont nous venons de parler.

Cette contenance totale du territoire d'Angy se compose de 219 hectares 10 ares de terre labourables, de 18 hectares 20 ares de jardins potagers, de 20 hectares de bois, de 79 ares de pépinières aulnaies et oseraies, de 8 hectares de friches, de 20 hectares de pâtures, de 35 hectares de prés et de 14 hectares 42 ares 31 centiares de routes, places, propriétés bâties et chemins.

Il se trouve à Angy assez de cultivateurs et de jardiniers pour faire produire à leurs terrains tout ce qu'ils sont susceptibles de rapporter. Tous ceux des habitants qui restent étranger à ces sortes de travaux trouvent leurs moyens d'existence dans les fabriques de Mouy.

CHAPITRE II.

Sur l'origine de l'ancienne ville d'Angy.

Angy est un des plus anciens lieux du Beauvaisis, nous dit l'historiographe que nous avons nommé.

La confiance que nous inspirent les documents sur lesquels nous entendons rédiger, cette notice nous porte à croire que l'origine d'Angy remonte au delà du Xe siècle. M. Graves, que nous consultons souvent sur l'histoire de ce pays, expose dans son ouvrage de l'année 1835 : « qu'Angy dépendait du grand baillage
» du Vermandois (1) à l'époque où il n'y avait
» encore que quatre baillages dans le royaume,
» que le domaine formait un Comté particulier
» de la maison de Vermandois qui passa vers

---

(1) On sait que le nom de Vermandois vient de Vermand, qui fut une ville du département de l'Aisne, arrondissement de Saint-Quentin, que les Huns ont ruiné en 450, en sorte que Vermand, ancienne capitale du Vermandois n'est plus aujourd'hui qu'un bourg chef-lieu de canton.

» 974 dans celle d'Anjou par le mariage d'A-
» délaïde fille de Robert de Vermandois comte
» de Troyes avec Geoffroy Ier dit Grisgouelle,
» Sénéchal de France ; que les états d'Anjou
» ayant été adjugés en 1202 par la cour des
» pairs à Philippe-Auguste, à cause des crimes
» de Jean-sans-terre, Angy fut réuni au do-
» maine royal et perdit alors son titre de
» comté. »

Nous ne doutons pas de l'exactitude des détails que nous venons de reproduire ; mais qu'en y ajoutant nos documents particuliers, nous aurons démontré qu'Angy a existé à l'état de village dès le VIIe siècle.

Trois choses particulières se présentent à nos yeux ; nous voulons parler d'abord des sarcophages qui ont été découverts sur les garennes de Saint-Agnan d'Hondainville vers 1815, et sur lesquels nous donnerons d'intéressants détails dans la notice sur Hondainville, qui devra suivre celle-ci ; deuxièmement, des renseignements que nous avons été autorisés à reproduire dans l'histoire de Mouy (1er partie de cet ouvrage) sur les fouilles que M. le docteur Baudon, membre de plusieurs sociétés savantes a faites sur le territoire d'Angy en 1869 ; troisièmement, et de l'ouvrage de l'antiquaire Houbigant sur la commune de Nogent-les-Vierges, située entre Creil et Angy, à l'occasion des luttes que Clovis 1er dut engager en cet endroit contre les Romains au commencement du

VI⁰ siècle pour chasser de France les légions romaines qui avaient pu y rester jusque-là. C'est un fait qui appartient à l'histoire.

Nogent-les-Vierges est toujours considéré comme un établissement de Clovis 1ᵉʳ et sur le terroir duquel il paraît avoir fait construire le château dont on montre encore quelques restes de fondations.

A ces explications viennent se joindre ce que l'on rapporte sur la découverte que l'on fit en 1816 d'une grotte sépulcrale profonde de douze mètres, large de plus de six et haute d'un mètre et demi, sur le point du terroir de Nogent nommée le Retiro, et qui renfermait environ deux cents squelettes pressés les uns contre les autres, placés par lits alternatifs avec des couches de sable dans lesquelles on a trouvé des haches de silex telles qu'on en rencontre en beaucoup de lieux du département. M. Houbigant donne ces détails comme ayant assisté aux travaux qui ont suivi la découverte dont nous parlons.

Angy se trouvant à peu de distance des choses que nous venons d'exposer, nous pouvons, comme le docteur Baudon, en tirer la conséquence que ce village existait dès le VII⁰ siècle ; il n'était occupé sans doute que par des groupes de peuples nomades, voire même de Gaulois, mais qui, trouvant en ces lieux du repos et des moyens d'existence, s'attachaient au sol. C'est ainsi du reste que les plus petites localités se sont développées, sont devenues des bourgs, des villes plus ou moins considérables, les unes prospérant tandis que d'autres ne pouvaient se soutenir dans leur situation prospère.

Le village d'Angy avait pris quelque importance au IXe siècle, puisqu'en parcourant à cette époque le Beauvoisis et en passant par Clermont, Ansacq et Bury, les Normands s'y arrêtèrent et ne le quittèrent qu'après l'avoir pillé et réduit. C'est là ce qui fait croire que le village fut rebâti sur le sol où nous le voyons maintenant et redevint rapidement un centre de population assez fort pour fixer l'attention des seigneurs d'Angy que l'on croit avoir été les chanoines de saint Frambourg de Senlis, pour la moitié d'abord en 1207, devenant plus tard possesseurs de l'autre moitié qui était au roi Philippe-le-Bel. C'est à cette dernière époque que le maire, réputé juge royal de la prévôté, perdit ce titre (1).

Disons en passant que bien que les seigneurs d'Angy, une partie des dixmes ou champarts du lieu appartenait au prieuré de Saint-Jean-des-Viviers qui, en les affermant, se dispensaient d'avoir une grange particulière sur les lieux.

---

(1) On sait que le titre de Maire remonte à la plus haute antiquité et que sous la première race des rois de France, ils avaient, comme premier et principal officier, la disposition de toutes les affaires de l'Etat, sous le nom du roi.

Le village d'Angy fut doté pendant les XIe, XIIe et XIIIe siècles de trois titres particuliers, savoir : 1° de celui de comté particulier de la maison de Vermandois, mais il fut perdu en 1202, les états d'Anjou ayant été réunis à la couronne à cette époque.

2° D'une prévôté qui est tombée en désuétude au XVIIIe siècle ;

3° du titre de ville qui a été perdu en même temps que les autres privilèges.

Le roi Philippe-Auguste conféra en outre aux habitants d'Angy une charte de commune dont une des principales dispositions était le privilége de n'être tenus au service de guerre que lorsque l'armée serait trop éloignée de leurs foyers pour qu'ils pussent y rentrer le jour même. Cette charte est de l'année 1186.

Le chapitre des chanoines de Saint-Frambourg obtint le 24 janvier 1299 une ordonnance du roi Philippe-le-Bel pour chasser les Juifs de leurs seigneuries.

Le même souverain, par lettres patentes données à Paris en 1312, renouvela les privilèges de ce lieu qui furent confirmés par le roi Jean en 1355, puis par Charles V, en 1364 et enfin par Charles VIII, étant à Tours, en avril 1456.

Dans toutes ces lettres patentes, Angy est qualifié du nom de ville.

La circonscription territoriale du comté d'Angy formait dans le baillage du Vermandois une prévôté particulière qui dépendit plus tard du baillage de Senlis.

L'étendue de ce baillage est de la châtelle- de Senlis, fit conserver la prévôté d'Angy qui avait juridiction sur plus de cent villages.

Quoique son siége fut dans Angy même le prévôt tenait le plus grand nombre de ses audiences à Beauvais sans toutefois pouvoir prendre la qualité de prévôt de cette dernière ville. Cet officier n'avait action que sur le peuple ; les cas imputables aux gens d'église, nobles et communautés étant réservés au prévôt forain de Senlis. Une partie de la circonscription était comprise dans l'étendue du baillage de Beauvais à la création de cette juridiction.

Le nombre des charges qui dépendaient de la prévôté d'Angy était considérable et embrassait à la fois Angy, Mouy et Mouchy-le-Châtel. Il y avait à Angy un lieutenant de robe courte, un procureur du roi, deux conseillers, un maire et son greffier, un notaire, un tabellion garde-notes, un receveur du sel, un fermier des exploits et amendes ; deux notaires à la résidence du bourg de Mouy et deux notaires à Mouchy-le-Châtel. Mais le nombre des simples employés fut réduit successivement.

En l'année 1749, la prévôté se trouva réduite à l'état de justice subalterne locale. L'ordonnance du 7 novembre de la dite année voulut que les affaires dont elle connaissait fussent portées en première instance devant le baillage. Bientôt après la prévôté n'ayant plus de raison d'être et tombant du reste en désuétude, elle se trouva supprimée en fait. On n'y vit plus, jusqu'en 1792, que les notaires, n'ayant non plus que de rares occasions de prêter leur ministère.

Dans ces derniers temps, Mouy gagnait évidemment ce que Angy perdait à tous les points de vue.

La révolution fut pour tous une époque de grandes souffrances; mais le calme reparaissant, Angy ne vit plus dans son avenir que ses champs et ses jardins à cultiver, ses belles prairies à admirer, le gouvernement de la République ayant supprimé ses privilèges, éloigné ses seigneurs et vendu tout ce qui avait été considéré comme bien de mainmorte.

Angy et Mouy furent pendant de longues années deux localités rivales. La première subissait silencieusement la préférence que les fonctionnaires de la prévôté accordaient à la résidence de Mouy, où ils étaient du reste attirés par les hommes du château-fort, les officiers des seigneurs, les receveurs des actes et des aides. etc.

Bref, Angy dut se contenter après la révolution de la culture de son sol, ce que ses habitants ont toujours fait avec succès et en peuple courageux. Quant aux ouvriers, ils ont toujours trouvé de l'occupation dans les ateliers des fabricants d'étoffes de Mouy et dans leurs usines.

———

Les habitants d'Angy eurent aussi, paraît-il, beaucoup à souffrir pendant la Ligue que l'on sait avoir été très-active dans le Beauvaisis ; on ajoute que le 25 août 1591, les ligueurs de Beauvais brûlèrent plusieurs maisons et enlevèrent tout le bétail de la commune nonobstant les efforts du seigneur de Mouy, qui avait embrassé la cause protestante.

Les habitants d'Angy les plus connus dans cette localité et qui paraissent appartenir aux plus anciennes familles se nomment :

Rabbé, Lefèvre, Delamarre, Gontier, Tassart, Crouzet, Clopier, Leclerc, Odemer, Horoy, Roussel, Farcet, Vignon, Bensse, Mascré, Delafuterie, Clabaut, Pierrot, Desjardins, Carbalet, Mast, Coquille, Guillaume, Jourdain, Dumondel.

Dupuis (Charles-François), officier du roi ;

Ceux qui sont venus après ce dernier, étaient notaires ou conseillers du roi, receveurs d'enregistrement.

Rannequin, conseiller du roi, attaché à la Prévôté ; Nicolas-François Vaudré, notaire, descendant d'un seigneur de Mouy. Il existe encore un Vaudré de la même famille à Mouy.

Vaudré (Nicolas-François) était aussi lieutenant à Angy.

De Bastard, conseiller du roi, Prévôt, demeurant à Mouy ; l'un de ses fils a été inhumé dans l'église Saint-Léger de ce bourg (ville maintenant).

Pimbart, avocat au Parlement fut aussi Prévôt d'Angy en 1757 et présidait à Mouy la location des dixmes du prince de Conti, seigneur de Mouy, Ansacq et Bury.

M. Auxcoutaux, l'un des principaux propriétaires d'Angy, était un proche parent par alliance de la famille Dupuis.

Angy se trouvait placé originairement, selon la tradition et l'état actuel des lieux, entre le point du territoire que l'on désigne sous le nom de Courtillets et celui qui se nomme les Censives. Au centre se voit encore quelque chose qui semble être l'ancienne place où se tenait un marché pour les lieux voisins ; c'est là que l'on a fait de fréquentes découvertes de puits, de caves, d'ustensiles de ménage et où on enlève encore de la terre des fondations des maisons anciennes. Cet endroit se trouve à 1100 ou 1200 mètres de distance du village actuel, dans la direction de Thury et de Clermont.

CHAPITRE III.

Sur l'Eglise d'Angy et les choses qui s'y rattachent.

On fait remonter la fondation de cette église à la fin du Xe siècle, en l'attribuant à Adélaïde de Guyenne, femme de Hugues-Capet.

En nous associant à l'historien qui en a parlé dans l'ouvrage déjà cité de l'année 1835, nous ajouterons nos documents particuliers à ceux qui l'ont éclairé, pour produire l'œuvre nouvelle qui nous occupe à l'époque actuelle.

Or, l'église d'Angy étant cruciforme, les croisées à plein cintre, simples et entourées d'un cordon de dents de scie, elle présente comme on l'a dit, l'architecture la plus simple du Xe siècle. L'abside est polygone, ses transepts sont du même temps, cependant celui qui se trouve vers le midi présente une différence qui paraît être le résultat d'un travail postérieur aux premiers ouvrages.

La nef, plus basse que le chœur est éclairée d'un côté par trois petites fenêtres étroites, simples, élevées ; l'autre côté est moderne. Elle n'a qu'un plancher appuyé de chaque coté sur la maçonnerie des murs, ainsi que sur le portail, dont la porte, à un seul battant, n'a d'autre développement que celui de la plus simple habitation. Au-dessus de cette porte se trouve une grande croisée cintrée, simple, produisant une lumière indispensable dans la nef, les autres croisées étant étroites et trop élevées pour laisser pénétrer assez de lumière dans l'intérieur de l'édifice.

L'entrée principale de l'église se trouve sur le coté méridional de la nef. La porte à deux battants était cintrée originairement et à dents de scie comme les autres croisées. Le bénitier, qui fait saillie à l'intérieur de l'église a dû y être placé lors de la construction du mur. Le porche, de construction récente et ayant la forme d'un appentis, n'a dû y être placé que pour servir d'abri à cette entrée.

Le clocher est central, carré, à contre-forts appliqués ; chaque face est percée de deux fenêtres divisées par une colonnette ; la pointe de l'ogive se fait remarquer au milieu de l'arcade presque arrondie de ces fenêtres ; un cordon de l'espèce d'ornement qu'on appelle coups de hache les entoure. Au-dessus règne une corniche supportée par des corbeaux à figure grimacante et des contre-corbeaux. Ce clocher est protégé contre les intempéries par un toit à deux pentes sans flèche.

A l'intérieur s'aperçoit, vers le nord, un bas-côté sur toute l'étendue de la nef et qui nuit à l'aspect du monument ; il se prolonge cependant jusqu'à l'entrée de la chapelle de la Sainte-Vierge. Son plancher, plus bas que celui de la nef, est aussi en planches et paraît n'offrir aucune solidité.

Cette nef a pu avoir été dallée, mais il ne s'y voit plus maintenant que des carreaux en terre cuite ; elle est du reste propre et soignée.

Le chœur est formé de larges arcades de la transition s'appuyant sur de hautes colonnes romanes. Il se ferme au moyen d'une grille en fer à jour que l'on doit à la munificence d'une femme de la localité. Il est pavé dans toute son étendue de petits carreaux noirs et blancs en pierre dure, artistement rangés. Deux lignes de stalles y sont placées depuis l'entrée du chœur jusqu'à l'abside.

Derrière l'autel est placé un tableau qui représente en peinture la résurrection de Jésus-Christ ; sur le côté de l'Epitre se trouve une statue qui représente saint Louis, et de l'autre côté, celle de saint Nicolas, premier patron de la paroisse d'Angy.

A l'entrée de la chapelle de la Sainte-Vierge, vers le bas-côté, se fait remarquer une longue et large pierre qui sert maintenant de marche, et nous y avons vu une inscription que le temps a presque entièrement effacée ; cependant la personne qui nous accompagnait dans l'église a pu lire ceci : « A..... de Guyenne.... »

Ces deux mots nous ont suffi pour deviner le reste et nous convaincre que la reine, épouse de Hugues-Capet, fut réellement la fondatrice de cette église. Mais cette pierre se trouve-t-elle en ce lieu pour attester purement et simplement ce que nous venons d'interpréter, ou indiquerait-elle le lieu de la sépulture de la reine, épouse du premier roi de la troisième dynastie de France ? c'est ce que nous ne pouvons expliquer (1); dans tous les cas, nous pouvons supposer que la pierre a été éloignée de son premier lit.

En face de la chaire se trouve un Christ sur la croix, qui nous paraît avoir été l'un des bons ouvrages d'un sculpteur des premiers temps.

Une visite particulière était due à la chapelle de Saint-Clair, l'un des patrons d'Angy : Saint-Clair, nous dit M. Graves, était autrefois le but d'un pélérinage qui avait lieu le 17 juillet, pour lui demander la guérison des ophtalmies, on avait soin de se laver les yeux à la fontaine qui est à peu de distance de l'église, et dont les eaux alimentent le lavoir public couvert qui s'y trouve établi depuis quelques années.

Cette église est bien tenue convenablement ornée et pourrait être mise au nombre des

---

(1) On peut le supposer quand on sait que Hugues-Capet a été proclamé à Noyon et qu'il s'est rendu à Abbeville pour faire fortifier cet endroit pour mettre obstacle à de nouvelles irruptions en France, de la part des Danois et des Normands.

édifices dignes de remarque, si on n'y voyait en entrant le plancher de la nef et celui du bas côté comme deux choses disgracieuses et et dans un état voisin de la vétusté nuisant à l'acoustique.

———

Le village de Mérard, qui dépend maintenant de la commune de Bury, faisait partie croit-on dans les temps reculés de la ville d'Angy. A cette époque, tous les habitants de cette dernière localité voyaient sur un point de son territoire qui se nommait et qui porte encore le nom de bras de justice, une potence qui servait, assure-t-on, à punir les désobéissants et ceux qui avaient un supplice à subir ; mais les habitants d'Angy ont cessé d'être effrayés de cet instrument de pénitence dès le jour où ceux de Mérard durent-être mis au nombre des paroissiens de Bury.

Le hameau d'Egypte, qui dépendait aussi d'Angy jusqu'à la croix rouge qui formait limite dans le baillage de Beauvais, dut-être enlevé à cette commune pour la fraction qui devait être réunie à Mouy au point de vue civil.

Et c'est ainsi que la population d'Angy se vit réduite à 700 habitants.

Le cimetière d'Angy, qui a entouré son église pendant plusieurs siècles en a été éloigné il y a quarante ans environ, et se trouve maintenant en dehors du village.

Malgré l'importance qu'eut Angy pendant le moyen-âge, son église ne fut jamais qu'un vicariat de la paroisse de Bury, et ce n'était même qu'une simple chapelle au XV° siècle. L'évêque diocésain nommait à ce vicariat.

Cependant, après avoir été réunie en 1802 à la cure de Mouy, la commune d'Angy a été érigée en succursale le 16 février 1827.

Légende des Prêtres qui ont desservi la commune depuis l'année 1606 jusqu'à l'époque actuelle.

1 — 1606 — 1626. MM. Leclerc, vicaire résidant à Mouy.
2 — 1626 — 1655. Vuatelin, vicaire résidant à Mouy.
3 — 1652 — 1662. De Maury, vicaire résidant à Mouy.
4 — 1662 — 1666. Lobjeois, vicaire résidant à Mouy.
5 — 1666 — 1668. Dhainseville, premier vicaire.
6 — 1668 — 1669. P. Hauroy, vicaire en chef.
7 — 1669 — 1676. Lecoq, vicaire.
8 — 1676 — 1685. Dufay, vicaire prêtre.
9 — 1685 — 1686. Ricard, vicaire en chef.
10 — 1686 — 1692. Morel, prêtre.

11 — 1692		MM. Villain, vicaire.
12 — 1692 — 1694.		Jacques Decagny, prêtre, vicaire en chef.
13 — 1694 — 1700.		Godard, vicaire en chef.
14 — 1700 — 1701.		Lejeune, prieur de Bury, curé de Bury-Angy.
15 — 1701 — 1713.		Lenglet, vicaire d'Angy.
16 — 1713 — 1714.		Lejeune, vicaire.
17 — 1714 — 1717.		Castellan, vicaire.
18 — 1717 — 1723.		Testart, vicaire.
19 — 1723 — 1724.		Mancel, vicaire.
20 — 1724 — 1726.		Allou, vicaire.
21 — 1726 — 1727.		Martin, vicaire.
22 — 1727 — 1728.		Duquesne, vicaire.
23 — 1728 — 1732.		Florent, vicaire.
24 — 1732 — 1739.		Leviel, vicaire.
25 — 1739 — 1746.		Gentil, vicaire.
26 — 1748 — 1756.		Prothais, vicaire.
27 — 1756 — 1762.		Esconville, vicaire en chef, devenu chanoine de Saint-Laurent à Beauvais.
28 — 1762 — 1763.		Duquesne, vicaire d'Angy.
29 — 1763 — 1778.		Foy, vicaire.
30 — 1778 — 1779.		Lefèvre, vicaire.
31 — 1779 — 1791.		Duquesnel, vicaire.

32 — 1791 — 1792. MM. Burgand, vicaire, prêtre constitutionnel, marié, maire d'Angy.

33 — 1792 — 1797. Demouchy, prêtre à Mouy, ministre du culte à Angy.

34 — 1802 — 1827. Polle, prêtre à Mouy, desservant d'Angy.

35 — 1827 — 1844. Polle, curé d'Angy (succursale).

36 — 1844 — 1851. Lefèvre, curé d'Angy.

37 — 1851 — 1852. Mary, idem.

38 — 1852 — 1853. Plessier, curé d'Angy.

39 — 1853 — 1871. Roussel, curé d'Angy.

40 — 1871 Crouson, curé d'Angy.

— 1871 Roussel, idem, déjà nommé.

Jusqu'au XVI° siècle, le clergé français put écrire en latin les notes qui se prenaient sur les naissances, baptêmes, mariages et décès suivis d'inhumation, dans les localités où il se trouvait un prêtre desservant. Mais ces notes ayant paru à François 1er insuffisantes, sans valeur même au point de vue des besoins des populations, le roi prescrivit aux prêtres, par son ordonnance de l'année 1539, d'écrire en langue française sur des registres les actes dont nous parlons. C'est donc à partir des premières années du 17° siècle seulement que ces registres ont pu être ouverts en la commune d'Angy.

Il a existé, à très-peu de distance de cette localité, à côté du chemin de Thury, une chapelle sous le nom de Notre-Dame des Anges, qui dépendait de l'hospice de Clermont, et qui avait été celle de la maladrerie d'Angy.

Cette chapelle, après sa suppression, fut réunie à l'hôpital général de Clermont par des lettres patentes de Louis XIV du mois de février 1696. Elle était très-fréquentée par les habitants des lieux voisins. Le clergé de Mouy s'y rendait processionnellement trois fois par an. Il s'y trouvait une crypte où a été inhumé un sieur de Rochefort, écuyer, seigneur de Bruiles et de Morainval. Nos documents exposent qu'il est décédé à Paris, paroisse de Saint-Roch, à l'âge de vingt-neuf ans, le 28 décembre 1681, et qu'il fut inhumé à Angy le 31 du même mois. M. de Rochefort s'était réuni paraît-il, aux principaux habitants d'Angy, pour composer un bureau de charité, en faisant en même temps de grands sacrifices pour soutenir la chapelle Notre-Dame d'Angy.

La chapelle dont nous parlons est restée longtemps debout après avoir été supprimée et vendue, et elle n'a été démolie, il y a environ quarante ans, que pour être employée dans la construction d'une maison à Mouy. On y avait laissé la crypte, mais ayant été obstruée par quelques matières de la superficie, des ronces et des épines, les habitants de la localité se sont figuré que cette entrée du sous-sol était celle d'une voie secrète, d'un chemin couvert qui conduisait dans des lieux éloignés. Le temps seul a pu éclairer cet excès de crédulité ou d'ignorance.

Chaque année, le jour du mardi gras, il se faisait à cette chapelle un pélerinage où se trouvaient des marchands forains et qui était suivi des plaisirs dans lesquels on oubliait le but principal de la réunion.

C'est ainsi que ces sortes de pélerinage ont lieu sur plusieurs points de nos ports de mer, où les marins se trouvent toujours en grande majorité, pour prier d'abord et finir par oublier leur patron.

Nous avons des restes évidents du couvent qui a existé à Angy en la rue de Moineau : une grande porte cintrée dont l'architecture représente parfaitement celle du moyen-âge, des croisées cintrées, les traverses de ces croisées, des murailles de cinq à six pieds d'épaisseur, des cheminées à larges dimensions et beaucoup d'autres traces d'antiquités, sont encore les témoins de la présence d'anciens religieux cloîtrés dans ce grand monastère. Les trois ou quatre possesseurs de ce domaine déclarent être les descendants de leur auteur commun, lequel en était propriétaire après s'en être rendu l'adjudicataire du gouvernement qui le lui a vendu dans les années de la révolution de 1790.

Ces religieux avaient sur la voie publique,

sur un point qui était sous leurs yeux, un calvaire qui a été restauré tout récemment par un habitant d'Angy.

Les habitants d'Angy reconnaissent cette propriété en lui donnant le nom d'ancienne maison des Moines, qui est le dérivé de celui de Moineau qu'on a donné à cette partie du village.

CHAPITRE IV

Ayant pour objet la légende des rues, ruelles et places publiques, et celle des autorités municipales de la localité.

Rues du Plaidoyer, voisine de l'ancien prétoire.
— de Clermont.
— de Clermont abandonnée.
— de Moineau.
— Verte.
— des Champs.
— de Mérard.
— du Cimetière.
— de Hermes (ancien chemin de Beauvais à Senlis).
— du Maire de l'ancienne prévôté.
— de Thury.
— Traversière de Thury.
— d'Hernival, conduisant à Angy, l'ancienne ville.

Rues Extra-muros, conduisant à Notre-Dame.
— Des Pâtures.
— De l'Eglise.
— Chemin de l'Ecange.
— Place prés de l'Eglise.
— Route de Clermont à Beaumont-sur-Oise.

Chaussée d'Angy à Mouy. — Cette chaussée a traversé une ancienne place dite des Trois-Etaux (1); sur l'un de ses côtés est placé l'ancienne maison que le maréchal Gontier occupait et dans la cave de laquelle se voit encore maintenant l'entrée béante d'une ancienne voie souterraine dont on ignore l'étendue et qui effraie par ce que n'étant pas voûtée on s'y croit exposé en voulant s'y introduire, en sorte que ce lieu obscur est entièrement abandonné.

MM. Burgand, en 1793.
Jacquin, en 1793.
Pommery.
Jourdain l'aîné.
Rabbé, agent municipal.
Rabbé, maire.
Elie père.
Dupuis.
Jourdain (Isidore).
Clapier.
Angot.

---

(1) Cette dénonciation de trois étaux est sans doute synonymes des machines en fer qui peuvent avoir été placées en cet endroit pour des besoins particu-

CHAPITRE V.

Renseignements généruux.

Il existe à Angy plusieurs maisons qui indépendamment de celles que nous avons citées ont non seulement un cachet d'antiquité, mais encore un caractère distinctif.

Celle du maire du XVe siècle, par exemple, dont le souvenir a été conservé à Angy, et qui est restée seule dans une rue jusqu'à ce jour, en lui conservant son nom originaire.

A côté du rû ainsi nommé, qui traverse la rue de Hermes, se trouve une autre maison dont l'architecture atteste son antiquité sous plusieurs rapports, mais assurément trop peu spacieuse pour avoir servi de retraite aux templiers que l'on croit avoir séjourné dans cette étroite résidence.

Dans la même rue se laisse voir aussi une maison très-spacieuse, mais qui, à n'en pas

---

liers et dont il ne reste plus de traces. Ces besoins particuliers seraient précisément ceux du maréchal et du charron voisins, etc.

douter fut l'hôtel de messire Dupuis chevalier qui était reçu à la cour de Louis XV, et dont les descendants figurent toujours comme d'honorables citoyens dans la société française.

D'autres maisons tombées de vétusté ont aussi leur origine, mais des commencements impénétrables.

La rue de Moineau laisse soupçonner également des habitations hors ligne, c'est-à-dire formant exception dans une commune rurale, mais qui ne furent probablement que des lieux occupés par les officiers de l'ancienne prévôté d'Angy. Une autre masure qui n'est relevée que depuis 1869, située à l'encoignure du chemin qui conduit à Mérard et fait face au calvaire, fait l'objet d'une remarque particulière : cette maison est au nombre de celles qui dépendent de la Commune de Bury en la rue de Moineau et qui seule fut chargée jusqu'en 1790 de porter à l'église du village d'Ansacq, le dimanche qui lui était indiqué, le pain que le possesseur devait pour y être béni et ensuite distribué aux personnes qui assistaient à la messe, en mémoire des agapes des premiers chrétiens. Les vieillards de cette maison se sont toujours soumis à cette charge sans en avoir connu l'origine, et s'y soumettent encore en portant leur pain à l'église de Bury.

CHAPITRE VI.

Ce chapitre s'étend sur les renseignements qui existent aux archives de Beauvais sur l'ancienne prévôté d'Angy et les Seigneurs du lieu que nous avons indiqués au chapitre premier.

Toutes les terres, les bois et les prés, nous disent les archives du département de l'Oise, sont à Angy, à un sou de censives par arpent; les maisons et les masures sur rue, une poule environ pour 50 verges et à prorata;

De même pour Mérard et Bury;

Pour les lieux des prisons, demi-mine d'avoine.

Une liasse composée de deux parchemins ayant pour objet deux actes notariés sont ainsi conçus :

« Du 15 mars 1455, bail pardevant Mᵉ Thi-
» baut, tabellion institué par le roi, à la rési-
» dence d'Angy, à Colin de la Cuisine, tonne-
» lier, demeurant à Angy, par vénérables et
» discrètes personnes, les doyens du chapitre
» de l'église cathédrale de Beauvais, bailleurs,
» de la moitié de *quatre-vingt-dix-neuf verges*,
» sises à Angy, formant la moitié du clos du

» dit chapitre moyennant 42 sols 9 deniers de
» rente, chacun au jour de la St. Martin. »

Le deuxième contrat reçu par le même tabellion le 21 novembre suivant est une reconnaissance par laquelle un nommé Danguillecourt reconnait devoir aux mêmes doyens représentant le chapitre de l'église cathédrale de Beauvais, deux sols parisis de rente annuelle et perpétuelle comme détenteur et propriétaire d'une pièce de terre autrefois en vignes au lieudit le Vieux-Clos.

Le plan terrier indique le chemin blanc conduisant à Clermont comme formant limite entre les terroirs d'Angy et de Mérard.

Au côté gauche, en montant, figure sous le n° 38, une propriété nommée les Courtillets qui paraît coupée par trois chemins dont deux aboutissent au dit chemin.

Le n° 43 a pour objet un domaine de 98 arpents 93 verges, situé au même lieu. L'origine du mot Courtillets peut s'expliquer par celui de courtillière qui est le nom d'un insecte qui ravage les jardins. Pour certains habitants de la Picardie, courtil ou courtillet est synonyme de jardin ou jardinet.

Les seigneurs d'Angy avaient, paraît-il, seuls le droit de dîmer sur cette propriété (1).

---

(1) Les prieurs de Saint-Jean-des-Viviers probablement, ainsi qu'il a été dit plus haut.

Le plan terrier donne au marais de Moineau une étendue superficielle de 17 journaux ou arpents et 48 verges, dont une partie appartient à la commune d'Angy, et une autre partie à Mérard-Bury.

Les divers lieux du territoire sont désignés ainsi qu'il suit :

Notre-Dame,
La Justice,
Le Blancmont,
La Ferme,
Derrière les Bois,
Sous les Granges,
Derrière la Maison du Cocq,
Les Carrières,
L'Ecange,
Les Prés.

CHAPITRE VII.

Ayant pour objet les Propriétés que cette intéressante commune possède à l'époque actuelle.

Art. 1⁸. — Nous voyons d'abord son église telle que nous en avons fait la description au chapitre III.

Art. 2. — Son presbytère qui est derrière, à quelques mètres seulement de distance de cet édifice. C'est une habitation sans étage, mais assez spacieuse; il s'y trouve un jardin.

Art. 3. — Le prétoire de l'ancienne prévoté d'Angy, bâtiment très-ancien qui a été augmenté récemment d'une belle construction. L'ensemble sert d'école primaire et de mairie où les archives communales sont réduites à leur plus simple expression. Nous voulons dire qu'il ne s'y trouve que les registres des actes de l'état civil, les registres des délibérations du conseil municipal, les journaux de la correspondance administrative, toutes choses auxquelles nous ne pouvons ni ne voulons toucher.

Il paraît que les anciennes archives de cette mairie offriraient, si elles existaient encore, beaucoup d'intérêt au point de vue de l'histoire de la localité ; mais ces papiers ayant été considérés, pendant les années révolutionnaires de 1790 à 1794, comme des choses embarrassantes, on a jugé à propos de les soumettre à l'action du feu.

Art. 4. — Cet article a pour objet le cimetière communal qui, du pourtour de l'église, fut transféré il y a quarante ans environ, sur un point isolé du lieu, dans les conditions exigées par la loi.

Art. 5. — Pour constater que la commune d'Angy possède une pompe à incendie et une subdivision de sapeurs-pompiers pour son service et son entretien.

Art. 6. — Il existe aussi à Angy des lavoirs publics.

Cette commune possède également une certaine quantité de terrains à l'état de pâtures ou de friches.

Ces friches disparaissent au fur et à mesure que l'on voit la possibilité de les soumettre à la culture.

Mais quant aux pâtures l'autorité municipale à dû solliciter l'autorisation d'en aliéner une grande partie pour satisfaire à des besoins pressants, tels que la construction de la mairie et le complément de la maison d'école.

Bureau de Bienfaisance.

Les pauvres de la commune d'Angy ne possèdent qu'une rente sur l'Etat, de la somme de 84 francs, auxquels le conseil municipal ajoute, sur son budget de chaque année deux cents francs, c'est ainsi que nous terminons l'histoire particulière de la commune d'Angy.

FIN D'ANGY.

BURY.

BURY.

Bury, Bury-Angy, Buriacum, Biriacus, entre Mouy et Angy à l'ouest, Ansacq au nord, Cambronne et Rousseloy à l'est, les cantons de Creil et de Neuilly-en-Thelle au midi, dont les limites dans cette dernière direction sont à l'extrêmité des terroirs de Cires-les-Mello et de Balagny-sur-Thérain. Bury est du canton de Mouy et de l'arrondissement de Clermont-Oise.

CHAPITRE Ier.

Sur la situation topographique et l'étendue du territoire de la commune de Bury.

Son étendue territoriale est de 1704 hectares 61 ares, 70 centiares divisés par fractions très-inégales, en terres labourables, dont une partie remplace la vigne qui s'y est cultivée jusqu'au XIXe siècle, jardins potagers, vergers, pépinières, oseraies, aulnaies, bois pâtures, prés, propriétés bâties, non compris les friches, les carrières qui ont été exploitées, les chemins, les eaux et les places.

Le tout représente la cinquième partie environ de la superficie du canton de Mouy.

Sur les 1,704 hectares, les terres labourables paraissent s'y trouver pour 1,208 hectares, et ce qui est sans produit, comme friches, chemins, canaux, etc., pour 496 hectares.

Bury proprement dit a l'aspect d'une petite ville où les progrès se font remarquer comme à son chef-lieu cantonal.

Les constructions qui s'élèvent à l'extrémité de chacune de ces deux localités tendent de plus en plus à se joindre de manière à en faire disparaître le peu de distance qui les sépare encore : ce qui est sensible quand on voit les constructions de la station du chemin de fer assise sur un sol commun entre Bury et Mouy, et les autres batiments qui les entourent se confondre en quelque sorte.

La commune de Bury est entourée d'annexes qui semblent contribuer au développement dont nous parlons, et nous citerons particulièrement Mérard, Boizicourt, Brivois, Dury-Saint-Claude et Saint-Epin.

Dury-Saint-Claude et Saint-Epin se touchent et s'entr'aident chaque jour. La première de ces deux localités donne à l'autre des ouvriers dont elle a besoin et offre des ressources particulières à la petite localité, qui est Dury. On y compte maintenant trois à quatre cents habitants ; il y a une institutrice pour les enfants des deux sexes ; il s'y trouve aussi une petite église qui a été fondée en 1527 et qui est desservie par le vicaire de Bury. Dury est habité par une population laborieuse.

Mérard possède aussi des ressources particulières qui ont mis l'administration municipale de la commune de Bury en position d'employer des sommes suffisantes pour réédifier la chapelle de la localité, y faire construire une belle maison d'école pour les jeunes garçons et les jeunes filles, y ajouter une habitation pour l'instituteur et lui assurer en même temps un traitement convenable, tant comme maître d'école que comme auxiliaire du prêtre, pour chanter une messe les dimanches et les fêtes, dans cette église Saint-Maur qui se trouve placée au centre du hameau, chapelle dont la fraîcheur intérieure fait en grande partie les frais de son ornementation.

Mérard est, nous l'avons dit, une annexe de Bury. Sa population excède trois cents âmes. L'incendie qui est venu affliger cette localité en l'année 1835, en avait brûlé une grande partie; mais, grâce au concours de ses maçons et aux grandes ressources offertes par les carrières du lieu même, cette localité a pu faire relever les maisons incendiées et lui donner l'aspect d'un petit bourg, après avoir redressé les alignements trop éloignés des lignes droites.

La pompe à incendie qui existe à Mérard a trouvé son abri dans une construction convenable qui lui a été construite à peu de distance de la maison d'école, et une section de compagnie de pompiers s'est organisée pour servir cette pompe.

Un lavoir public a été établi entre Mérard et Boisicourt, autre section de Bury, située à peu de distance de l'autre et avec qui elle a des rapports communs. Ce sont des choses sur lesquelles nous aurons d'autres explications à donner au chapitre suivant. On remarque à Mérard deux places et quatre rues principales.

Il a y existé un couvent de femmes, ce qui est prouvé par ce qui reste debout de leur cloître, et à Boisicourt un domaine considérable sur lequel nous devrons donner au lecteur les détails que nous avons pu recueillir dans les dépôts publics. On les trouvera au chapitre particulier des seigneurs et des sociétés cloîtrées (1).

Boisicourt est un écart de huit maisons au nombre desquelles se fait remarquer une ferme à l'entrée de laquelle sont les restes d'un ancien calvaire.

Au-delà de ce dernier petit hameau on voit celui de Brivois, composé aussi de sept à huit maisons, qui sont isolées et comme cachées dans les bois que l'on traverse au moyen d'une

---

(1) Voir ce chapitre.

chaussée que l'on a la louable attention d'entretenir dans un suffisant état de viabilité.

Ces pauvres paysans seraient dignes du plus vif intérêt si, en y naissant, ils n'avaient pas su s'en contenter. Ils ont autour d'eux quelques animaux domestiques qui les aident à supporter cette existence du reste tranquille.

Ils ont aussi du bois sous la main et quelques parcelles de terre qui leur donnent les choses nécessaires à leur existence; leur ambition est ainsi satisfaite. On croit que chacun de ces deux écarts comptait, jusqu'au XVIII° siècle, de vingt-cinq à trente maisons.

Ce que nous disons de ceux-ci pourrait se dire de beaucoup d'autres écarts; mais c'est assez d'en faire une fois l'exquisse.

A notre retour de ces trois petites localités, nous nous arrêtons un instant en la rue de Moineau, qui dépend de la commune d'Angy, mais seulement sur le point où l'on compte sept maisons qui dépendent de celle de Bury, et c'est en face d'un calvaire qu'on nous montre celle dont les possesseurs se sont trouvés chargés, jusqu'à l'année 1792, de porter à l'église d'Ansacq, toutes les fois qu'il leur était demandé, le pain bénit qui se distribue chaque dimanche aux personnes qui assistent à la messe.

On sait que cette distribution se fait en signe d'agapes, c'est-à-dire en mémoire du repas de charité que les premiers chrétiens faisaient entre eux dans leur église, pour cimenter de plus en plus leur union mutuelle.

On sait aussi que l'usage de distribuer du pain bénit dans les églises a été conservé dans un grand nombre de paroisses ou communes de France.

Nous avons fait connaître l'origine de la rue de Moineau, des Moines, et celle de l'ancien marais communal de Bury, auquel on a donné le même nom ; et il peut être utile aujourd'hui de dire que la plus grande partie de ce marais étant restée attachée au terroir de Bury, toutes les familles qui y font élever pour elles des habitations, y fixent leur domicile, et c'est ainsi qu'un certain nombre de familles quittent leur résidence pour devenir habitants de Bury.

Une des principales limites de ce marais vers Bury est ce qu'on appelle depuis le XVIIe le bois Horgue, *Bois Jean Horgue, seigneur d'Hamencourt*. M. Jean Horgue était dans son jeune âge le seigneur du petit domaine d'Hamencourt et du Castel qui était au centre de cette propriété. Ayant vendu et quitté son domaine, il a transporté ses pénates à Bury, et y a fait l'acquisition du bois auquel il a laissé son nom et *son titre de seigneur et d'officier*. Il est décédé à Bury le 3 avril 1766, à l'âge de soixante et onze ans, et a été inhumé dans le chœur de l'église du lieu, en présence de nombreux témoins et amis. Ceci est le texte de son acte mortuaire.

Le bois a été traversé pendant un temps immémorial par un chemin de la plus simple vicinalité, ayant servi jusque il y a vingt ans environ de moyen de communication entre Mouy et Bury, et, depuis la même époque, de ligne départementale, qui met Noailles en communication avec Nointel en traversant Mouchy-le-Châtel, Mouy, Bury, le territoire de Cambronne et Liancourt.

Après avoir ainsi traversé Bury sans nous y arrêter, nous nous trouvons au centre d'autres annexes de cette commune pour en tracer quelques lignes avant de faire de plus larges descriptions sur la partie agglomérée de l'ancien bourg.

Lombardie. — A l'extrémité, vers l'est de la grande rue de cette commune se rencontre un chemin ou plutôt une rue qui forme bifurcation et qui, donnant entrée à l'annexe de Lombardie, représente un faubourg du lieu principal. On n'y voit qu'une rue tournante qui conduit à Saint-Epin, à la ferme d'Arcy et à Dury-Saint-Claude.

La rue de Lombardie est garnie sur une seule ligne, d'un certain nombre de maisons occupées en grande partie par des ouvriers auxquels la fabrique de Saint-Epin procure des moyens d'existence.

Saint-Epin. — Le seul propriétaire connu à Saint-Epin est M. Poiré, comme possesseur de l'établissement où il emploie près de huit cents ouvriers. Il y possède aussi une grande et belle habitation, plusieurs lignes de bâtiments qui composent une cité ouvrière pour soixante-dix familles environ et des propriétés forestières.

L'existence de ce bel établissement ne paraît pas remonter au-delà de vingt à vingt-cinq ans. Il dépend des communes de Bury et de Balagny-sur-Thérain.

La force motrice de l'usine dépend en partie du Thérain, rivière qui traverse la ville de Beauvais, avant de passer au lieudit Saint-Epin.

Le réglement de l'usine paraît offrir toutes les garanties désirables et de suffisantes facilités dans son exécution.

Arcy. — L'écart d'Arcy qu'on appelait primitivement la maison d'Harsy est situé entre Saint-Epin et Dury-Saint-Claude, sur la rivière du Thérain.

Ce domaine ayant été donné à l'abbaye de Saint-Lucien de Beauvais en l'année 869 par Charles-le-Chauve, et qui s'appelait alors une abbaye, ce monastère put en conserver la possession jusqu'à la première révolution française, époque à laquelle tout ce qui en dépendait fut vendu comme bien de main-morte, et devint ainsi propriété privée et administrée comme telle, selon les volontés et les idées du nouveau possesseur.

On a cru pendant de longues années que le

chemin par lequel on transféra au VII° siècle les reliques de Sainte-Maure et Sainte-Brigide, de Balagny à Nogent est resté indiqué par la couleur jaunâtre et improductive qu'on y semait en les cultivant, quelque temps qu'il fît. Ce chemin, partant de la prairie d'Arcy, coupait le ruisseau de Dury-Saint-Claude au lieudit la Croix-Bénite, et passait sur un point où on a trouvé des cercueils de pierre, d'où il se perdait et s'effaçait dans la plaine dans la direction de Laigueville.

En quittant les vieilles constructions de la ferme d'Arcy, on arrive aux dépendances de l'usine de Saint-Epin, puis en se rapprochant de Bury, on arrive au pied d'un côteau où se trouve un point sur lequel la tradition veut qu'il y eût ce qu'on appelle encore maintenant le Château vert.

Château vert. — De la grande voie publique qui sert de communication entre Bury et Dury-Saint-Claude, passant par Lombardie, Saint-Epin et Arcy, au lieu qui s'appelle le Château vert, il y a à peine une distance de deux cents mètres. On y arrive par un chemin étroit, tournant et montueux, et qu'une croix semble indiquer, conduisant à la crête d'un côteau couvert de bois.

On trouve sur ce point trois maisons qui ne ressemblent sous aucun rapport à un ancien château. Nous n'y avons vu qu'un ouvrier de Saint-Epin, qui occupe une de ces trois maisons, y arrivant pour prendre son principal repas de la journée, et à qui nous avons fait connaître le sujet de notre visite : « Il n'y a rien ici, nous dit-il, qui ressemble à un château, vous pouvez, monsieur, en juger par vous-même ; mais il s'y trouve une cave comme on n'en voit point chez de simples ouvriers comme nous, habitants de ces trois maisons. Comme cette grande cave peut bien avoir été une dépendance de l'ancien château que vous espériez trouver ici, je vous invite à la voir. »

Ayant accepté l'offre obligeante et empressée de notre cicérone, nous sommes entré dans ce vaste sous-sol par une porte haute et large n'ayant eu que quelques marches à descendre pour y arriver. Cette cave n'est pas en effet comme celles qui se voient dans les habitations des ouvriers de la campagne ; c'est au contraire une construction solide, vaste, élevée et ayant, au lieu d'un simple plancher, une voûte maçonnée et soutenue par de solides ogives passant d'*angles à autres pour rejoindre les encoignures*. De cet examen, nous avons conclu que cette cave a pu avoir été la base d'un édifice quelconque, et qu'on a eu des motifs sérieux pour donner à ce lieu le nom de Château vert, désignation qui est restée dans la mémoire de la population actuelle de Bury.

Ce nom paraît avoir été donné de préférence à tout autre édifice à une tour par exemple semblable à celles qui se sont fait remarquer sur plusieurs points de cette contrée.

Notre guide nous a fait remarquer aussi une citerne à ciel ouvert donnant ses eaux sur le côté opposé au Château vert. Ces eaux jaillissent d'un mur et sont reçues dans un bassin maçonné. La citerne offre de grandes ressources aux familles qui sont en position d'en jouir.

L'écart nommé Le Déluge. — Si on nous demande pourquoi on a donné à cet écart le nom de déluge, nous répondrons naïvement que nous l'ignorons.

Serait-ce parce qu'étant placé sur l'un des points les plus élevés du territoire de Bury, dans les bois, quelques-uns de ses habitants de l'époque antédiluvienne, hommes sauvages et ignorants, auraient espéré survivre au déluge en montant jusqu'à la cime des arbres de ces bois qui couvraient déjà probablement ce point culminant ? Non, assurément non.

Cependant, nous avons tort de l'affirmer.

Dans tous les cas, comme ils eussent été moins heureux que Noé, n'en parlons plus et disons simplement que nous n'avons pas pu nous éclairer sur le nom que porte cet écart où on ne voit plus que deux maisons habitées. L'une d'elles est posée sur une cave semblable à celle dont nous faisions la description il n'y a qu'un instant, mais sans pouvoir y ajouter aucune réflexion.

Les autres maisons du lieu n'ayant point été entretenues, les familles qui les habitaient durent s'en éloigner.

Il y a lieu de penser que s'il y reste encore quelqu'un, c'est parce qu'on s'y est créé des occupations sérieuses et avantageuses en défrichant des bois qui couvraient un sol de bonne qualité et propre à la production des céréales et des légumes.

Un chemin particulier facilite la circulation entre ces deux maisons, les lieux voisins et le chef-lieu communal.

Les bois qui se trouvent au-delà du Déluge sont, assure-t-on, la propriété de M. Poiré de Saint-Epin.

Sur d'autres points isolés de la partie agglomérée de la population de Bury se rencontrent :

La Croix Saint-Pierre,

La Croix bénite,

La Seigneurie de Saint-Michel, n'en ayant plus aujourd'hui que le nom,

La ferme de Folemprise, située sur un terroir voisin.

Et au centre de tous les points dont la désignation précède, nous plaçons la *Légende* des rues, ruelles, places, impasses et autres voies publiques qui traversent la commune et les autres lieux qui en sont les plus rapprochés, savoir :

1° La rue des Juifs, sans contre dit la principale de la *localité;*

2° La rue des Cailloux, s'approchant de Mouy en quittant la place du *Jorlin*;

3° La rue dite de Mouy, au moyen de laquelle on y arrive;

4° La rue des Princes (voir le chapitre IV sur les Seigneurs);

5° La rue des Prêtres ou du Prieuré, aboutissant à celle des Juifs:

6° La rue du Cimetière (depuis 50 ans);

7° La rue du Château-Vert;

8° La rue de Lombardie;

9° La rue de Saint-Epin;

10° La rue du Moulin, où deux usines sont placées, l'une à farine, l'autre pour fouler les draps de Mouy;

11° La rue du Déluge;

12° La rue de Bouaf;

13° Cavée Jean-Rose;

15° Quai des Essarts;

16° La place nommée Le Jorlin que la rue des Juifs traverse. Les trois autres faces sont *entourées* de murs, c'est un quadrilatère régulier où ont lieu les cérémonies et les réjouissances publiques. On y voit aussi la maison commune (la mairie, l'école communale où se trouvent séparément les *enfants des deux sexes*, et enfin l'habitation de l'instituteur.

Nota. — Il existe une autre maison d'école pour les jeunes filles sur un autre point de la localité.

17° Une autre place publique porte le nom

de place de l'Eglise parce qu'elle y forme limite sur l'un de ses côtés en y comprenant le parvis de l'édifice. La rue du prieuré traverse cette place, ainsi que celle des Juifs.

La tradition porte à croire que cette place fut originairement beaucoup plus spacieuse qu'à l'époque actuelle, qu'elle fut rétrécie après qu'on en eût aliéné une grande partie pour satisfaire des voisins.

18° En dehors des diverses voies de communication que nous venons de traverser, il se trouve des chemins fréquentés, quoique non classés, qui facilitent les rapports existant entre les lieux voisins et Bury même. Ils diminuent les distances dans les saisons qui permettent de parcourir ces sentiers et on évite en même temps de traverser Bury.

Toutes ces voies étroites sont situées entre la rivière du Thérain, qui forme une limite territoriale entre Mouy et Bury, à son point méridional.

Cette partie du territoire placée entre l'intérieur de la commune et la rivière est composée d'un sol de qualités différentes, riche en certains endroits et permettant d'en obtenir les récoltes les plus variées, mais marécageuse en d'autres endroits et où on ne voit que des oseraies, des bois et des marais.

La désignation que nous nous proposons de placer sous les yeux du lecteur permettra d'en juger.

Les habitants de Bury n'en ont pas besoin, il est vrai ; mais il n'ignorent pas que l'histoire de cette vaste et intéressante commune n'est pas tracée exclusivement pour eux. Il s'y rattache du reste des choses que beaucoup d'entre eux ne connaissent pas.

Après les terres de première qualité qui se trouvent sur le point le plus élevé, qui aboutit à la rivière, figure le sol de médiocre valeur et qui est désigné sur les documents officiels ainsi qu'il suit :

La Loge,

Le Fief du chapître du Prieuré de Bury,

Le Bois Louard, Bouaffe, Les Pendants d'Arcy, Billy, la Chenonière, le Marais campé, les Moulins, la Fosse-aux-Loups, les Marais du Bois, les Marais du Milieu, le Chaudron, le Frambuet, L'Ile, la Prairie, les Essarts, calcaire dans toute son étendue, le Fief cornu (1),

---

(1) Le fief cornu a fait l'objet d'une histoire particulière que nous extrayons des œuvres de Graves, de Beauvais et que nous plaçons, en passant, sur ce point de notre ouvrage. Il s'exprime ainsi : « Le Fief cornu était une seigneurie dépendant de Bury dont le » propriétaire avait le droit d'envoyer un taureau » blanc dans le marais communal nommé le marais du » Val ; les habitants de ce fief ne pouvaient mener » leurs vaches à un autre taureau. Une paire de » cornes scellée dans le mur indiquait le manoir sei- » gneurial.

le Bois Jean-Hubert, petit domaine de deux arpents, et le Marais de Moineau, situé sur un autre point du territoire et que l'on connaît.

Terminons tous ces détails par ce que nous pouvons exposer relativement à la plaine dite de Damaslieu, située vers le nord de la commune de Bury, voisine de celle de Cambronne, et au delà des bois qui couronnent les écarts du Château-Vert et du Déluge.

C'est en quelque sorte sur cette vaste plaine que les habitants de Bury fondent leurs espérances quand il s'agit des choses de première nécessité. C'est aussi sur cette vaste plaine qu'est venu se fixer un couvent de femmes qui ne fut guère connu à Bury que sous le nom des dames de Damaslieu, parceque sans doute elles s'étaient placées sur un domaine qui était

---

» La femme de Montluc, évêque de Valence, qui
» était une demoiselle de Pienne (nom d'un village de
» environs de Montdidier (Somme), résidait au Fief-
» cornu C'est ce prélat qui soutint au colloque de
» Poissy que le célibat n'était pas ordonné aux évê-
» ques. »

Le manoir seigneurial était en la rue de Lombardie Les signes extérieurs dont parle M. Graves n'indiquaient pas seuls l'habitation de la dame de Montluc ; mais les autres décorations ont dû disparaître il y a peu d'années en reconstruisant la façade de cet ancien manoir.

Plusieurs théologiens des siècles écoulés ont écrit sur la question soulevée par la position de l'évêque

ainsi désigné. Elles ne furent point autrement connues pendant leur long séjour dans cette solitude, c'est-à-dire jusqu'à l'époque où elles durent s'en éloigner à cause de la vente que la révolution de 1789 en fit faire, considéré comme bien de main-morte.

Nous avons longtemps ignoré aussi que ces religieuses appartînssent à l'ordre des ursulines; ce n'est même que depuis peu de jours qu'un document officiel est venu nous éclairer sur ce point, en nous apprenant quelles étaient les successeurs des onze femmes du même ordre qui avaient été martyrisées, nous dit aussi l'histoire, à Cologne pour avoir suivi la même croyance religieuse que sainte Ursule.

Le domaine dont nous parlons était, paraît-il exempt de toutes les charges de la féodalité et

---

de Valence et paraissent avoir exposé que l'homme marié à qui on n'avait que ce reproche à faire pouvait anciennement arriver à la prélature au moyen d'une libre séparation; mais la première condition exigée de la femme était son entrée pour toute sa vie dans une retraite cloîtrée, et de la part de l'aspirant la soumission aux charges qui lui étaient imposées. On a ajouté paraît-il, qu'en pareil cas la prélature pouvait être accordée en cas d'enfants nés et existant pendant le mariage.

On sait que Valence, ville française, est le lieu où le fameux Mandrin fut condamné en 1755, par une chambre ardente, au supplice de la roue.

nous ne voyons pas non plus que le couvent en eût à percevoir.

Il avait pour voisin un bois de 7,500 verges qui appartenait au duc de Larochefoucault Liancourt.

Cependant les dames dites de Damaslieu étaient visitées par le clergé de Bury à l'occasion de la procession de Saint-Marc (25 avril).

Elles avaient sans doute un aumônier, et une chapelle où un membre du prieuré de Bury.

Il a existé en la commune de Bury deux couvents de l'ordre des Ursulines, dépendant : celui de Damaslieu, de Clermont, et l'autre, de celui de Beauvais.

Il a existé sur cette plaine une station de télégraphe au lieu dit le Noyer beau, qui correspondait avec celles de Clermont et d'Ercuis.

CHAPITRE II.

Sur l'origine et l'histoire de Bury, église et prieuré compris.

La commune de Bury est à nos yeux au nombre de celles dont l'origine remonte aux temps les plus reculés du Beauvaisis. On ne peut en douter puisque beaucoup de documents attestent que cette localité fut visitée et agitée par les Romains avant que les Normands vinssent la piller et la détruire en même temps qu'Ansacq, Angy et Mérard. Nous ne pouvons toutefois rien affirmer sur l'époque à laquelle ce lieu a pu se constituer comme bourg ou village; mais les documents qu'il nous a été possible de réunir en consultant les archives publiques et plusieurs histoires particulières nous ont démontré que cette localité existait au IXe siècle.

L'opinion publique nous indique aussi cette époque.

L'histoire nous montre Clovis Ier passant à peu de distance de Bury, d'Ansacq, de Cambronne et de Rousseloy, chassant de la Gaule les cohortes de Romains qui avaient pu y rester et qu'ayant dû s'arrêter à Nogent les-Vierges pour lutter contre leur résistance, ce prince y laissa des victimes de son armée dont la découverte, due au hasard, ne s'y est faite qu'en l'année 1816, ainsi que nous l'avons expliqué d'après l'historien Houbigant dans la première partie de notre ouvrage (1).

Nogent est considéré comme un établissement de Clovis, qui y est venu camper sur les bords de l'Oise.

On sait que ce qui fait autorité en fait d'histoire ce sont les découvertes qui s'opèrent par occurrence, comme par exemple, en cultivant la terre, en démolissant de vieilles murailles, en fouillant le sol pour y placer de nouvelles constructions ou bien encore en faisant de nouvelles plantations.

Il existe à Mouy un savant antiquaire, membre de plusieurs sociétés scientifiques, qui explique et dessine parfaitement les fossiles et qui possède une grande quantité de vases anciens, des armures, des ossements humains des premiers siècles de notre ère, de vieilles médailles et d'autres objets plus ou moins curieux, qu'il a recueillis et sur lesquels il a écrit et fait imprimer plusieurs volumes. Ce sont des choses dont nous avons été autorisé à

---

(1) Voir le *Guide pittoresque des voyageurs du département de l'Oise*, page 45.

parler et que nous avons mentionnées d'une manière toute particulière en commençant l'ouvrage qui nous occupe.

On a remarqué à Bury un homme d'un caractère obligeant, cherchant continuellement des curiosités des siècles précédents et à qui la population confiait tout ce qui s'y trouvait dans les circonstances que nous avons expliquées. Ses lumières n'étant pas assez développées pour juger de leur valeur, il en faisait cependant un espèce de signalement avant de les adresser à messieurs les savants de Beauvais. Ceux-ci en rendaient compte à leur correspondant de Bury, et ce dernier en faisait raison à ses commettants.

Il faut dire que parmi tout ce qui était considéré comme ayant beaucoup de prix, un certain nombre d'objets n'avaient qu'un mérite relatif, que la valeur que l'antiquaire de Beauvais y attachait, la valeur intrinsèque étant souvent nulle, mais ce qui provenait des Romains et des autres peuples étrangers des temps anciens méritait toujours une récompense.

Nous n'avons pas oublié que les Gaulois nous ont précédés sur le sol français, que ce peuple ignorant et nomade s'arrêtait par groupes en Europe sur les points ou leurs instincts les portaient et particulièrement sur des lieux abrités et protégés par des bois; que les Gaulois n'avaient que le druidisme pour règle de conduite, et que c'est après s'être montrés à Rome comme effrontés conquérants, sous le commandement de Brennus leur général, que les Romains sont venus conquérir la Gaule dans laquelle ils sont restés près de cinq siècles ; que, chassés à leur tour par d'autres peuples, nous sommes devenus Français de la Germanie au cinquième siècle de la naissance de Jésus-Christ.

Et enfin que bientôt après la France eut pour souverain Clovis 1ᵉʳ, l'époux de Clotilde qui a converti son mari au christianisme.

Plusieurs historiens reconnaissent implicitement, que Bury existait antérieurement au neuvième siècle en citant cette localité comme ayant été brûlée en même temps qu'Ansacq et Angy. Ces dévastations, on le sait, ont été renouvelées par les Ligueurs de Beauvais, le 25 août 1591, en même temps qu'à Mouy et dans les localités voisines.

Il faut reconnaître aussi que toute l'étendue du sol gaulois ayant été occupée bien avant l'invasion romaine, il devait s'y trouver des peuplades réunies à l'état d'habitation commune, quoique encore indisciplinées, et beaucoup plus dans la direction du midi que vers le nord qui est la contrée gauloise où les Romains n'ont terminé leur conquête que peu de temps avant leur expulsion. C'est une opinion qui se trouve démontrée par les premières actions qui furent exercées par Clovis 1ᵉʳ, contre ces étrangers, pour les éloigner de son royaume.

Les écrivains qui se sont occupés de cette partie de l'histoire de France, pensent que beaucoup de Gaulois devenus Français, s'étaient fixés dès le VII° siècle, dans un climat tempéré, de préférence à celui du nord et du midi, parce qu'ils nous sont venus du nord de l'Europe, comme par exemple de la Germanie, du Danemark, de la Suède, etc.

Il nous paraît essentiel d'exposer aussi que si beaucoup de Normands sont venus s'abattre sur la contrée du Beauvaisis, c'est parce qu'ils savaient y trouver les choses propres à composer leur butin. D'un autre côté, si on y a trouvé des choses perdues ou oubliées, c'est parceque l'ennemi a rencontré de la résistance.

Après cet exposé et ces diverses explications, nous croyons pouvoir assurer que jusqu'au XI° siècle, Bury ne put être qu'un village, une simple bourgade dépendant du comté diocésain de Beauvais et comprise dans le doyenné de Mouchy-le-Châtel; mais en 1013, Roger de Champagne, quarante-deuxième évêque de Beauvais, ayant obtenu de son frère Eudes l'échange de ce comté, le donna à son église par acte daté de 1015; dès lors, la cure de Bury fut à la nomination de l'évêque. Cet état de chose dura jusqu'en 1078, et ce fut vers cette époque, ou quelques années auparavant, qu'on acheva la façade de l'église de ce lieu ; la nef et la *tour* désignée sous le nom de clocher Sainte-Barbe.

Ces constructions présentent tous les caractères du style roman de transition ; les ouvertures sont plein ceintre avec cordon en dents de scie, les arcades intérieures ogivales et enrichies de doubles zigzags, reposant sur des piliers massifs entourés de petites colonnes dont les chapiteaux romans sont ornés d'un dessin barbare, de feuilles fantastiques, de monstres, de ciselures grossières, etc.

Albert, curé de Bury vers la même époque, ayant vendu une partie du patrimoine qu'il possédait à Mouy, lieu de sa naissance, fonda quatre prébendes en faveur de quatre chanoines chargés de célébrer l'office canonial et de le perpétuer dans cette paroisse qui, dès lors, pouvait être citée comme un modèle qu'il y avait fait pendant sa vie.

Cette fondation fut approuvée par Monseigneur Gury, quarante-sixième évêque de Beauvais, le jour de Noël 1078.

En 1085, le roi Philippe 1er donna le patronage de ce nouveau chapitre aux Bénédictins de l'ordre de Cluny. On croit que l'acte rédigé à ce sujet fut signé par les évêques de *Senlis*, de Châlons et par d'autres prélats. On ajoute que ces religieux vinrent en prendre possession et le transformèrent en prieuré conventuel (1).

En 1239, on construisait le chœur de l'église et les deux transepts, qui présentent tous les caractères du style ogival à lancette.

Après quelques années d'installation, les prieurs et les abbés de Bury, prétendant ne dépendre que de leur abbé, refusaient de se soumettre à la juridiction épiscopale. Pour mettre fin au désordre qui en résultait, Robert de Cressonsacq, soixantième évêque de Beauvais proposa en 1246, à l'abbé Cluny, un accommodement qui fut accepté. L'abbé rappela ses religieux à la condition qu'on paierait une somme de soixante-dix livres parisis.

Après le départ des Claristes, Robert établit à Bury des religieux de l'ordre des Prémontrés qu'il tira de l'abbaye de Saint-Just ; cette abbaye, d'abord collégiale sous Godefroy 1er en 1107, fut érigée en prieuré par Pierre de Dam-

---

(1) On remarque, en la rue des Juifs, les deux piliers surmontés d'un cintre comme ayant servi d'entrée au chapitre dont nous parlons. A la distance de deux cents mètres au moins de cette porte, vers le nord, se fait voir une ancienne construction fort élevée et percée de fenêtres qui est regardée comme ayant servi de chapelle au même chapitre. Un vaste enclos entourait cette espèce de cloître entouré de murs. Il s'y trouve maintenant douze maisons de simples habitants de Bury.

martin, en 1119, et donnée par lui aux religieux de Saint-Quentin.

En 1147, ce prieuré fut changé en abbaye et donné aux religieux Prémontrés, ainsi appelés par ce qu'ils s'étaient établis sous la conduite de Saint-Norbert, dans une vallée déserte de Laonnais qui portait ce nom.

Depuis cette époque jusqu'à la révolution de 1789, la cure de Bury fut réduite à l'état de simple prieuré, qui comptait dans sa circonscription, comme simple vicariat, la commune d'Angy et celle de Rousseloy, et fut desservie par un religieux de Notre-Dame-de-Saint-Just qui prenait le nom de prieur.

Ces religieux contribuèrent beaucoup à l'embellissement de l'église, et ce fut probablement par leurs ordres qu'en 1543 fut exécutée la passion en bois doré qui s'est vue jusqu'aux dernières années sur l'autel principal (1).

Les registres de la paroisse, qui remontent aux premières années du XVIIe siècle, nous donnent une liste non interrompue des religieux Prémontrés qui desservaient la paroisse de Bury. Ainsi on voit en :

---

(1) Des trois cloches qui se font entendre du clocher de cette église, la plus ancienne date de l'année 1663 et a eu pour parrain Mgr Choart, évêque de Beauvais, en présence du prieur Antoine Potier curé de la paroisse.

1600. Frère Regnier, prieur, curé ;
1624. Frère Leclerc, vicaire ;
1926. Frère Lemoyne, l'auteur du grand tableau représentant l'Assomption de Sainte-Vierge.
1633. Frère Leclerc, prieur, curé ;
1639. Frère Lebon, prieur, curé ;
1937. Frère Tassart, vicaire ;
1641. Frère Heller, prieur ;
1643. Frère Dourlend, prieur ;
1654. Frère Antoine Potier prieur ;
1685. Frère Jacques Potier prieur ;
1689. Frère Denis Lejeune, prieur, décédé le 24 juin 1718, inhumé en présence de Pierre-Henri Pelletier, prieur, son successeur ; de Nicolas Berlin, directeur de l'Académie de Rome, son ami, qui lui fit présent de trois tableaux représentant saint Fiacre, saint Nicolas, et la Vierge foulant aux pieds le serpent (1) ; de maître Samson Cassart, curé de Balagny ; Barbier, curé de Mouy, et de quatre autres ecclésiastiques.
1718. Frère Pelletier, déjà nommé ;
1734. Frère Nicolas Jarosson prieur, curé ;
1753. Frère Maclard, prêtre habitué ;

---

(1) Ces tableaux sont encore dans l'église, mais l'humidité qui y règne en a altéré les couleurs.

1754. Frère Valmont, prieur, curé.

Henri Bec, supérieur du couvent et desservant.

1763. Frère Opinel, abbé, prieur-curé de la paroisse, décédé le 23 avril 1781, et inhumé en présence de douze ecclésiastiques.

1781. Frère François Cailleret, prieur, décédé le 31 décembre 1789, inhumé le 2 janvier 1790, en présence de trois prêtres.

1790. Burgand, curé de la paroisse, remplacé ainsi que ses trois vicaires en 1792, ou plutôt après avoir cessé leurs fonctions.

1796. Livière, curé de Balagny, a desservi la paroisse de Bury en même temps que la sienne jusqu'en 1829, aidé par l'abbé Hersent, prêtre habitué de Mouy. L'abbé Livière, ayant pris sa retraite de desservant de Balagny, décéda à Mouy et fut inhumé à Balagny.

L'abbé Guédé est venu desservir la commune de Bury en l'année 1836, et y est décédé au commencement de l'année actuelle (1872).

Il est évident qu'au point de vue religieux les chapelles de Dury-Saint-Claude et de Mérard durent être fort négligées dans les années pendant lesquelles l'église de Bury est restée sans desservant; mais actuellement qu'il s'y trouve un curé et un vicaire, il y a lieu de croire que ces deux chapelles *extra muros* reçoivent leurs visites dominicales au moyen du binage.

L'origine de ces deux petites localités diffère sous plusieurs rapports; mais celle de Dury-Saint-Claude semble être la même que celle du centre de la population, quoiqu'elle ne puisse être démontrée et prouvée par les événements et les circonstances qui ont eu lieu à Bury même.

Quant à Mérard, son couvent pourrait jusqu'à un certain point en indiquer l'origine, s'il était possible de connaître l'époque à laquelle un certain nombre de religieuses ont été s'y renfermer, et s'il était bien reconnu que les Normands l'ont visité et détruit au IX° siècle. Mais à défaut de lumières suffisantes, nous ne pouvons faire remonter l'origine de ce lieu au-delà du XIII° siècle époque à laquelle le domaine de Boizicourt appartenait au couvent des Dames de Chelles de Beauvais.

Il est de notoriété publique que ce couvent avait sur les lieux le droit de haute et basse justice, ainsi que le prince de Conti et l'évêque de Beauvais, comte de son diocèse, en même temps seigneurs de Bury, Mouy et Ansacq (1).

Il a existé à Boizicourt jusqu'en 1790, sur un point qui se nomme encore maintenant la justice, trois potences par lesquelles les

---

(1) Le chapitre IV étant réservé à tous les seigneurs de Bury, Mérard y sera compris pour sa seigneurie particulière.

trois seigneurs du lieu indiquaient leurs droits et leur puissance particulière à des degrés différents.

La chapelle de Mérard, dont nous avons parlé à la page (troisième), paraît avoir été édifiée au XV° siècle, aux frais du couvent du lieu, pour servir en même temps aux habitants du hameau, ainsi qu'à ceux de Boizicourt et de Brivois, usage qui s'applique encore aujourd'hui, comme à l'école qui est voisine de cette église,

Le doute cesse depuis peu de jours sur la véritable position du couvent de Mérard, quant à ses droits privilégiés sur l'étendue de son domaine, par suite de la découverte faite de la fosse d'une prison qui dépendait du terrain de la chapelle et d'un pied de calvaire.

La tradition veut que Boizicourt et Brivois furent jusqu'au XVIII° siècle deux localités de chacune 25 à 30 maisons, ce qui fait supposer cent à cent quarante âmes pour chacune d'elles.

Quant à la chapelle de Dury-Saint-Claude, on sait qu'elle fut fondée en 1527 par Claude de Durant, chevalier, seigneur de Thury-sous-Clermont d'abord, et ensuite de Dury-Saint-Claude, après avoir légué à ses hôtes, sujets, manants et habitants, la quantité de six verges de terre sous l'obligation d'y bâtir une église, d'envoyer moudre leurs grains au moulin seigneurial à peine de confiscation, et de faire leurs vendanges au pressoir qu'il pourrait lui plaire d'établir.

Ce qui eut lieu sous toutes les autres conditions et obligations expliquées en une bulle du pape Urbain VIII, datée du 18 janvier 1639.

Déjà, à cette époque, les populations des campagnes commençaient à comprendre le besoin de mieux cultiver leurs terres et de se procurer des abris plus solides que ceux des auteurs de leurs jours. La suite de ces idées les portait à fouiller dans le sol, et c'est ainsi que l'on trouvait fréquemment ce que les peuples étrangers y avaient laissé, abandonné ou oublié, que les habitants de Dury-Saint-Claude et ceux des lieux voisins ont découvert des choses curieuses : des poteries, des armes, des valeurs monétaires, des cercueils. etc.

M. Graves nous donne d'utiles enseignements sur toutes ces choses dans sa statistique de toutes les communes du département de l'Oise. Il nous en fournit un exemple à l'occasion d'un marais situé à Bury, qui restait indivis depuis un grand nombre d'années entre ceux des habitants de la localité qui y avaient des droits, mais dont la jouissance ne profitait qu'à ceux qui possédaient des bestiaux, les envoyant seuls au pâturage, les indigents s'en trouvent ainsi privés.

Mais, fatigués de cette situation indéfinie de cette stérile possession, ceux-ci ayant obtenu après de vives sollicitations que chacun eut sa part dans le marais, ce marais fut divisé et le partage eut lieu quelques années après les plus malheureuses journées passées de la révolntion de 1792.

Chacun des co-partageurs eut une parcelle de neuf verges dans ce marais et put en jouir selon ses idées.

Les uns en disposèrent par vente, ceux-ci plantèrent des arbres forestiers, d'autres des oseraies ou des légumes, voire même des arbres à fruits, et particulièrement des pommiers, placés sur le revers du fossé qu'il fallait faire pour assainir le sol; et il arriva à une famille nombreuse, qu'après avoir eu pour sa part un lot relativement considérable, elle put obtenir de ses voisins d'autres portions. Or, bientôt après, on y éleva des constructions touchant à la rivière du Thérain. On fit en même temps clore ces propriétés; et c'est ainsi que les choses se trouvent à l'époque actuelle.

CHAPITRE III.

Sur la Population de la commune.

§ 1ᵉʳ.

Ce que nous avons écrit jusqu'ici sur cette localité nous semble devoir être suivi de toutes les choses qui ont pour objet principal la population du lieu, en remontant aux époques les plus reculées, et en y ajoutant le fruit des remarques que nous avons faites en dépouillant les archives qui nous ont été communiquées.

Ces documents nous permettent de désigner les plus anciens habitants de Bury, à partir du XIVᵉ siècle, bien que les registres de l'état civil, tenus en langue française par le clergé de cette paroisse, ne datent que de 1625. Nous n'excepterons de cette intéressante légende que les noms des seigneurs du lieu, parce que nous leur réservons un chapitre particulier pour mettre en évidence leur filiation respective, leurs privilèges et l'autorité qu'ils exerçaient sur les populations qui leur étaient tributaires.

On sait que les registres dont nous venons de parler n'ont eu d'importance réelle, au point de vue des familles, qu'à partir de l'époque à laquelle (1539) François Ier rendit une ordonnance par laquelle il prescrivait aux prêtres qui tenaient en latin leurs notes sur les naissances, baptêmes, mariages, décès et inhumations, de les écrire en langue française devenue vulgaire dans notre pays, ordonnance qui, cependant, ne reçut d'exécution à Bury qu'en l'année 1625.

Cependant la population du bourg s'élevait déjà, à cette époque, de 5 à 600 âmes, soit.................................... 600

Et dans les années suivantes, nonobstant l'épidémie des années 1693 et 1694, de 6 à 700, soit....................... 700

A partir du XVIIIe siècle, la population de chaque localité devenant officielle, au moyen de fréquents recensements, il fut reconnu qu'en l'année 1720, celle de Bury était de........................ 987

En 1759, de.................... 1,072
En 1791, de.................... 1,099
En 1806, de.................... 1,249
En 1821, de.................... 1,208
En 1826, de.................... 1,315
En 1831, de.................... 1,409

En 1865, de...................... 1,881

En 1866, de...................... 1,988

Et en 1872, de..................... 2,222

Les registres de l'état civil du XVIIe siècle des communes de Mouy, Angy, Bury et Balagny y ont été au-delà du dixième de leurs populations.

Louis XIV, ayant remarqué autour de lui, en temps de paix, un certain nombre de gardes du corps sans emploi, eut l'idée d'en placer à quelque distance de Paris, où ils tiendraient garnison.

Or, renseignements pris sur le bourg de Bury, lieu voisin du château-fort de Mouy et du chef-lieu de la prévôté d'Angy, il fut décidé qu'il y serait envoyé une demi-compagnie de ces officiers.

C'est ainsi que l'on vit à Bury de ces hommes d'élite se qualifiant d'exempts des services du roi.

Ces messieurs surent, assure-t-on, s'y créer des connaissances et des distractions, ce qui, du reste, est constaté sur des actes de l'état civil de la localité, où leurs noms et leurs signatures se rencontrent en qualité de témoins et d'amis, et particulièrement sur des actes de baptêmes et de mariages. On les voit aussi comme simples assistants.

La première garnison arriva à Bury en l'année 1666.

Nous avons remarqué dans l'histoire de

France, sous le règne de Louis XIV, un paragraphe qui confirme la présence à Bury des officiers exempts des services du roi. Il est ainsi conçu :

« Louis XIV, ayant licencié son armée en
» 1666, il prit le parti, pour conserver ses
» officiers, de les incorporer dans les gardes
» du corps, et il composa de nouvelles compa-
» gnies d'ordonnance qu'il joignit aux troupes
» de sa maison ; et, afin de les tenir en haleine,
» il en fit faire des campements. »

Mais cet état de choses ne fut pas de longue durée, puisque la paix ayant été rompue en 1671, le roi dut disposer des officiers dont nous parlons pour les replacer dans leurs rangs de l'armée active.

Les mêmes registres des actes de naissances, baptêmes, mariages, décès et *inhumations* constatent aussi la venue de certains bourgeois parisiens pour prendre résidence dans cette localité, y contracter des mariages prémédités et retourner à Paris peu de temps après.

Le prieuré de Bury s'était fait remarquer par la solennité particulière de ses cérémonies religieuses et peut-être, un peu aussi, par certaines tolérances. On y attirait ainsi sans doute certaines familles étrangères.

Citons quelques exemples :

Un acte du 11 octobre 1730 constate que le prieur-curé de la paroisse, assisté de plusieurs vicaires, a marié messire Martin-du-Moulin, écuyer, brigadier des gardes-du-corps du roi, demeurant alors à Clermont en Beauvaisis, fils majeur de messire Martin-du-Moulin, de la paroisse Saint-Martin-d'Amiens, avec damoiselle Françoise-Madeleine de Courlis, fille majeure de messire Jean de Courlis, écuyer en son vivant, capitaine des gardes du corps du roi, de la paroisse de Balagny-sur-Thérain, y demeurant, cérémonie qui eut lieu en la riche église de Bury, en présence d'un grand nombre de hautes notabilités des lieux voisins, lesquels ont orné de leurs signatures l'acte de ce mariage.

A la date du 9 novembre suivant se trouve encore un acte de mariage, celui de Charles-François Dupuis, fils de Pierre-Robert Dupuis, officier du roi, demeurant à Mouy, et damoiselle Suzanne Auxcouteaux, fille majeure de maître Yves Auxcouteaux, seigneur de Pisseleux, conseiller du roi, en son vivant procureur en la ville de Beauvais, ayant demeuré en dernier lieu à Angy, ledit mariage fait en présence des Vaudrée de Bury, Mouy et Angy. L'un de ces derniers était lieutenant de la prévôté d'Angy; un autre avait été seigneur de Mouy.

Dans les années suivantes sont arrivés les décès de plusieurs seigneurs de Bury, dont les inhumations se sont faites dans l'église de cette paroisse, ce qui, du reste, arrivait peut-être trop fréquemment dans beaucoup de localités au point de vue surtout de la salubrité publique.

§. II.

Tableau chronologique des anciens habitants de Bury, annexes comprises, recueillis tant sur des titres particuliers que sur les registres de l'état civil de la localité.

Albert de Mouy, ancien prieur, curé de Bury en l'année 1078.

Baril (Jean), Baril (Pierre), désignés dans un contrat sur parchemin de 1392.

Les mêmes et Baril, Philippe, aussi désignés comme contractants dans un acte du 28 février 1403.

1. Carballet.
2. Leture.
3. Chevalier.
4. Crouzet.
5. Josse Crouzet.
6. Dupille.
7. Clopier.
8. Deschamps.
9. Véret.
10. Maupin.
11. Breton.
12. Delamarre.

Ces noms, au nombre de douze, sont souvent répétés comme témoins ou sur d'autres titres sur les premiers registres.

La famille Delamarre s'est maintenue dans tous les temps comme cultivateurs et régisseurs ou receveurs des seigneurs de Bury, Mérard, Boizicourt et Ansacq.

De 1662 à 1725.

Basset, manouvrier.
Vaillant, vigneron; les survivants ont eu du succès.

Desesquelles, vigneron; ses descendants, fabricants d'étoffes à Mouy.

Ricart, corroyeur; les survivants, officiers ministériels bien connus.

Bensse, vigneron.

Leclerc.

Domart.

Duchemin.

Boucher.

Delarue.

Vollart.

Delignan.

Robillard,

Tassart.

Vaudré, position élevée, mais déchue.

Gatellier, bourrelier.

Charpentier.

Farcet, petit laboureur.

Rellot, idem.

Fessart, idem.

Desprez. Un membre de cette famille a fait partie du Parlement de Paris.

Fourtin, cultivateur et maire.

Martin. L'un d'eux a été maire de Bury dans les derniers temps.

Odemer, médecin à Mérard; un autre à Mouy.

Dumontel, à Boizicourt, Bury et Mérard.

De 1728 au XIXe siècle.

Rédon, instituteur. Famille qui s'est éloignée et a prospéré.

Lemaire, cultivateur et maire de Bury.
Boulanger, vigneron, puis fabricant.
Pillon, menuisier.
Auvert, professions diverses.
Moison, pharmacien et fabricant d'étoffes.
Dessens, carrier à Mérard.
Grévin.

§ III.

Remarques sur le caractère et les ressources particulières des habitants de Bury.

Dans le nombre des habitants de Bury de notre époque, il y en a eu beaucoup dont nous ne pouvons parler que d'après les relations qu'ils ont eues avec des hommes qui étaient moins âgés qu'eux et plus haut placés dans la société.

Il en reste à Bury qui, ayant de grandes facultés intellectuelles ont pu arriver à une position sociale digne d'envie. Les uns ont exercé des fonctions publiques, d'autres y sont encore attachés ; on en voit aussi qui occupent des positions élevées exigeant de hautes lumières sans lesquelles on ne pourrait s'y maintenir.

Mais le plus grand nombre n'est composé que de commerçants, d'industriels et d'artisans.

Nous appelons commerçants et industriels les hommes qui sont de simples fabricants de tissus, et qui savent leur donner la forme propre à les livrer aux marchands dont le talent se borne à savoir les vendre.

Nous appliquons la profession d'artisan à l'homme qui sait faire ce qu'il a appris par ce qu'on appelle apprentissage ; c'est ce qui existe à Bury en professions variées appelées aussi métiers, tels que : menuisiers, charpentiers, charrons, maréchaux, serruriers, cordonniers, entrepreneurs, maçons, etc.

Nous ne parlons pas des cultivateurs par ce que cette ancienne et noble profession sera toujours la plus élevée de toutes, tant qu'on saura la maintenir dans son état primitif.

Bref, la population Burysienne est *intelligente, ambitieuse et imitatrice.*

CHAPITRE IV.

Sur les Seigneurs de Bury et des lieux voisins.

§ 1er

Les limites du vaste domaine des anciens seigneurs de Mouy et des droits féodaux qui y étaient attachés s'étendaient jusque sur les territoires voisins, soit Ully-Saint-Georges, Bury, y compris plusieurs de ses annexes, et Ansacq; ce qui explique pourquoi ces seigneurs y avaient fait planter des potences à carcan.

Le siége de ce domaine était à Janville, écart de Mouy, vers le midi. Une potence se trouvait à peu de distance de là, vers la limite qui sépare le territoire de Mouy de celui d'Ully-Saint-Georges,

Le seigneur de cette localité avait la sienne sur le même point auquel il donnait le nom de la Justice-l'Abbé, nom qui a été conservé jusqu'à ce jour sur le plan cadastral de cette localité.

Nous renvoyons le lecteur à la notice particulière sur Ully, qui se trouve à la fin de cet ouvrage.

Rappelons en passant qu'Ansacq avait aussi une potence au pied de son église, ainsi que nous l'avons exposé dans la notice qui précède celle-ci.

§ II.

Sur Bury, le prince de Conti particulièrement.

Bury offrait, après Mouy, de grandes ressources à ses seigneurs, sous plusieurs rapports.

Une potence existait au centre de la localité; c'est à l'entrée de la rue des Princes, vers le nord, qu'elle avait été plantée.

Elle était appuyée sur un mur qui se trouvait à peu de distance de l'entrée d'un petit appartement qui se nommait la Salle-des-Princes, et que, paraît-il, le prince de Conti aimait beaucoup, soit pour se préparer dans ses chasses, soit pour se reposer après s'y être fatigué dans les bois voisins.

Le prince de Conti était aidé, nous a-t-on assuré, par trois hommes de confiance qui paraissaient lui être attachés : le premier se nommait Maur Desens, de Mérard, qui était le piqueur de ses chasses; les deux autres se nommaient Quesmoy, dit Chérubin, et Guillaume Huc, né dans le Pas-de-Calais, province artésienne.

Quesmoy-Chérubin s'est marié à Mouy, et il y existe encore un de ses descendants.

Le prince de Conti étant décédé le 2 août 1774, Louis XVI, qui était monté sur le trône depuis le mois de mai de la même année, fut appelé à recueillir sa succession et en prit possession immédiatement.

On sait que la nation française s'étant emparée de toutes ses propriétés, ainsi que nous l'avons déjà exposé, ces potences durent bientôt disparaître.

Les seigneurs qui les possédaient n'avaient de résidences particulières que celles que nous avons fait connaître.

Cependant il existait à Bury un petit appartement que nous avons indiqué et duquel on a tiré parti en le transformant en plusieurs logements de la plus grande simplicité.

Inutile d'ajouter qu'en leur qualité de princes, les Bourbons étaient seigneurs à *franc-alleu*.

§ III.

Sur les religieuses de Damaslieu, de l'ordre des Ursulines.

Considérées comme seigneurs de Bury, les religieuses de l'ordre des Ursulines, qui ont possédé un domaine et un cloître sur le territoire de cette commune, centre de la plaine de Damaslieu, doivent trouver place en ce chapitre, quoique nous en ayons déjà parlé à la page 14, chapitre Ier.

Il y a lieu de croire que ce couvent existait dès les premiers siècles de notre ère, si ces religieuses étaient bien réellement les successeurs de Ssinte-Ursule que les Huns paraissent avoir martyrisées à Cologne (Allemagne) ; mais la date de cet événement nous reste inconnue. Dans cette situation, nous ne pouvons croire qu'une chose, c'est que les religieuses de l'ordre de Sainte-Ursule possédaient réellement le domaine et le cloître, dit de Damaslieu, à l'époque ou ils furent aliénés comme biens de mainmorte par la nation française, vers l'année 1794.

Quant aux Huns, on sait que parmi ce peuple barbare et nomade beaucoup s'éloignaient de leur pays, se dirigeaient vers l'Allemagne, et qu'ils purent faire de sainte Ursule une martyre dans les alentours de Cologne, avant de venir chez les Gaulois à l'époque de l'éloignement des Romains.

On ne sait pas précisément quels étaient les privilèges attachés à la seigneurie des Ursulines de Bury.

Après notre exposé sur chacune des seigneuries qui ont fixé leur point central sur Dury, chef-lieu communal, viennent celles dont le siège s'est fixé sur Boizicourt, Mérard et Dury-Saint-Claude, qui sont autant d'annexes de Bury.

§ IV.

Seigneurie de Boizicourt.

Boizicourt-les-Bury est un hameau sur lequel nous avons obtenu des documents aux archives de la préfecture de Beauvais, plus développés que ceux existant à la mairie de Bury, sur le domaine seigneurial de ce lieu.

Le possesseur de ce domaine était, au XIV° siècle, le chapitre de l'église collégiale de Notre-Dame-du-Chastel, de Beauvais.

Cette possession remontait évidemment à une époque plus reculée, puisqu'il résulte d'une convention faite entre ce chapitre et Jean Baril de Mouy, que le domaine de Boizicourt était en la possesion des Dames du Chastel antérieurement au mois de février 1392, date des stipulations dont nous parlons.

Cet acte fut suivi d'un contrat passé devant Pierre Baillet, tabellion à la prévôté d'Angy, le 26 février 1402, entre le même chapitre et Jean-Philippe Baril frères, suivi de baux et de constitution de rentes foncières, depuis 1402 jusqu'en l'année 1066, contrats qui se trouvent réunis et qui font l'objet d'une liasse particulière.

Cette possession se fait remarquer par des baux accordés pour diverses parcelles de terre qui paraissent être le complément ou des additions faites du domaine dont nous parlons par voie d'acquisitions de parcelles de terres labourables et de prairies. Il est évident que ces parcelles de terre et prairies ne dépendaient pas originairement du domaine de Boizicourt, quoique le tout fût aliéné dans son ensemble comme bien de main-morte, vers l'année 1794.

A l'une des principales entrées de la ferme du domaine se voit encore maintenant le pied d'un ancien calvaire. A deux cents mètres environ de cette ferme, sur un terrain élevé nommé la Justice, ont été placées trois potences par lesquelles on faisait connaître que trois seigneurs avaient des droits féodaux à exercer sur les lieux mêmes, et qui étaient connus à Boizicourt, ainsi que dans les localités voisines. Les Dames de Chelles étaient considérées comme seigneurs privilégiés, en leur qualité de principales possesseurs du domaine.

Après elles, il fallait reconnaître le prince de Conti, comme seigneur priviligié pour son franc-alleu, et enfin l'évêque de Beauvais, par son titre de comte diocésain (1). Tous du reste étaient possesseur d'immeubles sur le territoire du bourg de Bury, et avaient, paraît-il, les droits de haute et basse justice.

---

(1) On sait que les évêques de Beauvais eurent longtemps la seigneurie temporelle du comté, qui remontait aux Carlovingiens.

La tradition veut aussi que le chapitre des dames de Chelles eût une retraite sur un point isolé du domaine : ce qu'il y a de certain, c'est que Thomas Delamarre fut pendant de longues années le fermier et le receveur du domaine de Boizicourt, et en même temps celui de l'évêque de Beauvais, qui était alors le cardinal de Gévres, seigneur de Bury, de Mérard et de Boizicourt. Pierre Delamarre son fils lui succèda en 1757.

Boizicourt est situé à peu de distance de Mérard, où il existe une chapelle qui paraît être commune entre les deux hameaux. Il se trouve aussi à Mérard un instituteur dont l'école est fréquentée par les enfants de Boizicourt aux mêmes conditions que ceux de cette petite localité. Il en est de même d'un lavoir public.

On ne trouve à Boizicourt que huit maisons. L'historien Graves expose que Boizicourt dépendait du comté de Clermont ; mais il paraît être dans l'erreur sur ce point.

Le hameau de Brivois, contigu à celui de Boizicourt, n'a que le même nombre d'habitations, placées sans ordre dans les bois et séparées les unes des autres.

§ IV.

Seigneurie de Mérard.

Nous avons fait connaître nos premières impressions sur cette localité dans les chapitres qui précèdent celui-ci, avant de placer Mérard au rang des seigneuries de la commune de Bury. *(Voir les pages 3 et 4).*

Ce lieu est donc à nos yeux au nombre des anciennes seigneuries de ce point de l'ancienne province Beauvaisienne.

Cependant il a existé une chose sous l'ancien régime sur laquelle beaucoup d'hommes se sont trop pressés de faire disparaître dans les premières années de notre révolution française. Nous voulons parler d'une potence qui se trouvait placée sur l'un des bords du chemin d'Angy à Clermont, formant limite alors entre les terroirs de Mérard et d'Angy. Ce chemin étant en mauvais état, il ne pouvait servir de base dans les bornages. Mais nous pouvons affirmer aujourd'hui que cette potence servait comme autorité aux religieuses du couvent de Mérard, leur domaine s'étendant alors jusqu'au chemin de Clermont.

Les recherches minutieuses que nous avons faites dans plusieurs archives ayant confirmé ce que nous avons su découvrir sur les lieux mêmes, pouvant être considérées comme historiques, nous en ferons l'objet du paragraphe IV du chapitre IV.

L'origine de Mérard remonte donc, comme celle de Boizicourt, à la plus haute antiquité ; il y a lieu de croire que les lieux voisins sont de la même époque, et liés en quelque sorte par des rapports dus au hasard ou autrement,

Cependant la tradition veut que Mérard fut dans les premiers temps un village indépendant. S'il en a été ainsi, il faut croire qu'on n'y voyait que quelques chaumières isolées, habitées par des familles des VIII° et XIV° siècles, et le village ne put se former qu'à l'aide de Bury et d'Angy, c'est-à-dire vers le XIII° siècle.

Ce serait donc vers la fin du XIII° siècle que l'on aurait vu, à Mérard, les choses sur lesquelles nous allons présenter les preuves de son existence réelle, celle d'un couvent sur les lieux et la potence dont nous venons de parler.

Le couvent de femmes qui s'est établi à Mérard ne peut-être douteux. L'ancien cloître le prouve par toutes les traces qui en restent debout.

Parlons d'abord de la chose principale :

Du cloître entouré de murs, de la solitude des religieuses qui l'occupaient et qui avait pour entrée une porte cintrée placée à la hauteur de quatre marches en pierre. Au côté gauche de cette entrée se voit encore aussi un escalier en pierre pratiqué dans l'épaisseur du mur qui fait face au nord et qui, en faisant bosse en dehors, simule une tour montée au-dessus du premier étage du bâtiment où étaient évidemment les cellules des religieuses.

La distribution intérieure de ce couvent a dû disparaître à l'époque récente où on fit des travaux d'appropriation pour loger le fermier actuel du domaine. Ce domaine, on le comprend, a été vendu comme bien de main-morte à l'époque de la révolution de 1793 ; il est arrivé depuis peu d'années, par transmission gratuite, en la possession de l'hôpital civil et militaire de Clermont (Oise).

Cependant il reste encore une autre preuve, que nous appellerons vivante, de ce couvent ; c'est une pièce du rez-de-chaussée, qui a le droit de servir de réfectoire, parce qu'il s'y trouve une large et profonde cheminée, dans le fond de laquelle on a laissé un fourneau.

Cet endroit, qui sert aujourd'hui d'écurie, est voûté et est soutenu par des ogives qui traversent cette voûte de coins à autres.

Les croisées qui éclairent ce cloître sont de plusieurs dimensions et de diverses époques, placées irrégulièrement à son pourtour.

A côté de l'ancien réfectoire se trouve une porte par laquelle on entre dans l'enclos de 329 verges qui tient au couvent et qui reste encore fermé sur deux faces par des murs en pierres. Le couvent sert de troisième clôture, et la quatrième est le lieu par lequel on entrait dans un bois. Au-delà de ce bois se trouve la voirie qui, sur ce point, servait de limite au domaine. Cette voirie s'étend, en montant vers le nord, jusqu'à la rue Cléri. Elle reste de son état primitif, c'est-à-dire sans culture, comme dépendance du domaine.

A l'entrée de cette voirie, vers la rue de Bulte

(d'En-Bas maintenant), se rencontre actuellement une petite propriété, connue sous le nom de Courtil-Robert, indépendante de ce domaine.

La ferme de ce domaine était placée entre le couvent, la voirie et la rue de Bulte. Nous en parlons d'après les plans de Mérard qui existent aux archives du département de l'Oise, à Beauvais, et qui portent les dates de 1755 et 1758. Ils nous montrent aussi la chapelle de Mérard et une prison qui existait sur un terrain voisin, n'étant séparées que par un mur et le calvaire qui était placé sur le terrain de la chapelle. Toutes ces choses communiquées aux habitants les plus âgés du lieu révèlent ce qu'ils paraissent avoir entendu dire par leurs pères et en assurent l'exactitude.

L'historien Graves ajoute que cette chapelle est du XVe siècle, et les habitants de ce village affirment qu'ils la doivent à leur ancien couvent, aux frais duquel elle fut édifiée, aidé par quelques bienfaiteurs dont les noms sont inscrits sur l'obituaire qui est toujours dans leur église.

L'emplacement de la ferme est occupé par un groupe de maisons depuis les premières années du XIXe siècle et qui forme tout un côté de la rue Bulte. Ces maisons forment une ligne tournante et qui descend jusqu'au bout de cette rue.

On y remarque à la partie supérieure une petite place qui forme un trapèze, au centre de laquelle se trouve une croix en fer couronnant une colonne de pierre.

Toutes les maisons que nous venons de désigner ont été incendiées en 1835, et reconstruites dans le courant des deux années suivantes.

Sur le côté gauche de la rue d'En-Bas se touvent des terrains marécageux qui dépendaient du domaine et étaient traversés par le ruisseau d'Ansacq, que l'on désigne sous le nom de Foulandrot.

On y avait construit un moulin à farine qui dut être supprimé à la suite des débordements fréquents de son canal et occasionnés par la retenue des eaux pour donner plus de force à la rque, qui était placée sur une maçonnerie élevée pour les besoins de l'usine.

Il faut dire aussi que la nécessité de donner une autre direction aux eaux du rû dont nous parlons a déterminé la suppression de ce moulin, où ne voit plus que des restes indestructibles de la maçonnerie sur laquelle la roue à aube était placée, ainsi que la fosse dans laquelle cette roue jetait ses eaux.

Les eaux dont nous parlons, en s'éloignant de ce point de leur premier lit, traversent les bois de Mérard et arrivent plus directement à l'usine de Moineau.

En s'éloignant des prés humides et couverts qui viennent d'être désignés, vers le nord, on rencontre d'autres corps d'immeubles que ceux-ci et qui se nomment : *Sous les Granges de la Ferme*, *derrière la Maison du Coq* ou *Douce-Amie*, à peu de distance de la ferme. Ce sont des terrains de première qualité qui appartiennent maintenant en grande partie aux habitants de Mérard, à l'exception toutefois de ceux que nous venons de désigner particulièrement.

Tout ce que nous venons d'exposer sur Mérard est évidemment insuffisant pour en connaître l'origine.

Cependant la tradition veut que ce petit village fût pillé et brûlé au IX° siècle par les Normands.

Des fouilles faites sur un point de son territoire, il y a quelques années, ont bien prouvé que certains événements ont dû s'y passer; mais on n'a pu tirer que des conjectures sur l'époque à laquelle ces choses se sont passées. Ils prouvent cependant que l'origine de Mérard remonte aux temps les plus reculés de la France.

Mais revenons à ce qui fait l'objet principal de ce chapitre.

Il y a lieu de croire que le couvent de femmes de Mérard s'y est formé à la même époque, que les dames de Chelles ou du Châtelet de Beauvais devinrent possesseurs du domaine de Boizicourt, mais les preuves nous font défaut. Cependant la liste des établissements monastiques que M. Rendu, archiviste du département de l'Oise, vient de publier à Beauvais, nous autorise à exposer que le couvent de Mérard pouvait être une dépendance de celui de Clermont-Oise, de l'ordre des Ursulunes, comme celui dit de Damascelieu, de Bury.

On peut supposer que ces religieuses avaient le droit de haute et basse justice, puisqu'elles avaient sur les lieux ce que nous appelons un pénitencier, une potence, à l'extrémité de leur territoire, vers Angy, au lieudit le chemin de Clermont, et au pied de la chapelle du lieu, mais nous n'en avons trouvé aucune preuve.

Rien ne nous enseigne explicitement l'ordre disciplinaire dont ce couvent dépendait, et nous n'avons remarqué comme administrateurs du domaine que plusieurs membres de la famille Delamarre, de Bury, qui sont arrivés successivement jusqu'en 1790, à la ferme du couvent de Mérard, comme fermiers, et en même temps receveurs-comptables.

Quels étaient et quels sont encore les droits des habitants de Boisicourt sur la chapelle de Mérard, et sur quoi se fondent-ils pour envoyer leurs enfants à l'école de cette petite localité? Si ce ne sont que des usages, on ne peut que les louer, mais c'est tout ce que nous pouvons en dire.

Il n'y a, à Mérard, ni traces, ni souvenirs de la perception des droits relatifs à la féodalité.

§ V.

Dury—Saint—Claude.

Nous avons fait connaître cette annexe de Bury, à la troisième page de la notice particulière de cette commune.

Le lecteur y reconnaîtra des choses qui existent à Mèrard, comme à Dury, et qui mettent sous plusieurs rapports ces localités à la hauteur d'un certain nombre de petites communes du département de l'Oise.

Mais comme il ne doit être question en ce chapitre IV que des seigneurs de l'ancien bourg de Bury, nous devons y faire figurer ceux de ce hameau comme ceux de Bury même.

Nos documents les présentent dans les termes suivants :

Dury-Saint-Claude est situé à deux kilomètres de distance du centre de son chef-lieu communal, au sud-est.

Son premier seigneur fut, au XVI° siècle, Claude-de-Durand, favori du roi François 1er, auprès duquel il avait été fait prisonnier à la bataille de Pavie, le 24 février 1525, et de qui il obtint, en 1527, une gratification de six cents livres pour les pertes qu'il avait éprouvées dans les guerres d'Italie.

Ce seigneur fit don à ses vasseaux de Dury, de six verges de terrain sur lesquelles ils durent faire bâtir une chapelle, celle qui existe encore maintenant et qui fut mise sous le vocable de Saint-Claude, et il leur imposa des charges féodales, entre autres celles de faire moudre leurs grains au moulin seigneurial, sous peine de confiscation; il y ajouta celle d'apporter leurs vendanges au pressoir qu'il pourrait lui plaire d'établir.

Par bulle du 18 janvier 1639, le pape Urbain VIII accorde des indulgences plénières à ceux qui visiteraient tous les ans la chapelle de Saint-Claude, le jour de sa fête, depuis les premières vêpres jusqu'au coucher du soleil, et y prieraient pour la conservation de la paix des chrétiens, la conversion des hérétiques et l'exaltation de l'église.

Odet de Durand, son petit-fils, étant écuyer de l'écurie du roi, reçut du prince de Conti, en 1616, commission pour commander dans les château, ville et comté de Clermont en Beauvaisis, et pour lever une compagnie de cent hommes de pied et de trente cuirassiers pour y tenir garnison.

Après lui parut Antoine Durand qui avait épousé Catherine Volant. Après la mort de son mari, elle se qualifiait de dame de Bury, ce qui est constaté sur le registre des actes de l'état civil de la localité pour l'année 1675.

On lit dans l'acte de décès d'Antoine Durand, qu'il a été inhumé dans le chœur de l'église de Bury.

Henri de Durand, petit-fils d'Odet, fut maréchal-général de la cavalerie légère de l'armée de Catalogne.

Sa veuve vendit, le 13 janvier 1681, la terre de Thury à Jacques Delhommeau, dont le fils François était, en 1701, avocat général des eaux et forêts de France. Ce dernier céda la propriété de Thury et de Fillerval à Jean-Dominique Cassini, célèbre astronome. Ses descendants la possèdent encore.

On voit aussi sur l'un des registres des actes de naissances, baptêmes, mariages, décès et inhumations de Bury, pour l'année 1757, qu'Antoine de Durand, fils d'Antoine, a été baptisé en l'église de Bury.

Ces documents nous montrent Henri et Antoine de Durand, comme frères et seigneurs conjoints de Dury-Saint-Claude.

Après ces deux frères, se trouvent inscrits sur les mêmes registres la dame Madeleine de Durand, épouse de Pierre de Sorel, prenant les titres d'écuyer et de seigneur d'Huvy et de Dury-Saint-Claude, où il est décédé à l'âge de 88 ans, le 6 janvier 1733, et inhumé dans l'église de Bury, lieu de son domicile et de sa paroisse, laissant un enfant (1).

Madame de Sorel avait une sœur, qui a

---

(1) La dame de Sorel a pris aussi le titre de dame de Dury, à partir de l'année 1738.

épousé Etienne de la Fons, écuyer, seigneur de Dury-Saint-Claude.

On cite après les deux demoiselles de Durand que nous venons de nommer, messire de Charlecange, décédé à Dury-Saint-Claude, le 11 janvier 1786. Il avait pour garde-chasse Denis Martin, de la localité.

Le domaine de Dury-Saint-Claude fut vendu comme bien d'émigrés dans le courant des premières années de la révolution de 1789.

§ VI.

Le domaine d'Arcy a fait l'objet du paragraphe qui se trouve à la page septième.

Ne pouvant que répéter ce qu'il renferme, nous y renvoyons le lecteur.

§ VII.

Sur les Seigneurs fieffés.

Nous n'avons compté que deux seigneurs fieffés dans toute l'étendue du territoire de l'ancien bourg de Bury.

Le premier se faisait remarquer par sa grande singularité.

Nous voulons parler de Mgr de Montluc, ancien évêque de Valence (Drôme), qui a été possesseur du Fief cornu de Bury. Nous ajoutons, pour bien établir son identité, qu'il était l'époux d'une demoiselle de Pienne.

Nous avons donné sur ce fief des explications étendues à la page treizième, à laquelle nous renvoyons le lecteur.

Le deuxième fief trouvait sa raison d'être et sa possession dans le chapitre du prieuré de Bury. Il avait pour objet une prairie parmi celles qui existaient sur la partie basse du territoire de Bury.

Ces deux fiefs ayant été considérés, dès 1789, comme possessions seigneuriales, ont été abolis, à cette époque, pour en rendre la libre possession, en 1790, aux habitants de la commune.

Nous invitons nos lecteurs à se reporter au chapitre de l'histoire d'Angy pour se rendre compte des détails qui s'y trouvent sur les censives que les seigneurs de Bury pouvaient exiger des vassaux de cette localité.

CHAPITRE V.

Sur les événements qui furent provoqués par ceux de l'année, et qui ont fait l'objet du chapitre précédent. — Epoque de la Révolution française.

La France avait, dès l'année 1788, un secret pressentiment des dangers auxquels elle se voyait exposée, par suite des désordres qui existaient dans les finances de son gouvernement.

Mais une espérance trompeuse ayant disparu après l'assemblée des Etats-généraux du mois de mai 1789, on se vit tout à coup entouré de dangers réels et presque aussitôt au milieu d'une révolution inévitable.

Cependant à Bury, comme partout ailleurs, on ne voyait encore paraître que des délégués du gouvernement du roi Louis XVI, installés à Beauvais, pour se mettre en rapport direct avec les villes, les bourgs et les villages de la province Beauvaisienne, en vue de connaître la situation de l'esprit public.

Mais on voulait plus particulièrement établir un gouvernement nouveau, voir les choses de près, se choisir des hommes spéciaux et dévoués dans chaque localité, faire distribuer par leurs mains quelques secours dans les familles indigentes ; désigner des agents collecteurs nouveaux pour recueillir les revenus du roi, percevoir les droits féodaux suspendus et mis provisoirement en la possession du souverain partout où les anciens seigneurs avaient le droit d'en recueillir ; suspension qui fut bientôt suivie d'une loi par laquelle on enleva au souverain ces perceptions et tous priviléges (1).

Ce sont du reste des détails que nous abrégeons, le lecteur pouvant en trouver de plus étendus dans l'histoire de Mouy ; des choses qui s'appliquent à toutes les communes qui entourent celle de Bury.

Ces détails ont d'autant plus d'utilité que la commune de Bury avait toujours jugé à propos d'imiter son chef-lieu de canton toutes les fois qu'il avait été question de cérémonies publiques.

Bury organisa sa compagnie de garde nationale, dès l'année 1790, ayant alors M. Crouzet, pour agent municipal et ce que l'on appelait alors un conseil général.

De fréquentes réunions avaient lieu dans l'église, employée à plusieurs usages.

Cependant l'exercice catholique n'était point encore suspendu.

---

(1) Loi du 15 août 1790, qui supprime le régime féodal et la justice seigneuriale.

Légende des Maires.

Mais il en fut autrement en l'année 1792, et c'est alors que le clergé français dut se dessaisir des registres des actes de l'état civil de la commune, en les déposant à la mairie de leurs paroisses respectives, et que leurs églises furent interdites.

A M. Crouzet avait succédé M. Moison, comme agent municipal.

Le conseil avait élu l'un de ses membres pour remplir les fonctions d'officier de l'état civil, fonctions qui subirent de grands changements à Bury, comme en beaucoup d'autres localités pendant les premières années républicaines.

A M. Moison avait succédé, dès l'année 1793, le citoyen Desprez, ancien avocat, puis à ce dernier le citoyen Lemaire, propriétaire-cultivateur, puis M. Delamarre, ancien receveur-cultivateur (1).

M. Lemaire avait repris les fonctions de maire. Etant décédé dans l'exercice de ses fonctions en l'année 1826, il eut pour successeur Thomas Fourtin, cultivateur, qui fut

---

(1) Jusqu'en l'année 1790, toute la famille Delamarre avait pu être cumulativement fermiers et receveurs des seigneurs de Bury, Mérard, Boisicourt et Ansacq.

remplacé par M. Gris, propriétaire à Bury. Ce dernier eut pour successeur, après son décès, M. Pitre (Pierre), que M. Auvert père remplaça.

Puis M. Martin (Isidore).

Après lui, M. Sureau, son gendre, décédé en 1864.

Puis, enfin, M. Kiggen (Edouard), propriétaire, depuis le mois d'août 1864.

En remontant à la première époque de la révolution de 1789, nous voyons la France dans une situation inquiétante pour l'avenir, et bientôt après livrée à des excès effrayants et très-malheureux.

Les puissances voisines ayant remarqué cette situation voulurent en profiter.

Ce sont des choses sur lesquelles nous avons écrit quelques pages en les continuant avec abrégement jusqu'à l'époque actuelle dans l'histoire de Mouy, objet de notre premier travail.

Or, comme cette histoire et celle de Mouy doivent être comprises dans la même brochure, ainsi que d'autres notices, nous y renvoyons le lecteur.

CHAPITRE VI.

Propriétés communales de Bury.

PREMIÈRE PARTIE.

Toutes les constructions qui se trouvent à l'ouest de la place de Jorlin, se composent :
Des salles de la Mairie,
De l'habitation de l'Instituteur,
Des deux grandes salles, dites Ecoles de jeunes enfants des deux âges ;
D'une maison d'école pour les jeunes filles,
De l'église principale ;
D'un presbytère ;
De deux places publiques ;
D'un cimetière ;
D'un marais communal, non compris ceux des annexes ;
De lavoirs publics ;
De pompes à incendie ;
Du mobilier des lieux publics, non compris bien entendu ce qui est la propriété des instituteurs et institutrices.

DEUXIÈME PARTIE.

Ayant pour objet :
Les revenus certains que le budget fait connaître ;
Les rôles particuliers,
Plus les revenus éventuels
Et la surimposition annuelle produisant environ 1,300 fr., ressources sur lesquelles le Conseil municipal vote ses dépenses.

CHAPITRE VII.

Bureau de Bienfaisance.

On évalue de 800 à 900 francs les ressources de cet établissement de charité de la commune de Bury.

CHAPITRE VIII.

Faits divers.

Nous n'avons pas d'éphémérides à présenter à la fin de cette notice, les archives de Foulangues nous en ayant offert de toutes les époques, mais seulement quelques histoires qui se rattachent à Bury particulièrement et qui font connaître jusqu'où peuvent conduire l'exaltation et l'inconstance de l'esprit humain.

Il y a chez certains individus des idées auxquelles ils s'abandonnent sans réflexion. Deux exemples de cette nature se sont présentés à Bury pendant les années les plus orageuses de notre première révolution.

Ils s'appliquent à ceux qui se sont obstinés à faire inscrire leurs enfants, dans leur acte de naissance, sous les noms de *Liberté* et d'*Egalité*, ne voulant plus porter ni faire porter à leurs descendants leurs noms de famille, malgré les observations de l'officier de l'état civil qui était chargé de recevoir les déclarations et d'en dresser acte.

Aussi s'est-il présenté plus tard des occasions qui ont nécessité des formalités dispendieuses sans lesquelles *Liberté* et *Egalité* n'auraient pu profiter du bénéfice des successions de leurs auteurs.

Nous croyons devoir nous abstenir de citer les noms de famille des personnes dont il s'agit.

A la date du 23 avril 1710, on lit sur le registre des actes de mariages de la commune de Bury, dont Angy dépendait à cette époque, un acte du Prieur-Curé de Bury-Angy, par lequel il déclare qu'après toutes les publications et les autorisations nécessaires il a marié Philippe Capet, dit Clermont, fils de Philippe Capet, du diocèse de Clermont, et de défunte Marie Gondon, natif de Riom en Auvergne, diocèse de Clermont, cavalier dans le régiment de Duval, étant de présence à Angy, paroisse de Bury, d'une part, avec Anne Doxe, relevée de défunt Barthélemy Blot, demeurant audit Angy, d'autre part.

Ledit mariage contracté en la présence de témoins appelés par le prieur-curé de la paroisse de Bury-Angy, dont le nom est Lejeune.

Cette histoire provoque une réflexion morale qui est suscitée par la rédaction de cet acte de mariage.

FIN DE L'HISTOIRE DE BURY.

ANSACQ.

NOTICE
sur la commune d'Ansacq.

Ansacq, Ansacq (Ansacum, Ausaccum), Ensac.

CHAPITRE Ier.

Sur la situation topographique du lieu, y compris l'écart de Plessier-Bilbaut.

Cette commune est située entre celle de Thury au nord-ouest, Angy à l'ouest, Bury au sud-est, et Mouy, son chef-lieu de canton, au sud. Le Plessier-Bilbaut est au nord de la commune, appuyé sur l'un des points de la forêt de Hey.

Son territoire de forme ovalaire s'étend sur la plaine jusqu'à la forêt de Hey et dans la direction de Cambronne. Le côté opposé trouve sa limite entre Mérard, l'une des annexes de Bury et Angy.

Dans cette enceinte, l'ancienne seigneurie d'Ansacq se trouve enveloppée.

L'ensemble est d'une étendue de huit cent quarante hectares vingt-sept ares cinquante centiares, que nous ferons connaître plus loin.

Le village, placé dans un vallon, se divise en deux parties par une rue principale, dite de Clermont.

Il s'en trouve plusieurs autres qui se ramifient et dont les habitations sont placées à quelques distances les unes des autres.

Le vallon est garni de bosquets coupés par des voiries et des sources qui, en se réunissant, forment des lavoirs publics et composent un ruisseau que les habitants d'Ansacq nomment Foulandrau, et qui sert de moteur à deux usines qui sont à deux et trois kilomètres de leurs sources.

En suivant leurs pentes dans la direction de Mouy, elles passent tout près de la station du chemin de fer de Mouy-Bury, et vont à quelques mètres de distance de ce point jeter leurs eaux dans la rivière du Thérain.

La distance d'Ansacq à Mouy est de quatre kilomètres trois cents mètres en traversant le hameau de Mérard.

Ansacq est dominé à l'est, à l'ouest et au nord par des coteaux abruptes et couverts de bois : on ne peut rien apercevoir de ce village lorsqu'on se trouve au delà de ces pointes boisés, et réciproquement.

Les habitants d'Ansacq éprouvent aussi des

difficultés ou des retards lorsqu'ils ont besoin de gravir ces coteaux et de traverser ces bois couverts et fangeux, pour se rendre à leurs travaux des champs ou voyager vers la ville de Clermont, leur chef-lieu d'arrondissement.

Mais il n'en est pas ainsi quand leurs besoins les appellent à Mouy, ce qui arrive chaque jour à beaucoup d'entre eux pour y travailler, parceque de ce côté, ils n'ont qu'un chemin facile à parcourir.

CHAPITRE II.

Origine du village.

On ne peut douter que l'origine de cette localité remonte à la plus haute antiquité, puisque bien des choses attestent que les Romains durent s'y arrêter avant que les Normands ne vinssent la détruire au IX° siècle, en même temps qu'Angy, Mérard, Bury et Balagny.

Il y a lieu de croire aussi que ce village put renaître de ses cendres, nous voulons dire qu'il a pu être reconstruit après l'œuvre destructive des Normands, sur son emplacement primitif, mais sans ordre et sans prévoyance, comme on peut en juger, par les quelques maisons de l'écart du Val et celles qui se trouvent moins éloignées du centre du village. Il existe à Ansacq une rue principale dont les habitations se touchent et semblent s'appuyer les unes sur les autres jusqu'au point où on se trouve en face de l'église. Là, se rencontre un point divergent; on remarque, à gauche, quelques maisons qui semblent être la continuation de la grande rue, elle porte le nom de rue d'En-Haut et conduit sur la plaine et au village de Cambronne, puis à Clermont. Une troisième rue tortueuse prend naissance au point de rencontre des deux premières et de l'église ; elle porte le nom de Francru, nom picard qui peut dériver de Franche-Rue, ainsi que quelques habitants du lieu le supposent. Cette rue, Franque-Rue ou rue Franche, n'est proprement dit qu'une impasse, où les habitations se trouvent placées sans ordre et sans alignement. Il existe aussi un autre chemin qui conduit à l'écart du Val dont nous avons déjà parlé. On se rend bien compte du reste de la situation des lieux en examinant dans tous ses détails le plan général des communes du canton de Mouy, qui a été levé en l'année 1835, à l'occasion du cadastre et de la statistique de ce canton.

Lucien Martin, l'un des habitants du Val, et Adolphe Pillion sont deux enfants de la localité. Celui-ci est propriétaire d'un corps d'immeubles dans lequel il a trouvé, en cultivant son terrain, d'anciennes constructions, au lieudit le Val, et cinq bières en pierre dure. Il en a extrait un vase en terre noire, des ossements humains, une armure où pendait encore un ceinturon avec une boucle en cuivre et une pièce de monnaie ou médaille dont il n'a jamais connu l'origine ni les inscriptions qui se trouvaient sur les deux faces de ladite pièce, parce qu'il l'a remise immédiatement, avec l'armure et son ceinturon, à M. Ledicte Duflot, alors président du tribunal de Clermont. Cet Adolphe Pillion, fils de feu Claude, croit que son terrain était originairement le cimetière du village et que l'église s'y trouvait également.

Ces détails confirment les renseignements que plusieurs habitants de ce village nous avaient donnés primitivement. Il est du reste évident que le pillage des Normands, au IXe siècle, a causé la destruction de plusieurs maisons qui n'étaient pas placées au centre du village ; ce qui paraît se confirmer par les ustensiles de ménage qu'on a trouvés en établissant les fondations de nouvelles constructions.

On remarque aussi avec intérêt, en lisant l'ouvrage et le plan cadastral, tous les détails qui s'y trouvent, sur la nature variée à l'infini des 840 hectares 27 ares 50 centiares, dont le territoire de la commune d'Ansacq est composé, savoir :

	Hect.	ares	cent.
En Terres labourables.....	682	37	15
— Jardins potagers	3	71	55
— Bois..................	23	17	05
— Vergers et pépinières...	4	38	75
— Oseraies et aunaies.....	21	12	40
— Friches, carrières et marnières...........	66	85	95
— Pâtures................	»	58	60
— Marais.................	6	75	70
— Prés et eaux...........	10	62	85
— Routes, places et chemins	16	29	45
— Propriétés bâties........	4	38	05
Total.......	840	27	50

CHAPITRE III.

Sur les Seigneurs d'Ansacq.

Dans le XVe siècle, sous le règne de Louis XII, dit le père du peuple, et celui de son prédécesseur, la seigneurie d'Ansacq appartenait à Pierre Popillon, chevalier de Boubonnois, secrétaire du duc de Bourbon, puis du roi François 1er. Le sire Popillon possédait un autre domaine au village voisin de Cambronne.

Ce prince lui donna, nous dit l'histoire, par lettre du mois d'août 1520, le droit d'établir deux foires dans son domaine : l'une, le 24 septembre, et la seconde le jour de la conversion de saint Paul (1). Lorsqu'on eut le dessein d'arrêter le connétable Charles de Bourbon, on se saisit de Pierre Papillon, son ancien secrétaire,

---

(1) La tradition n'a conservé aucun souvenir que des foires fussent tenues à Ansacq ; le village n'offrant d'ailleurs aucune des conditions qui pussent assurer le succès de ces marchés publics. On n'y voit annuellement qu'une fête patronale dont nous parlerons au chapitre suivant.

qui fut interrogé, à Blois, par le chancelier et enfermé à la Bastille, où il mourut en 1524.

La famille reçut la permission de faire inhumer son corps à Ansacq, ce qui ne paraît pas avoir eu lieu.

Les terres de ce seigneur passèrent, paraît-il, dans le XVI° siècle, des Popillon à Antoine Guyot, président à la chambre des Comptes.

Cependant l'historien Graves expose, dans son ouvrage de l'année 1835, que ces terres dépendaient en partie de la Baronnie de Mouchy-le-Chatel, le reste étant du comté de Clermont. Il doit en avoir été ainsi, puisque après avoir été vendues par la République, en 1794, comme biens d'émigrés, M. le duc de Mouchy crut devoir rentrer en possession des droits de ses auteurs en les rachetant, il y a peu d'années, de celui qui s'en était rendu adjudicataire en l'année 1794.

CHAPITRE IV.

Seigneurie de Plessier-Bilbaut.

On nous montre aussi la seigneurie de Plessier-Bilbaut, écart d'Ansacq, comme ayant appartenu dans le XIVe siècle à la maison de Trie. Renaud II de Trie, maréchal de France, qui en aurait été le possesseur en 1313.

Son neveu, Jean de Trie, surnommé Bilbaut, fut de la ligne de la branche des seigneurs du Plessier, qui s'éteignit en 1410.

Le Plessier-Bilbaut n'est plus, nous l'avons dit, qu'une ferme isolée devenue propriété particulière, qui dépend de la commune d'Ansacq.

Son cachet d'antiquité frappe au premier aspect; une porte cochère et une grosse tour qui lui sert de point d'appui et de moyen de défense, car ces lieux sont sur un point isolé et touchent à la forêt de La Neuville-en-Hez. L'habitation est une chose tout claustrale des XIIIe et XIVe siècles, ainsi que l'ancienne et vaste chapelle qui y fait face, servant de grange depuis bien des années; l'ancien portail en a été supprimé, mais le chœur qui y fait face se reconnaît encore facilement, tant par la forme de ses croisées latérales que par la grande croisée bouchée qui se voit à la partie supérieure du pignon de l'est.

Les quelques chaumières qui avaient été élevées à peu de distance du lieu principal ont toutes été démolies : l'exploitation rurale qui s'y trouvait ayant perdu de son importance et permettant au fermier actuel de suivre ses travaux, sans autres secours que ceux de sa famille.

D'autres seigneurs, non moins puissants que ceux que nous avons cités, ont exercé sur ce domaine des priviléges. Ce sont les princes de Condé et de Conti, quoique leur domaine ne paraissent consister qu'en quelques parcelles de terre et en un moulin à farine, dont le moteur fut ce qu'on appelle à Ansacq, le Foulandrau : ces privilèges pouvaient en effet s'exercer par ces princes par leur franc alleu.

CHAPITRE V.

Sur le château d'Ansacq.

Il y a eu à Ansacq un château-fort, commandé par un lieutenant qui était sous les ordres de celui qui commandait à Mouy. Ce château, disons-nous, forme encore actuellement un écart du village, vers le midi, dans la vallée; il en reste encore bien des traces qui sont des preuves de son ancienne existence et qui, à ce point de vue, ont quelques raisons d'être, car les fortifications, dont les historiens des temps passés ont parlé, ont en partie disparu pour faire place à des constructions nouvelles, dont la nécessité s'est fait connaître pour faciliter la grande exploitation de culture qui s'y fait de nos jours.

Du reste, il paraît que ces fortifications avaient été déjà en grande partie écrasées dans les premiers temps de la ligue; mais les anciens murs du parc n'ont totalement disparu que des puis peu de temps.

Le nom d'un homme seul est resté gravé dans la mémoire des habitants d'Ansacq et des lieux voisins : nous voulons parler du cardinal

Mazarin, qui paraît être venu se retirer dans ce château pendant que la Fronde s'irritait à Paris contre son gouvernement, sous la minorité de Louis XIV, dans les années 1651 et 1652.

L'examen des lieux dans l'état où ils se trouvent actuellement peuvent encore faire l'objet d'une description d'autant plus intéressante que l'on peut juger de leur état primitif. Les fossés qui entouraient la forteresse ont été comblés à l'époque des travaux d'appropriation qu'on a dû faire sur les lieux pour les mettre à leur usage actuel ; mais les traces du pont-levis qui servait d'entrée n'ont point disparu, puisqu'on a laissé de chaque côté de ce pont en bois ferré les deux bras montants à charnières dans lesquels ce pont venait s'enclaver lorsqu'on le levait pour empêcher l'entrée du château ; ces charnières se trouvent encore scellées dans la maçonnerie du fort. On connait le mécanisme au moyen duquel on baissait et on levait ce pont.

Sous cette première partie du château se trouvent encore les casemates, qui servent maintenant de caves ; à chaque bout de cette partie du vieux château se montrent aussi deux tours peu élevées.

Derrière elles, mais séparées par une cour à hautes murailles, il existe une autre grande construction qui est flanquée de deux grosses tours plus élevées que les autres. Au-dessous de l'une d'elles se trouve une fosse à laquelle on donne les noms de cul de basse-fosse e d'oubliette.

Ce dernier bâtiment est percé, sur le derrière, de meurtrières qui sont restées dans leur état primitif.

On a aussi conservé dans l'intérieur de l'habitation, qui est maintenant celle du fermier, le plus possible de ses anciens ornements gothiques.

Au pied de l'ancien fossé du levant se laisse voir la porte d'entrée d'un ancien chemin couvert, qui a une largeur de trois mètres environ sur une hauteur de deux mètres cintrés et solidement maçonnés. Cette entrée de chemin couvert sert au fermier de dépôt pour ses récoltes de légumes de toutes espèces et de betteraves, sur une profondeur de 12 à 15 mètres, ce qui ne peut permettre de s'étendre au-delà à cause de l'éboulement de la voûte, ce qui ne permet pas de savoir jusqu'à quel point ce chemin pouvait conduire.

Il parait aussi qu'une partie du sol qui se trouvait en dehors du château proprement dit était couvert de bois, ce qui formait un parc entouré de murs.

Nous ne parlerons pas des granges qui ont augmenté l'importance de cette belle propriété devenue pour une partie le patrimoine de M. le duc de Mouchy, depuis l'année 1848.

CHAPITRE VI.

Sur l'église de la localité.

Cette église est située sur un point tellement élevé qu'on n'y arrive par son portail qu'après avoir gravi les vingt marches d'un escalier placé au niveau déjà élevé de la grande rue d'Ansacq, sans donner à l'édifice un intérieur exempt d'humidité, état sanitaire, qui, joint à la plus grande simplicité de son ornementation et à l'insuffisance des croisées, donnent à cet intérieur un aspect des plus tristes.

L'humidité qui y domine peut-être attribuée, en partie, au cimetière qui entoure l'église et dont le sol étant plus élevé que celui de l'édifice peut influer sur l'insalubrité de cet intérieur.

Cependant le monument de ce village est digne de remarque, et il y a lieu de croire que, si les ressources du budget de la commune ne faisaient pas défaut, ainsi que le chapitre suivant le fera connaître, les habitants de la localité auraient déjà fait changer cette situation.

Cette église a la forme d'une croix, la nef est

élevée et obscure, parce qu'elle n'est éclairée que par trois petites croisées étroites et arrondies. Cette nef paraît être la partie la plus ancienne de l'édifice ; on y a ajouté cependant une travée au XV° siècle. Le chœur, bien élevé est, croyons-nous, de l'époque de la transition. Ses larges arcades sont peu anguleuses ; les fenêtres sont hautes, étroites, arrondies et entourées d'un cordon, celle du maître-autel est une ogive tertiaire. Les voûtes sont armées de triples boudins croisés portant sur des colonnes fasciculées à long fût. Une colonne isolée règne dans les angles rentrants des transepts.

On remarque quelques restes de vitraux peints à la partie supérieure de la croisée qui est derrière le grand autel; ils représentent le mystère de la Sainte-Trinité. Il s'y trouve aussi un fragment du baptême de Jésus-christ.

Le portail est aussi assurément de l'époque de la transition ; il a trois voussures, dont deux cannelées sont chargées d'ornements et dont l'extérieur est formé de zigzags; un cordon de têtes de clous entoure l'ensemble ; les arcades retombent sur les colonnettes à chapiteaux sculptés en figures monstrueuses; la colonnette extérieure de chaque côté est dessiné en zigzags. Le clocher est central, recouvert en charpente.

Nous l'avons dit, l'ornementation de cette église ne mérite aucune description. Le temps et l'humidité ont tellement altéré les quelques peintures qui se trouvent encore dans leurs cadres sans couleur, qu'il est impossible d'y reconnaître leurs sujets. Les bancs en chêne qui garnissent la nef n'ont pas pu conserver leur aplomb et cependant cette nef est garnie de dalles. La place publique qui se trouve au bas de l'escalier par lequel on monte à l'église n'est connue dans le village que sous le nom de *Carcan*, ce qui semble rappeler le lieu où le principal seigneur de la localité infligeait à ses vassaux les punitions méritées par ses jugements. A peu de distance de ce lieu se trouvait et se voit encore la grande porte par laquelle on se rendait au pressoir banal.

CHAPITRE VII.

Sur la cure du lieu.

La cure d'Ansacq, sous le vocable de saint Lucien, était à la nomination du chapitre de la cathédrale de Beauvais, depuis avril jusqu'au mois de novembre, et à celle des chanoines de saint Barthélemy, pendant les quatre autres mois de l'année. Elle avait été donnée, en 1037, à la collégiale de Saint-Barthélemy, par Hilon, chapelain de Beauvais, son fondateur.

Cette paroisse a été desservie par les prêtres dont les noms suivent :

Le premier, de tous ceux qui paraissent y avoir été envoyés, se nommait l'abbé Baudart, qui fut installé dans l'église en l'année 1627.

Nous avons eu lieu de remarquer cependant que la première note qui a tenu lieu d'acte de l'état civil remonte à l'année 1600.

Au curé Baudart aurait succédé l'abbé Trévillet, de Ploncourt ; il aurait été installé en l'année 1718, ce qui fait supposer que son prédécesseur serait décédé à l'âge de 90 à 91 ans.

L'abbé Mignot (Jacques) serait arrivé à Ansacq en l'année 1725, comme successeur du curé

Trévillot, et l'abbé Denisart serait arrivé dans cette commune en 1785.

Il est démontré que ce dernier traversa les années les plus dangereuses de 1792 à 1795, sans inquiétude et sans danger, en acceptant les fonctions de maire, qu'il sut remplir avec dignité, tout en continuant ses fonctions sacerdotales. Remplacé dans ses fonctions municipales en l'année 1794, il continua à desservir ses paroissiens jusqu'au 18 mars 1818, époque de son décès, et fut inhumé sous le porche de son église.

Il existe dans le chœur de cette église, appliqué sur un mur, un obituaire, c'est-à-dire une liste des bienfaiteurs de la commune, au nombre desquels on remarque, par ses dons généreux, Jean Crouzet, décédé en ce lieu, le 13 juillet 1687, à l'âge de 91 ans.

CHAPITRE VIII.

Administration de la commune et ce qui s'y rattache.

Ce qu'il nous reste à dire au point de vue de l'histoire de cette localité n'offre pas le même intérêt que ce qui a fait l'objet d'ensemble des sept premiers chapitres.

Celui-ci se bornera à montrer la situation intérieure de la localité, sur les choses qui n'ont point encore été exposées.

Le village se compose de 220 habitants s'occupant en grande partie de l'exploitation de leurs affaires particulières, et c'est dire qu'ils sont presque tous cultivateurs, jardiniers, bucherons, maçons, etc.

Il s'y trouve cependant quelques familles d'ouvriers proprement dits, qui se rencontrent chaque jour à Mouy, dans les ateliers où se fabriquent des étoffes, ou dans les usines à filer la laine.

Or, comme il n'existe pas à Ansacq de véritables indigents, cette commune a été dispensée jusqu'à ce jour d'avoir un bureau de bienfaisance.

Son conseil municipal s'est vu cependant dans la nécessité de venir en aide à plusieurs familles laissées sans ouvrage pendant les deux années qui viennent de s'écouler (1870-71), par suite des événement malheureux que la France a dû supporter jusqu'à ce jour ; secours que ces administrateurs municipaux ont dû s'imposer, à défaut de ressources budgétaires.

Le budget annuel de cette commune s'établit ainsi que nous allons l'expliquer :

Les dépenses ordinaires de cette commune s'élèvent, parait-il, à la somme de quatre mille francs au moins, dont une grande partie est forcément employée à l'entretien ces chemins et des rues qui sillonnent le territoire de 840 hectares de ce petit village.

Les ressources de cette commune consistent en une somme de revenus fonciers s'élevant à 80 fr. et des rôles particuliers qui offrent peu de ressources dans une population de 220 habitants.

Bref, le village est obligé (c'est-à-dire son conseil municipal, à l'aide des plus hauts imposés), de voter chaque année une grande partie des centimes facultatifs, pour balancer les recettes avec les dépenses d'un budget dont l'autorité supérieure ne peut refuser l'approbation.

Telle paraît être la situation des choses dans l'intérieur de cette localité. Il ne nous reste plus en quelque sorte que quelques mots à exprimer sur celle privée du lieu.

Les mœurs et les usages des habitants d'Ansacq sont simples, parce qu'étant presque exclusivement occupés de leurs travaux agrestes ils ne peuvent avoir d'autres idées que celles-là, ni d'autres désirs que de voir leurs petites exploitations prospérer.

Cependant ils reconnaissent le prix de l'instruction élémentaire pour leurs enfants, puisqu'ils ne négligent pas de les envoyer à l'école de leur village et de les confier à un instituteur qui sait les diriger et obtenir la confiance de toute la population.

Légende de MM. les Maires de la commune d'Ansacq.

MM. L'abbé Denisart, en 1791.
    Batteau.
    Descouleurs Denis.
    Delamarre.
    Descouleurs fils.
    Darcaigne.
    Bateau fils.
    Descouleurs jeune.
    Et Caffin (Amédée) père.

FIN DE L'HISTOIRE D'ANSACQ.

CAMBRONNE.

NOTICE

sur la commune de Cambronne.

CHAPITRE Ier.

Sur sa situation topographique. — Son église et ce qui s'y rattache.

§ Ier.

Cambronne-lès-Clermont, Cambronne, Camberona, Cambariacum, est situé entre Neuilly-sous-Clermont, au Nord, Ansacq et Bury, à l'Ouest, séparé de ces deux localités par une plaine de la plus grande étendue (1). Vers le Sud-Est, se trouve le canton de Liancourt, coupé par la route départementale de Noailles, à Catenoy, dont nous avons parlé.

---

(1) La plaine qui sépare les trois localités, a environ 18 à 20 kilomètres de circonférence.

§ II.

Au centre de la partie agglomérée de la commune de Cambronne, se fait remarquer une église qui est maintenant le chef-lieu d'une succursale embrassant les villages de Neuilly-sous-Clermont, d'Auvillers et Rousseloy.

Cet édifice, placé sur le point culminant de la commune, et dont le clocher en pierre, de style roman, est à huit faces et à deux étages. Il est par lui-même très-élevé, s'apercevant de tous côtés, à de grandes distances du village. L'édifice, répétons-le, est remarquable par son architecture ; il est sans transept, mais il présente un développement de 42 mètres sur 14 mètres de largeur. Ce clocher est moins large à sa base que le reste de l'église, qui parait être de construction postérieure.

Le chœur est plus élevé que la nef. Les piliers, les chapiteaux et les croisées sont décorés d'un grand nombre de modillons à dents de scie, de colonnettes et d'ogives.

Le principal autel, dédié à Saint Etienne, est à la romaine ; il s'en trouve cinq, dans les collatéraux.

Une inscription, tracée sur une pierre, dans l'intérieur de l'église, nous apprend « que
« sous le pontificat de Grégoire IX, Henri
« étant métropolitain de Reims, sous le règne
« de Saint-Louis et sous Alphonse, époux de

« Mathilde, comtesse de Boulogne, Guerrique,
« étant curé de Cambronne, l'an douze cent
« trente-neuf, au mois de décembre, jour de
« la fête de Saint-Bénoit, ce temple a été dédié
« à Saint-Etienne, par Robert, évêque de Beau-
« vais. »

Matilde ou Mahaut II du nom, avait épousé en premières noces, Philippe de France, dit Hurepel, fils de Philippe-Auguste, et comte de Clermont; Alphonse, son second mari, fut roi de Portugal. L'évêque dont nous parlons parait être Robert de Cressonsacq, qui mourut en 1248, en la terre sainte, où il avait accompagné le roi Louis IX.

L'église de Cambronne, vue sous toutes ses faces, nous a paru digne d'être mise au nombre des monuments historiques de France; cependant, il paraît qu'il n'en est point ainsi, à en juger par le triste état d'entretien dans lequel ce bel édifice se trouve depuis un certain nombre d'années.

L'état de dépérissement dans lequel on le voit, tant à cause de l'humidité qui y contribue puissamment, au point de vue architectural, que sous d'autres rapports, est tel, que l'on se croit dans l'impossibilité, sans doute, de faire face aux dépenses qui seraient à faire maintenant pour sa restauration.

A nos yeux, le clocher seul paraît avoir des piliers assez forts pour supporter les mouvements des trois belles cloches qui y sont suspendues.

Son ornementation laisse aussi tout à désirer.

La date de 1239, que nous avons tracée à la page précédente, n'est pas celle à laquelle on puisse s'arrêter pour connaître l'origine du village ; nous en parlerons au paragraphe 4 de ce chapitre.

§ III.

Ayant pour objet la légende des prêtres qui ont desservi la paroisse de Cambronne.

Le premier curé de Cambronne se trouve désigné dans l'inscription rapportée à la page précédente, sur l'origine de l'église, comme y ayant rempli les fonctions sacerdotales et comme premier prêtre du lieu :

1° Le curé Guerrique, de l'année 1239 à 1291 ; mais ses successeurs sont restés ignorés jusqu'au commencement du XVII° siècle.

Un livre particulier nous a désigné :

2° L'abbé Dodart........ de 1609 à 1627 (1).
3° — Maime........ de 1627 à 1628.

---

(1) Cette année 1609, est remarquée à cause d'une peste qui aurait fait de nombreuses victimes dans le village. Cette année est celle par laquelle on a commencé à Cambronne, à écrire en langue française, les actes de naissance, de mariage et de décès.

4° L'abbé Leguay .... de 1628 à 1661.
5° — Leuillet .... de 1661 à 1662.
6° — Ricouart ...... de 1662 à 1711.
7° — Poilleu .... de 1711 à 1752.
8° — Villain (Claude) de 1752 à 1763.
9° — Langletz ...... de 1763 à 1787.
10° — Delarue-Delépinoy 1788 à 1804.
11° — Regner .... de 1804 à 1806.
12° — Moinel .... de 1806 à 1837.
13° — Bulard .... de 1837 à 1850.
14° — Olivry .... de 1850 à 1853.
Et 15° — Loire depuis 1853.

Nous croyons devoir ajouter que dès l'année 1609, les actes de naissance et baptême, de mariage, décès et inhumations étaient et ont toujours été tenus avec soin et en caractères lisibles, dans cette localité.

L'église reste entourée de son cimetière ; à son centre se fait remarquer un calvaire placé sur un monticule autour duquel on a formé un escalier de huit marches, par lequel on arrive au pied du piédestal sur lequel une colonne en pierre est placée, et surmontée d'une croix aussi en pierre.

Des travaux d'architecture et de sculpture se font encore remarquer, malgré la mousse qui couvre une grande partie de cette espèce de monument expiatoire, dont l'origine paraît remonter à celle de l'église, et dont les matières paraissent être pareilles à celles du clocier.

§ IV.

Nos premiers regards s'étant fixés sur l'église de Cambronne en y arrivant pour recueillir quelques documents sur l'histoire de ce village, l'aspect entraînant de cet édifice placé à son centre, nous ayant fait entrer sans autres préoccupations que celles de voir les lieux, d'en faire la description, ainsi que celle de voir également les choses s'y rattachant comme service ou autrement, pour éclairer le lecteur.

Mais nous nous aperçumes bientôt de notre écart; cependant nous crûmes presqu'aussitôt pouvoir laisser les choses dans l'état où nous venions de les placer en substituant le chapitre II au chapitre Ier.

CHAPITRE II.

Sur l'origine de Cambronne présenté dans son ordre chronologique.

§ Ier.

Le lecteur n'a pas oublié qu'originairement et jusqu'en 1792, Cambronne faisait partie du comté de Clermont, et c'est sur ce point que nous provoquons l'attention du lecteur.

Charles Nodier, nous dit d'abord que comté s'applique à une terre qui en a le titre et à la personne qui la possède.

Malte-Brun page 4, Tome 2° du chapitre qui a pour objet l'histoire du département de l'Oise, expose sous les règnes de Pépin-le-Bref et de Charlemagne, que, pendant plusieurs années de paix et de prospérité, le repos public vint réparer les maux occasionnés par les guerres désastreuses, qui avaient, sans interruptions, désolé le pays pendant le cours de la première race, et que des gouvernements placés sous la surveillance des Légats et des Missi-Dominici furent donnés à diverses parties de l'empire, et que le département de l'Oise fut partagé en différents Pagi qui portaient les noms de leurs principales villes, et qui étaient administrés par des comtes et des barons; qu'ils n'étaient d'abord que de simples gouverneurs et représentants de l'autorité impériale ; mais qu'ils se rendirent indépendants sous les faibles successeurs de Charlemagne, et reçurent de l'un d'entr'eux (Charles le Chauve) en 877 la confirmation de leur usurpation et possédèrent alors des fiefs à titre héréditaire.

L'historien ajoute à la page 10°, avoir retracé les faits concernant le comté de Clermont, duquel dépendait un certain nombre de localités.

Pour le canton de Mouy, l'historien nous cite Ansacq partagé entre Clermont et Mouchy-le-Châtel, Auvillers, Cambronne, Hondainville et Thury-sous-Clermont. (1)

Malte-Brun termine son exposé sur Clermont, en déclarant avoir suivi ses lumières sur les comtés de cette ville, jusqu'à sa réunion dans la maison de Bourbon-Soissons.

Ce qui est postérieur à cette époque, paraît être étranger à ce qui nous occupe, et sur lequel du reste il n'y a plus qu'un mot à ajouter, pour faire voir que Cambronne existait réellement dès le IX° siècle, comme peu-

---

(1) Le lecteur remarquera que les terres les plus rapprochées de Clermont, furent toujours es préférées.

ple vivant par familles sur quelques lieux communs, sans distinction de rang ni de naissance, sachant seulement qu'ils avaient pour chef, un roi tout puissant, mais exposé aux attaques d'autres peuples ses voisins.

§ II.

La mort accidentelle et prématurée du roi Louis IV, dit d'Outremer, arrivée en l'année 954, fut suivie d'autres règnes sans importance, pendant lesquels, on ne vit que des querelles de familles, des guerres intestines, des normands pillards et destructeurs, et des seigneurs de fraîche date, dont l'ambition devenait chaque jour, moins tolérable.

C'est ainsi que l'on dut traverser cent cinquante années environ.

Cependant quelques écritures nous autorisent à faire remarquer que pendant ce laps de temps, tout le terrain qui figurait le territoire de Cambronne avait pu augmenter la population, au moyen des chaumières dont ce peuple toujours peu éclairé avait su se couvrir et s'abriter.

Ce qu'on appelait le village de Cambronne, était composé de cinq groupes qui étaient désignés comme ils le sont encore maintenant.

Au point central se trouve la commune de Cambronne, où se font remarquer les constructions anciennes et modernes, que nous ferons connaître bientôt, et dont quelques rues sont sans alignement; on y compte 250 habitants environ.

A deux kilomètres environ, dans la direction de Liancourt, se rencontre le premier hameau, qui s'appelle Ars, composé de cinquante habitations, soit environ deux cents âmes.

Sur un autre point, un autre hameau de la même importance que le premier, est connu sous le nom de Vaux-sous-Cambronne, parce qu'en effet il se trouve placé au-dessous du chef-lieu communal, dans un étroit vallon où les sources ne tarissent pas.

A quelques pas de distance de ce dernier hameau, il s'en trouve un autre de sept maisons du nom de Despoilleux, souvent caché par les bois qui l'entourent.

La cinquième partie de la commune de Cambronne est placée aussi sur le même terroir, mais adhérente au village de Neuilly-sous-Clermont, connue sous le nom de Commanderie; point qui a été détaché de son ancienne dépendance en l'année 1804, pour être annexé à Neuilly, et sur lequel nous offrirons quelques détails dans la notice spéciale sur la commune de Neuilly-sous-Clermont.

Un sixième écart est situé entre Vaux et Ars; il se nomme les Carrières et est composé de cinq habitations occupées par des ouvriers.

§ III.

Des titres de dates postérieures à ceux qui nous ont servi de bases sur les choses dont nous avons déjà parlé, nous font connaître la véritable étendue et la composition du territoire de Cambrone.

	hect.	ares.
1° Terres labourables et jardins potagers....	679	55
2° Bois.........	121	»
3° Vignes qui n'existent plus......	2	»
4° Vergers, pépinières et Oseraies.	12	90
5° Aulnoies............	9	75
6° Friches, carrières, pâtures et marais........	87	21
7° Prés	7	12
8° Propriétés bâties.........	7	»
9° Routes et chemins.......	15	80
Total............	942	33

Pays agricole, mais encore trop ignorant pour obtenir de grands succès.

§ IV.

A Louis d'Outremer succéda Robert, dont le règne fut agité par le désordre que le calif d'Egypte causa dans Jérusalem, en chassant les prêtres de la Palestine en l'année 1012; fait, qui après en avoir été informé par Pierre

L'hermite, donna naissance à des croisades, auxquelles toute la population française a voulu prendre part, et qui n'a eu qu'un résultat fâcheux, celui de faire introduire dans notre pays, une lèpre affreuse qui a laissé des traces dans des localités voisines de celle-ci, et de laquelle nous avons parlé.

On a vu parmi les croisés dont nous entretenons le lecteur, des hommes éminents, des prélats, de simples et bons paysans, sur l'esprit desquels ces croisades ont fait de vives impressions, portant tous sur l'épaule un signe particulier des longs et périlleux voyages des XI°, XII° et XIII° siècles.

On montre encore maintenant dans les contrées du nord et du levant de la France, des refuges, où nos malheureux lépreux étaient retenus, pour empêcher les effets de la contagion du mal qu'ils avaient rapporté de la Palestine.

CHAPITRE III.

Ayant pour objet les plus anciennes constructions de Cambronne.

Quelque chose de particulier se passait, concernant Cambronne, au point de vue religieux, pendant que se faisaient les croisades, et que nous croyons pouvoir retracer ici.

Ce village était resté sans pratique religieuse jusqu'au onzième siècle ; mais des évêques étaient restés dans leur diocèse, pendant que d'autres voyageaient péniblement vers les lieux saints ; ceux-là paraît-il, eurent la pensée de faire édifier des chapelles et des églises, et de former des couvents ou des abbayes, dans le but de soulager l'humanité.

Or, tout porte à croire que c'est à la première de ces causes, qu'il faut attribuer la donation faite par Philippe Dedreux, d'une chapelle au village de Cambronne, en l'année 1218, en sa qualité d'évêque de Beauvais, pour servir d'église provisoire, sous le nom de chapelle du Dieu de pitié, pendant que l'on éleverait l'église définitive, que l'on a désignée comme telle, à la page 2ᵉ de cette notice ; c'est-à-dire au mois de décembre 1239 ; et troisièmement, le couvent qui existe encore à l'extrémité de l'une des principales rues du village conduisant à Rousseloy.

Cette abbaye est considérée par la tradition, comme une dépendance de celle de Saint-Paul de Beauvais, et se trouve encore en partie habitée par l'un des descendants à qui ce domaine a été vendu, sans aucune réserve, comme bien de main-morte par la nation française pendant les années révolutionnaires de 1792 à 1800.

Les choses encore frappantes aujourd'hui de ce cloître, sont les deux tours qui en défendent l'entrée vers la rue, et auxquelles le cloître se tient toujours appuyé. Les cellules du premier étage, soutenues par un rez-de-chaussée dont les voûtes sont elles-mêmes supportées par des ogives du moyen âge.

A quelques pas de distance de ce gros volume de maçonnerie, en mauvais état d'entretien, il existe d'autres constructions, qui ont toutes les apparences d'une ferme, ou d'exploitation rurale, ayant son entrée par une porte cochère, flanquée d'une autre tour percée d'une fenêtre grillée, paraissant avoir servi d'observatoire vers la campagne (la plaine).

Il se trouve au pourtour un chemin extérieur qui enveloppe non seulement les constructions, mais encore un enclos cultivé ; ce sont des murs de pierres, en grande partie démolis, à défaut d'entretien.

Il existe, dans le village de Cambronne, d'autres enclos qui paraissent avoir fait partie de la même abbaye. Les portes d'entrée qui se correspondent l'indiquent suffisamment.

CHAPITRE IV.

―

Ce chapitre a pour causes principales l'insubordination de certains seigneurs qui se trouvèrent à Cambronne au XIIIe siècle, et l'influence du roi d'Angleterre, devenu trop puissant en France à cette époque.

§ Ier.

Nous avons déjà parlé de ce qui fait l'objet de ce chapitre, mais sur lequel cependant nous allons tracer encore quelques lignes, parce qu'il est susceptible de trouver son application dans cette localité.

Il a existé à Cambronne :

1° Un administrateur provisoire des biens provenant d'une partie de ceux du comté de Clermont, et qui, ainsi que nous l'avons dit, en est devenu le possesseur définitif.

2° La maison de la Bretonnière, seigneurs particuliers d'Ars, originaires d'Artois, passée par alliance à celle d'Hédouville, et ensuite dans celle de Charles du Plessis, seigneur de Liarcourt.

Cette famille d'Hédouville a sa sépulture dans l'église de Cambronne.

3° L'Evêque de Beauvais, qui, en sa qualité de comte diocésain, faisait recueillir des dîmes sur le territoire de Cambronne.

4° Le seigneur, maître de la Commanderie de Cambronne, et qui en a été détachée en l'année 1804, pour être réunie à celle de Neuilly-sous-Clermont.

5° Et Pierre Popillon, chevalier Bourbonnais, secrétaire du duc de Bourbon, puis du roi François 1er.

L'histoire nous apprend aussi ce qu'étaient les seigneurs de Cambronne au XIIIe siècle ; elle expose entr'autres choses que les vassaux n'étaient à proprement parler, ni sujets, ni souverains, mais autant de petits tyrans, qui, par leur jalousie et leur ambition, allumaient continuellement la guerre civile dans le royaume.

Louis VI dit le Gros était à peine monté sur le trône, qu'il dut aviser aux moyens de changer la situation des choses.

L'histoire ajoute que les influences du roi d'Angleterre étaient devenues trop puissantes en France, que le souverain vint à bout de tout calmer, et soumettre par l'établissement des communes, ou l'association d'habitants de cités qui choisissaient eux-mêmes leur maire, établissaient des compagnies de milice, avec lesquelles ils marchaient à la guerre, sous la bannière de leur saint, pour le service du roi, et aussi sous l'affermissement des serfs qui jouirent des droits de citoyens.

On a écrit aussi que les ministres du roi étaient d'autant plus exaltés contre les seigneurs dans cette entreprise, qu'ils les voyaient usurper les biens de l'église et de la couronne.

§ II.

Nous pouvons ajouter aux diverses choses que nous venons de raconter, les faits particuliers que M. Rendu, archiviste de la préfecture de l'Oise, a relevés dans les archives, composées de liasses de plans et de volumes, et qu'il a été autorisé à publier, touchant les communes et les familles d'un grand nombre d'habitants de ce département et des lieux voisins.

Son ouvrage augmente singulièrement le nombre des seigneurs dont nous avons déjà parlé, et qui se rattachent aux choses et aux intérêts qui regardent la commune de Cambronne, faisant l'objet de notre attention particulière aujourd'hui même.

L'archiviste que nous venons de nommer, ancien élève de l'école des Chartes, nous cite l'abbaye de Saint-Quentin comme ayant eu, jusqu'en 1790, des relations avec Clermont, Cambronne et le prieuré de Neuilly-sous-Clermont, le couvent de Saint-André de Clermont avec Cambronne, le même village avec le prieuré de Sainte-Croix d'Offémont et les ursulines de Clermont.

Nous croyons que ces rapports avaient pour

objet la perception de quelques droits privilégiés ou féodaux, etc.

On cite également : le prieuré de Saint-Jean-aux-Bois, les abbayes de Royalieu, Monchy-Humières et Froidmont, comme étant dans la même situation avec Ars-les-Cambronne.

L'abbaye de Saint-Lucien-lès-Beauvais, le prieuré de Wariville.

Un auteur a déclaré que Cambronne a fait partie du comté de Clermont au IX° siècle, que sa cure fut donnée, au XII° siècle, à l'abbaye de Saint-Paul-lès-Beauvais, par Richeldis de Mello et Berninus, comte de Clermont.

CHAPITRE V.

Désignation des propriétés communales de Cambronne.

§ I.

Celles des siècles écoulés consistent en :
1° Son église, que nous avons fait connaître ;
2° Son cimetière y attenant ;
3° La colonne mémorable qui s'y trouve et que l'on croit y avoir été placée immédiatement après l'église ;
4° Le presbytère de la paroisse dans lequel on ne peut entrer que par la principale porte du cimetière.

§ II.

Nous avons dit et nous répétons ici en passant qu'il a existé à Cambronne :
Une chapelle du Dieu de pitié,
Une abbaye,
Et une commanderie, qui ont cessé d'être propriétés communales ou domaniales pour

lesquelles nous avons donné diverses explications dans les chapitres précédents.

§ III.

Après l'histoire ancienne vient naturellement celle contemporaine, c'est-à-dire la description des renseignements de toutes natures que les habitants de Cambronne ont pu se procurer depuis une cinquantaine d'années pour satisfaire les besoins les plus pressants, aussi reconnus par les autorités locales qui l'avaient ainsi vu et les autorités supérieures.

Ainsi, on voit à Cambronne, dans l'un des lieux les plus fréquentés, les plus sains, à l'exposition du sud-est, une construction moderne à double étage, surélevée de quatre marches, renfermant :

1° Une école primaire pour les enfants des deux sexes de toute la commune, salle pour les garçons, et salle pour les filles ;

2° Salle de mairie avec dépendances suffisantes ;

3° Et habitation pour l'instituteur.

On y voit en outre, sur le derrière, tous les accessoires à ces divers emplois ; plus une porte à l'usage de l'instituteur pour faire son service particulier à l'église.

Au point central du village, sur la place, il existe un petit bâtiment qui renferme la pompe à incendie, à laquelle une section de pompiers est chargée de veiller, ainsi qu'aux autres objets qui composent les accessoires.

Sur le même plateau, on voit l'entrée libre d'un abreuvoir à tout usage, et particulièrement pour les chevaux; il est entouré de murs d'appuis en pierre qui paraissent fortement scellés, ce qui s'explique par le sol élevé où se trouve assis ce village et la nécessité d'en ménager les eaux.

Quant au lavoir public, il existe dans l'intérieur de l'annexe de Vaux, sur laquelle nous donnerons bientôt d'autres détails.

CHAPITRE VI.

Dans la situation des choses, relativement à l'histoire de la commune de Cambronne, il ne nous reste plus qu'à classer les matières sur lesquelles nous n'avons encore rien dit ; c'est-à-dire, ce qui tient au sol et en dépend, au classement de la population de cette localité, annexes comprises ;

A savoir :

1° Sa population, telle que les siècles l'ont fait naître ;

2° Les noms des habitants qui ont pu être reconnus comme ayant été les plus anciens du village entier, tant par tradition, que sur les registres de l'état civil qui ont pu être écrits en langue française à partir de l'année 1609, pour le village de Cambronne ;

3° Le nom des rues, tant du chef-lieu communal que de ses annexes, ses places, impasses, chemins, sources, puits et pompes ;

4° Ce qui est susceptible d'être cité en dehors de ce qui l'a déjà été ;

5° La légende des maires, depuis l'année 1790 jusqu'à l'époque actuelle.

§ I.

Dans les temps les plus reculés, la population du village entier pouvait s'élever au nombre de .... 300 à 330mes

en 1720, d'après le recensement officiel,		à 576
en 1759,	——	à 435
en 1791,	——	à 542
en 1806,	——	à 564
en 1821,	——	à 543
en 1826,	——	à 523
en 1831,	——	à 507
en 1866,	——	à 503
en 1872,	——	à 553

Nota. — Tendance à une baisse dans la population qui s'attribue à l'émigration vers les villes voisines.

§ II.

La tradition nous a éclairé sur l'existence de la chapelle du Dieu-de-Pitié, qui a servi d'église provisoire aux habitants de Cambronne à partir de l'année 1218, et qui paraissent être restés jusqu'à cette époque dans l'ignorance de la religion chrétienne.

On sait que l'église actuelle leur a été ouverte au mois de décembre 1239.

Le presbytère du lieu renferme un grand in-folio, qui nous a été communiqué, et sur lequel nous avons relevé la légende des curés qui ont desservi cette paroisse depuis sa fondation jusqu'à ce jour.

Nous y avons trouvé une note particulière qui constate qu'en l'année 1609, ce village fut frappé d'une peste où elle aurait fait beaucoup de victimes.

Nous avons ajouté, que c'est en cette année 1609, que l'on a commencé à écrire en langue française, les actes de l'état civil de ce village ; déclarations qui se trouvent confirmées par le contenu des registres spéciaux qui sont conservés dans la salle de la mairie de cette commune.

Tous ces documents nous ont aidé à inscrire sur cette page les noms de famille des hommes que nous avons pu regarder comme descendants des premiers habitants de ce vaste territoire, et placés par groupes, ainsi que nous l'avons exposé plus haut.

Liste, dressée dans l'ordre chronologique, des hommes qui se sont fait connaître ou qui ont laissé des souvenirs dans la commune de Cambronne :

1° Les seigneurs que nous avons désignés aux pages 18 et 19 qui précèdent ;
2° Les hommes qui avaient fixé leur résidence à Cambronne même, où dans ses annexes, en commençant par la légende des prêtres ;
3° Ceux qui sont inscrits sur les actes de la

mairie, où qui ont laissé des souvenirs sur les lieux, en remontant au XVIe siècle, et dont voici les noms :

    Martin,
    Arcillon,
    Villain,
    Destrée,
    Leroy,
    Bruyet,
    Tisserand,
    D'Hédouville.

        Du XVIIe siècle :

    Naze,
    Caffin,
    Imbert,
    Cabaret,
    Hennegrave,
    Ancelin, dit ma besogne,
    Arcillon,
    Delamarre,
    Battavoine,
    Villain-Moisnel, famille originaire de
        Beauvais,
    Villain, de Cambronne,
    Daviette,
    Poilleux.

Mais en dehors des populations que nous venons de mettre, en quelque sorte, sous les yeux du lecteur, il s'est trouvé à Cambronne, jusqu'à la révolution de 1789, une autre classe d'hommes, vivant en communauté cloîtrée, et qui a fait l'objet d'un chapitre particulier de cette Notice.

Nous voulons parler de l'abbaye du lieu, qui reste encore debout, quoiqu'elle ait été vendue avec son domaine, vers 1794, au profit de la nation française, comme biens de mainmorte.

Ce couvent avait, comme beaucoup d'autres en France, des relations intéressées avec d'autres couvents ses voisins, qui se sont maintenues jusqu'en 1790, ainsi que nous venons de l'exposer.

Cependant ces rapports n'étaient pas bien connus ; mais le principal dépôt du département de l'Oise, des correspondances et des titres que ces rapports produisaient depuis de longues années, viennent d'être livrés à la publicité, à la suite d'un long et pénible travail que M. Rendu, archiviste du département de l'Oise, a fait imprimer et envoyer à toutes les mairies de l'Oise, avec l'autorisation de l'autorité compétente.

Cette précieuse brochure, datée de 1872, nous montre tous les lieux avec lesquels l'abbaye de Cambronne avait des rapports et des engagements pris, et c'est encore un point sur lequel nous désirons entretenir nos lecteurs.

La brochure de M. Rendu l'intitule ainsi :
Archives de l'Oise. Série H.

Ordres religieux d'hommes.
Ordres religieux de femmes.
Ordres militaires religieux.
Hospices et maladreries.

Suit la désignation des lieux qui avaient des rapports où des perceptions à prendre sur Cambronne.

Le prieuré de Neuilly-sous-Clermont, diocèse de Beauvais.

La commanderie de Neuilly-sous-Clermont.

CHAPITRE VII.

Ayant pour objet les voies de communication, tant intérieures qu'extérieures, les places et les impasses de toute la commune.

CELLES DU CENTRE.

1° La rue des Vaches, c'est-à-dire celle par laquelle on conduisait originairement ces animaux paître dans un marais sec, qui se trouvait à environ un kilomètre de distance de Cambronne, vers le Sud-Ouest; propriété qui a été vendue nationalement dans les années 1794 à 1795.

2° Rue de Mouy, faisant continuation à celle que nous venons de désigner, et en travers de laquelle passe le chemin de Mello.

3° A l'intérieur de la localité, se trouve une grande rue qui conduit à l'annexe de Vaux, par des lignes longues et tortueuses; au centre se trouve la mairie et l'école communale.

4° La rue de la Place, qui conduit aussi à l'église, en entrant par la rue des Vaches, qui est large, mais sans alignement.

5° Au bout de la rue de la Place, vers le Sud-Est, se trouve une autre rue qui conduit jusqu'au bout de Cambronne, en passant devant l'ancienne abbaye.

Au bout de cette rue se fait remarquer le chemin vicinal de moyenne communication, qui conduit à l'annexe d'Ars, partant de Neuilly-sous-Clermont; là, se rencontre la route départementale de Noailles à Nointel, traversant Mouy, Bury, Ars et Liancourt.

Ars est situé à 2 kilomètres de Cambronne, et Rousseloy à 4 kilomètres de ce dernier lieu. Il existe aussi un chemin particulier entre ces deux villages.

SECTION DE VAUX.

La distance qui sépare Vaux de Cambronne n'est que d'un kilomètre, le nom de leur moyen de communication porte la dénomination de rue Neuve, quoique ce nom lui ait été donné, paraît-il, depuis un temps immémorial, et que sa viabilité restât constamment contestée jusqu'à l'année 1870, époque mémorable à plus d'un titre. Bref, ce chemin, véritablement neuf aujourd'hui, vient d'être adouci dans sa pente dangereuse et tellement allongé en tournant qu'il continue sa longueur jusque dans l'intérieur de cette dépendance de son chef-lieu communal, et ressemble par sa figure à un croissant de lune, au lieu de représenter encore une pleine lune dans un vase profond qui ne serait qu'à moitié plein d'une eau claire.

Ce petit village est réellement placé dans un vallon profond et étroit, ayant la libre jouissance d'une source abondante, et où du reste chaque famille possède dans son intérieur toute l'eau dont elle peut avoir besoin, au moyen d'un crochet dont la longueur n'a guère plus d'un à deux mètres.

On voit à Vaux une grande rue, qui le traverse dans toute sa longueur, et deux rues secondaires, dont l'une porte le nom Margot et l'autre rue Basse, et qui conduit à l'écart de Despoileux.

Un second écart porte le nom des Carrières, à peu de distance de là.

Nous avons dit que Cambronne était un point agricole ; mais il y a lieu de croire que Vaux fût plus longtemps vignoble que les autres parties du territoire, récoltant le raisin qui cherche le soleil sur les pruniers.

Cependant il se trouve en ce lieu, des jardiniers qui savent tirer parti de ce sol couvert et bien fumé.

SECTION D'ARS.

Cette section est traversée par la route départementale de Noailles à Catenoy, dont nous avons déjà parlé, et est occupée par des cultivateurs qui ont des produits à faire transporter dans les pays voisins et des récoltes à placer dans leurs granges. On n'y voit qu'une seule rue, qui porte le nom de la rue du Couvent, où se trouvait autrefois le château du seigneur de l'endroit, nommé M. de La Bretonnière, né Artérien.

CHAPITRE VIII.

Légende des Maires de la commune de Cambronne, à dater de l'année 1790.

MM. 1° Vatrin.
     2° René Battavoine.
     3° Villain-Moisnel.
     4° Porquier.
     5° Caffin, d'Ars.
     6° Caffin (Isidore), de Cambronne.
     7° Villain, fils.
     8° Faine.
     9° Gautier d'Ars, en 1872.

CHAPITRE IX.

Réflexions sur les relations que peuvent avoir entr'eux les habitants de la commune de Cambronne.

On sait que la population, continuellement variable de cette localité, monte et descend de 500 à 576 habitants, divisés en cinq parties inégales ; que le produit du sol, étant de diverses natures, on ne voit en quelque sorte d'un côté, que blé, seigle et avoine, divisés en moyenne exploitation ; d'un autre côté, Ars, en domaines agricoles, vers Neuilly (la Commanderie), c'étaient de vastes enclos, de belles prairies, des bois, etc ; dans la vallée de Vaux on y a longtemps cultivé la vigne, on y possède un peu de terres arables et des terrains légumiers ; ailleurs, ce sont des bois et des carrières.

Or, le lecteur doit comprendre de suite que ces divisions et cette diversité de produits, doivent opérer de grands effets, sur la nature, sur le caractère et sur les besoins des habitants de cette commune, qui se trouvent soumis aux lois, et qui, telles prévoyantes qu'elles soient, sont toujours trouvées tyranniques quand on les confie à des mains peu savantes d'un côté, et exigeantes de l'autre en même temps, et dont, du reste, l'interprétation laisse quelquefois à désirer.

Comme peuple, les habitants de Cambronne sont calmes et laborieux; en qualité d'administrés, ils sont susceptibles de considérer comme indifférentes les affaires qui regardent leurs voisins, ou celles dans lesquelles ils sont appelés quelquefois à donner leur avis.

Entre Cambronne et Clermont, sont placés les villages de Neuilly-sous-Clermont et Auvillers, celui-ci n'étant plus qu'une annexe de Neuilly depuis 1830, et ces deux localités n'étant plus que de simples dépendances de la paroisse de Cambronne, nous n'ajouterons que quelques lignes sur chacune d'elles, à la notice de Cambronne, sur ce qui les intéresse plus particulièrement à cause des choses qui sont d'un intérêt commun, et qui concernent au même titre ces trois localités.

Auvillers n'est donc plus qu'un hameau de vingt habitations, y compris son vieux château dont l'origine, ainsi que celle de ce village, remonte au-delà du XV° siècle, époque à laquelle ce château et son domaine appartenaient à la maison de Mailly-Maillet, seigneur qui comptait quatre-vingt-dix clochers, dont le plus grand nombre était en Artois et dans le nord de la Picardie. Au XVIII⁰ siècle, cette propriété était possédée par M. Soucanye de Landivoisin.

La population d'Auvillers et celle de Neuilly ne connaissent guère que la culture et l'exploitation des 775 hectares de terre labourable, jardins, vergers, pépinières et bois qui composent le territoire. Le possesseur actuel de cette propriété porte le nom d'Harbounière.

Neuilly, chef-lieu communal, dont le territoire est voisin de celui de Cambronne vers le Midi, offre plus de ressources et exige plus de détails que ceux que nous avons pu donner sur Auvillers, quoique sa situation topographique soit dans un vallon étroit, voisin de la Brêche et de l'ancienne route de Clermont à Paris, formant limite entre les cantons de Liancourt et de Mouy, duquel dépendent Auvillers, Neuilly et Cambronne.

La population, toute agricole et active de Neuilly, a varié depuis le XVII⁰ siècle jusqu'à ce jour de 300 jusqu'à 377 habitants, tantôt avec progression et tantôt dans le sens contraire.

On fait remonter l'origine de ce village, au moyen-âge, mais plus assurément à l'époque du style ogival à rosaces telles qu'on en voit dans l'église du lieu.

Cette commune est restée dans son état primitif, jusque vers la révolution de juillet 1830, c'est-à-dire qu'on n'y a vu jusque là que des chaumières; mais depuis 40 à 50 ans, elle se trouve complètement transformée en bâtiments neufs, construits en pierre de taille, couverts en ardoises; bien que les propriétaires soient restés simples cultivateurs, mais en donnant quelque instruction à leurs enfants, ceux-ci en exagérant leurs talents élémentaires, et l'aisance des auteurs de leurs jours voient naître en eux une ambition qui les éloigne du foyer paternel, de là arrive la situation des choses.

Ce que nous avons dit du territoire d'Auvillers s'applique à celui de Neuilly, parce que, réunis, il ne s'y trouve que 775 hectares de terre, jardins, vergers, constructions, rues et places publiques.

Le sol de non-valeur s'y trouve compris pour 40 hectares.

Il existe à Neuilly quatre rues principales qui figurent une croix.

La commune possède une église, sous l'invocation de Notre-Dame; elle est tenue avec un soin particulier, et l'architecture mérite l'attention des amateurs; une maison d'école, avec une classe séparée pour les enfants des deux sexes, une habitation pour l'instituteur. Au premier étage il y a deux pièces qui sont destinées à la mairie.

Un presbytère qui a servi de cloître à un prieuré.

Une pompe à incendie.

Un lavoir public et un abreuvoir.

Il se trouve aussi un bureau de bienfaisance.

La commanderie de Cambronne a été détachée de cette commune, et fait partie, depuis 1804, de la commune de Neuilly.

M. Graves ajoute que les chevaliers de Malte, et avant eux, les templiers, avaient des propriétés dans la commune de Neuilly; que cette paroisse ne fut d'abord qu'un prieuré situé sur le territoire de Cambronne.

L'ouvrage que M. Rendu, archiviste de l'Oise, a fait imprimer récemment, en fait mention à la page 36.

Le supérieur du prieuré de Neuilly remplissait autrefois les fonctions de curé de cette paroisse; le premier prieur curé se nommait Villot, et son premier acte de l'état civil date de l'année 1647; les actes de baptême, mariages et inhumations d'Auvillers sont aussi de la même époque, 1647.

LÉGENDE DES MAIRES DE NEUILLY.

MM. Pronnier (Pierre), en 1790.
Haquin.
Cousin (Prudent).
Bollé.
Darnez.
Caffin, (Amédé).
Destrée (Louis).
Crêté (Alexandre).
Destrée (Constant), depuis 1872.

HEILLES.

NOTICE

sur la commune de Heilles et les choses qui s'y rattachent.

CHAPITRE Ier.

Introduction.

Dans un grand nombre de localités, l'église est le point sur lequel l'étranger fixe d'abord ses regards.

On est d'autant plus disposé à s'arrêter devant ce simple édifice, à Heilles, qu'il est isolé et entièrement séparé du village, surtout quand on y arrive de Mouy, son chef-lieu de canton, après avoir remarqué en passant le petit château de Morainval.

CHAPITRE II.

Sur la situation topographique de ce village.

La commune de Heilles est située sur un point voisin de la vallée du Thérain, entre Mouchy-le-Châtel au midi, Saint-Félix et Hondainville au nord, Hermes et Berthecourt à l'ouest, et Mouy au sud-est.

L'étendue de son territoire est d'environ 601 hectares qui se divisent à l'infini; c'est-à-dire qu'il s'y trouve 256 hectares de terre labourable; du jardin, du verger, des pépinières, du bois, des oseraies, des prés, des pâtures relativement considérables.

Le chateau de Morainval, le castel de Saint-Pierre placé là comme point superposé (et donnant toutes ses eaux à l'église de Heilles), le hameau de Mouchy-la-Ville, l'ancien écart de Haute-Maison, l'usine de Saint-Jean-du-Vivier et le moulin de l'Isle, se trouvent dans l'enceinte de ce territoire et en dépendent conséquemment à l'époque actuelle.

La population de la commune de Heilles est de 442 habitants.

CHAPITRE III.

Origine, paroisse ou commune, et moyens de communication.

§ Ier.

Nous ne sommes pas fixé sur l'origine de la commune de Heilles, mais l'historien Graves, notre contemporain, nous apprend qu'au VIIe siècle la cure de Heilles, sous le titre de Saint-Martin, était conférée sous le chapitre de Saint-Michel de Beauvais et avait un tiers du dixième, et le chapitre de Mouchy les deux autres tiers.

§ II.

Le curé à portion congrue avait pour tout revenu vingt-quatre mines de blé; douze mines d'avoine, un cochon, une toison et un oison. Antique simplicité; mais à cette époque le pauvre village et son pauvre curé ressortissaient de la baronne de Mouchy qui, assure la tradition ne laissait mourir ni l'un ni l'autre de faim. Pour tout dire, le desservant de Heilles était attaché à l'Eglise collégiale antérieure à la maison de Noailles et desservie par six chanoines jusque en 1791.

Après la tempête révolutionnaire de 1791, lorsque les autels furent relevés en France, la paroisse de Mouchy fut rétablie; celle de Heilles ne le fut point. La nouvelle circonscription l'attacha à sa sœur ainée jusqu'en l'année 1843 où une ordonnance royale vint la distraire et lui rendit son autonomie sprituelle.

L'ère des faveurs n'était pas fermée pour cette intéressante population.

§ III.

Ce paragraphe a pour objet la nouvelle communication annoncée comme faveur.

En les supposant telles, celles-ci furent couronnées d'un succès réel inattendu dans la commune de Heilles, et qui eurent pour conséquence de donner à toute la vallée du Thérain une existence toute nouvelle, au moyen du chemin de fer dont les immenses et légitimes avantages sont dus en grande partie à M. le duc de Mouchy.

La statue qui lui a été élevée à cette occasion sur l'une des places de la ville de Mouy, en dit assez pour être dispensé d'y ajouter d'autres expressions de reconnaissance que celle qui est gravée dans l'esprit des habitants du village et qui se transmettra de génération en génération.

Ce chemin de fer ayant une station sur un point qui fait face aux communes de Heilles et de Mouchy, ces deux communes en jouissent aux mêmes conditions et en obtiennent les mêmes avantages au moyen d'une chaussée qui traverse les prairies voisines, et qui après avoir traversé aussi la principale rue de Heilles se prolonge dans le vaste parc du domaine de Mouchy jusqu'aux abords extérieurs du château.

Une autre voie, traversant les ombrages de Morainval, relie Heilles et Mouchy-la-Ville au chef-lieu du canton.

Nous venons de parler de Mouchy-la-Ville. Il ne faut pas confondre cette section de la commune de Heilles avec Mouchy-le-Chatel, canton de Noailles. Aux époques plus reculées, ce hameau a fait partie de l'ancien bourg de Mouy dont il est du reste peu distant.

On indique encore aujourd'hui l'emplacement d'une chapelle construite en 1533 et qui a existé jusqu'en 1789. Elle était sous le vocable de saint Claude, évêque de Besançon.

CHAPITRE IV.

*De l'église de Heilles et des prêtres par lesquels
elle a été desservie.*

§ Ier.

Notre but ne serait pas rempli si en passant de nouveau sur l'un des côtés de l'église de Heilles nous n'en examinions pas l'intérieur, accompagné surtout d'une cicérone émérite.

Dès notre premier passage nous avions remarqué en cette église le chevet d'un chœur ogival, cinq croisées formées d'ogives géminées séparées par des piliers contreforts ayant fait l'objet de réparations successives et ornées de vitraux.

Cette église se trouvant placée au centre de son cimetière, il nous a été facile de voir tout l'extérieur, son clocher roman est éclairé par deux croisées sur chaque face à modillons bizares, sous les corniches, il est couvert d'un chapeau en ardoises; la nef, plus ancienne que le chœur, a été évidemment remaniée ; cependant ces trois principales parties de l'édifice paraissent du XIIe siècle, sauf néanmoins le clocher, qui aurait été appliqué un peu plus tard pour couronner l'œuvre.

Le portail fait face au village (à l'Ouest); un porche de la plus grande simplicité en charpente s'y trouve soutenu. A l'époque actuelle il n'existe pour entrer dans l'église dont nous parlons que cette seule porte, en y descendant par les quatre marches (1) qui sont scellées dans l'épaisseur de la muraille du portail. Cette porte formée de deux ogives tréflées séparées par un meneau.

Voyons maintenant l'intérieur du temple, où, la porte à peine ouverte, nous avons aperçu des choses que nous désirons voir de plus près, et auxquelles l'humidité qui nous a paru y régner doit porter un grand préjudice; nous en jugeâmes immédiatement par les lambris converts de peintures qui sont appliqués sur les murs de la nef. Déjà du reste, on avait fait des essais contre l'humidité à l'extérieur sur les murailles.

Après avoir traversé cette nef nous nous

---

(1) On comprend que le porche doit être la conséquence de l'éloignement de l'église du village, et qu'il est en même temps un grand protecteur en empêchant les eaux pluviales et les égouts des côtes voisines de se précipiter dans cette église si malheureusement placée.

sommes trouvé en face du grand autel d'où nous avons été dirigé vers la chapelle de la Sainte-Vierge qu'on nous a dit avoir été restaurée, en l'année 1855, aux frais de l'abbé Millière, vicaire général de Mgr l'Evêque de Beauvais.

L'examen que nous en avons fait a été pour nous une première station pour l'examiner, en apprécier la beauté et les soins que l'on a dû prendre pour en régler les détails après avoir écouté celui qui, à plusieurs titres, avait le droit d'ordonner.

M. Millière fit plus, il eut l'idée de faire reconstruire, aussi à ses frais, le sanctuaire de cette église en élevant les voûtes, en faisant percer des croisées, en créant une rosace décorée de verrières.

Il y aurait lieu d'ajouter à ces détails d'autres objets de grands prix sur lesquels nous devons passer.

La chapelle de Saint-Claude, parallèle à celle de la Sainte-Vierge a été aussi l'objet d'une restauration intelligente due à la générosité de M. Millière père, mais qui n'a pu résister à l'humidité plus puissante où elle est posée que sur les autres points, et il parait que ne pouvant la laisser plus longtemps, en cette pluvieuse année surtout, dans cet état de dépérissement, on pense sérieusement à sa reconstruction ; mais comme ce fait appartient encore à l'avenir, nous passons à ce qui se trouve sous nos yeux.

On nous fait remarquer qu'après avoir fait restaurer la chapelle de Saint-Claude dans le même style que celle de la Sainte-Vierge et d'une parfaite ressemblance, elles formeront avec le chœur et la nef de véritables transepts ; mais pour obtenir l'effet si vivement désiré dans cette église on espère les faire paver avec des carreaux mosaïques, véritables tapis qui se remarquent maintenant en beaucoup de lieux.

Jusqu'au point où nous en sommes de notre visite, nous croyons n'avoir vu que les représentants des bienfaiteurs de cette église, mais nous croyons apercevoir après eux les habitants de Heilles, se présentant pour s'honorer d'avoir décoré leur église d'un tableau de saint Martin, leur patron, en rappelant à notre mémoire les plus grandes et charitables scènes de sa vie, choses dignes de la récompense que le saint homme a dû recevoir dans le ciel, mais sur lesquelles nous devons passer rapidement, car nous n'en finirions pas s'il fallait retracer la vie des saints de toutes les paroisses. Bref, disons en quelques mots que le tableau de saint Martin produit un bel effet dans l'église de Heilles et qu'il est bien à sa place.

On voit aussi au sanctuaire quatre fenêtres qui après avoir été réparées en l'année 1865, aux frais de la commune furent ornées de verreries de couleurs dites grisailles.

On remarque particulièrement une cinquième croisée dans le fond de l'abside, qui est ornée de peintures représentant le plus grand des actes du Sauveur.

Il se trouve aussi dans cette partie de l'église d'autres ornements sur lesquels nous ne pouvons faire aucune description, et qui du reste ne paraissent avoir qu'une importance secondaire.

La nef, cela est évident, n'est point en rapport avec les riches ornements qui se trouvent déjà dans le chœur de cette église et que l'on parait décidé d'y ajouter encore, n'y voyant qu'une voûte en bois cintré, soutenue par des poutres apparentes et très-simples. Elle est éclairée par cinq fenêtres, garnie de bans fermés, d'un simple pavage.

Mais le tout est bien entretenu et de la plus grande propreté: cependant l'humidité y dominera tant que le sol voisin, vers le midi, y versera ses eaux par le pied du mur, qui les reçoit.

Un chemin de croix en garnit les murailles; ce ne sont que de simples gravures encadrées, mais dont on annonce le très-prochain remplacement.

Nous avons parlé du clocher.

Il s'y trouve une cloche, autour de laquelle il a été gravé une inscription qui rappelle la cérémonie de son baptême, que nous reproduisons ici :

« L'an 1753, j'ai été bénite par messire
« Toussaint Serpe, prêtre et curé de Heilles, et

« nommée Anne par Monseigneur Phillippe
« comte de Noailles, grand d'Espagne de la
« première classe, chevalier de la Toison-d'Or,
« grand'croix de Malthe, lieutenant général des
« armées du roy, duc et baron de Mouchy, et
« dame Anne-Claude-Louise d'Arpajon, com-
« tesse de Noailles, chevallière de l'ordre de
« Malthe. »

« Comme on le voit, la cloche de Heilles a eu
« pour parrain un maréchal de France, celui-là
« même qui gravissant, à 79 ans, les degrés de
« l'échafaud révolutionnaire, a laissé tomber
« ces belles paroles que l'histoire a conservées:
« A l'âge de 15 ans j'ai monté à l'assaut pour
« mon roi, à 79 ans je saurai monter à l'écha-
« faut pour mon Dieu. Et sa noble épouse, mo-
« dèle de dévouement conjugal, suivit son mari
« jusqu'à la mort sans être condamnée. »

La page que nous venons de copier, en la
soulignant, se trouve parmi les papiers qui
existent dans l'armoire aux archives de la
mairie de Heilles.

§ II.

Légende des Prêtres qui ont desservi cette église jusqu'à ce jour.

On sait et nous répétons avant de commencer cette légende que c'est au roi François 1er que l'on doit la renaissance des lettres et les progrès de la langue française.

Jusque-là les prêtres ont pu écrire en latin les notes qu'ils tenaient sur les naissances et baptêmes, les mariages et les inhumations de leurs paroissiens ; le roi fit publier son ordonnance de 1539 qui ne permettait plus d'écrire en latin les actes publics. Dans un grand nombre nombre de localités elle reçut son exécution dès la fin du XVI° siècle ; mais à Heilles cette ordonnance ne fut suivie qu'en l'année 1654, et c'est à partir de cette époque que va commencer la légende des prêtres de la localité.

MM. 1° Chatelin, en 1654, premier prêtre connu.

2° Lebel (Antoine), jusqu'en 1660.

3° Prévost (Alexandre), de 1660 jusqu'au 30 janvier 1681.

4° Maille, chanoine de Mouchy, fait l'intérim.

5° Blanchemin, du 2 mars 1681 au 27 juillet 1705. Inhumé devant la chapelle de la Sainte-Vierge par l'abbé Huchon, curé d'Ully-Saint-Georges. M. Besnard, chanoine, trésorier de Notre-Dame de Mouchy, fait l'intérim.

6° Leuillier (Nicolas), du 28 août 1705 au 21 avril 1711.

7° Y.-D. Martin, du 24 mai 1711 au 7 janvier 1717.

8. J. Comédé, du 17 janvier 1717 au 30 novembre 1738.

9° Tramier, du 23 décembre 1738 au 6 juin 1752.

MM. 10° Serpe, du 22 juin 1752 ou 23 octobre 1764.

11° De Puille, du 17 novembre 1764 à 1793. Les registres manquent depuis cette époque jusqu'a 1803.

12° Fournier, de 1803 à 1811.

13° Duraincy, prêtre aveugle, résidant à Heilles et y exerçant les fonctions de vicaire au nom du curé de Mouy, de 1811 à 1816 (1).

14° M. Viard, curé desservant de Mouchy-le-Châtel, chargé de la desserte de Heilles de 1816 à 1821.

15° Caron, curé de Mouchy, desservant de Heilles de 1821 à 1833.

16° Barbier, curé de Mouchy, desservant de Heilles de 1833 à 1846.

17° L'abbé Hauvert fut le premier curé de Heilles après le rétablissement de la succursale, de 1846 à 1852.

18° Léveillé, de 1852 à 1868.

19° Turpin, de 1868 au 23 août 1869.

20° Blochet (Louis-Charles-François-Sulpice), de 1869 à...

---

(1) M. l'abbé Lepicard, curé de la paroisse et du canton de Mouy, était chargé de remplir à l'égard de Heilles les mêmes fonctions que dans les paroisses veuves de son canton toutes les fois que la cécité de M. Duraincy ne lui permettrait par l'exercice de son ministère.

CHAPITRE V.

Ayant pour objet les priviléges et les droits féodaux que le chapitre de l'église collégiale de Saint-Michel de Beanvais pouvait avoir sur Heilles, Mouchy, Hermes, Bailleul et Berthecourt.

On trouve aux archives de la préfecture de l'Oise les documents dont nous parlons en commençant ce chapitre ce sont des actes sur parchemins et sur lesquels nous exposerons ici quelques dispositions.

Ils portent les dates suivantes :
    1689 31 octobre.
    1716 27 décembre.
    1733 6 octobre.
    1742 9 novembre.
    1750 17 janvier.
    1751 11 novembre.
    1753 17 février.
    1761 3 novembre.
    1785 29 janvier.
  et 1765 12 juillet.

Le plus grand nombre de ces dates avaient pour objet des ventes publiques faites dans les bois que l'église collégiale de Saint-Michel possédait sur les terroirs de Hermes et des lieux voisins.

Il résulte d'un acte passé devant Lucien Pulleux et Charles Preschelle, notaires à Beauvais, le 17 janvier 1750, que les chanoines en charge de ladite église ont loué à Toussaint Desliens, laboureur à Heilles, paroisse de Villers-Saint-Sépulcre, les grosses dîmes qui appartiennent à ladite église, moyennant, outre les charges, 105 mines de blé, dont un tiers de seigle, 18 mines 1/2 d'avoine, mesure de Beauvais, et 50 livres d'argent par chacun an.

Le 17 février 1753, le chapitre de la même église afferma les grosses et menues dîmes qu'il avait à prendre sur les terres de Mouchy, Heilles et ses environs, à Louis-Charles Ségard et Marie-Madeleine Duflot, sa femme, de Mouchy-le-Chatel.

Le 12 juillet 1785, les mêmes dîmes étaient affermées au prix de 400 livres, outre les charges, par contrat passé devant M{es} Dufour et Boulenger, notaires à Beauvais.

Heilles, ancienne dépendance de la baronnie de Mouchy-le-Chatel, était compris dans la distribution des secours qui provenaient de l'établissement de charité fondé, en 1630, par René de Méricourt, seigneur et baron de Mouchy-le-Châtel, pour toutes les paroisses de cette baronnie et qui étaient remis sur la liste des indigents qui était présentée par le bureau de Heilles à L'autorité particulière de Mouchy (1).

---

(1) Nous ne sommes pas plus éclairé sur l'origine de Mouchy que sur celle de Heilles, cependant nous pouvons affirmer que Mouchy-le-Chatel était le siége d'une des plus anciennes baronnies de la Picardie; qu'il s'y trouvait un château-fort; que Dreux, seigneur du lieu, ayant assisté le baron de Montmorency dans sa révolte contre le roi Louis VI (XII° siècle), fut assiégé par ce prince, qui prit et brûla le château; que la seigneurie passa plus tard dans les maisons de Trie et de Maricourt, et ensuite dans celle de Noailles; et enfin que le château qui est sous nos yeux fut bâti sous François I*r, au XVI° siècle.

CHAPITRE VI.

Noms propres des familles qui paraissent être les plus anciennes de l'ancienne paroisse de Heilles, d'après les régistres aux actes de l'état civil.

Lefebvre.
Baudeloche, de Mouchy-la-ville, nom souvent répété.
Goudard.
Roussel.
David (Antoine).
Pillon, descendant des Baudeloche.
Pérotte.
Cormy, de l'ancienne annexe de Bruiles et de Heilles.
Falluel.
Hue (Louis).
Contard.
Boutillier.
Cauchoix.
Drouin.
Charpentier.
Mascré.
Cambronne.
Bordé.
Crouzet.
Dubus de Bruiles.
Wattigny.
Leroux.
Fortin.
Dervillers.
Dépotuis.
Salot.
Duhamel.

CHAPITRE VII.

Sur le château de Morainval, son origine probable et son histoire.

Ce château est placé au pied d'un coteau couvert de bois qui embrassent en grande partie les deux extrémités, vers l'est et l'ouest, de cette belle construction; mais la façade se développe vers le nord sur toute son étendue, faisant face à la vallée du Thérain et au-delà.

Il existe sur ce point une cour d'honneur, une avant-cour qui décrit un demi-cercle, puis des jardins en contrebas qui donnent à l'ensemble un aspect d'autant plus agréable, quoique solitaire en y arrivant, qu'il produit sur l'esprit du passant une véritable surprise; ce qui peut arriver fréquemment puisque le chemin qui traverse l'avant-cour est une voie publique d'une grande utilité entre Mouy, Heilles, Mouchy-le-Châtel et quelques autres localités.

Le château de Morainval se trouve de 170 à 208 mêtre de distance du centre de la commue de Heilles, et c'est dans cet intervalle que sont l'église, la maison curiale et la maison d'école.

Les bois, les terres labourables, les jardins et quelques prairies composent le domaine.

Son origine ne peut en quelque sorte se faire connaître que par les titres que nous pouvons au figuré mettre sous les yeux du lecteur.

Si nous devions nous en rapporter aux apparences, il y aurait dans le cas qui se présente deux époques à indiquer : celle des bois qui paraissent exister depuis plusieurs siècles. Or, dans cette appréciation, il y aurait lieu de croire qu'il a existé sur les lieux un ancien manoir. Dans ce cas, l'ancienne habitation aurait été remplacée par la construction moderne que nous avons sous les yeux, car son origine ne peut être antérieure au XVII° siècle, à en juger par son architecture, et c'est aussi en nous appuyant sur nos documents que nous en parlons ainsi.

Nous voyons, en effet, comme premier seigneur de Morainval messire de Rochefort, écuyer seigneur de ce château, et de Bruiles qui était alors une dépendance de Heilles ainsi que Morainval au XVII° siècle. Il avait donné, dès son jeune âge, des preuves de qualités particulières que nous avons fait connaître dans l'histoire de l'ancienne ville d'Angy et qui précède celle-ci. Etant décédé à Paris, paroisse Saint-Roch, le 28 décembre 1681, à l'âge de 29 ans, son corps fut transporté et inhumé, le 30 du même mois, dans la crypte de la chapelle Notre-Dame du lieu que le défunt fréquentait, assure la tradition, pour s'entendre avec les notables de ce chef-lieu de prévôté pour faire les aumônes que la situation d'un certain nombre d'indigents réclamait, et veiller en même temps aux soins que l'entretien de l'édifice réclamait par suite de son isolement.

On vit paraître au château de Morainval, après M. Rochefort (Jacques-Nicolas) de Guédeville, écuyer, capitaine de cavalerie au régiment de Noailles, auquel les seigneurs de Mouy devaient chaque année une rente de quatre muids de blé et un muid d'avoine, à percevoir sur les grosses dîmes de Mouy, ainsi que le constatent des baux faits par adjudications publiques de ces dîmes du 20 juin 1755 et 23 juin 1758, perceptions qui ont dû se continuer jusqu'en 1788, exposé qui a été fait avec plus de détails dans l'histoire de Mouy par laquelle nous avons commencé notre ouvrage.

Le capitaine de Guédeville, étant décédé, parait-il, vers 1769, la dame Marie-Françoise de Lavieuville, sa veuve, convola à un second mariage en épousant Gabriel-Isidore-Mathieu Blondin, dit d'Esigny, écuyer gendarme du roi.

Nous avons trouvé sur un registre aux actes de l'état civil de la commune de Heilles, une déclaration constatant que la dame de Guédeville est restée au château de Morainval pendant sa viduité, mais nous ignorons ce qu'est devenu ce domaine après elle et jusqu'àprès la révolution de 1789.

Cependant le château de Morainval eut un possesseur peu de temps après ces temps agités, dans la personne de la dame Quémy, jusqu'aux années 1815 à 1816.

Elle eut pour successeur M. Charles-François Bourgeois, général qui a pris part aux premiers succès de nos armées françaises pendant la révolution et qui a rapporté d'Italie de précieux souvenirs de sa bravoure. Il est décédé au château de Morainval, le 11 juin 1821.

Il a eu pour successeur, dans ce domaine, M. Baron des Bordes, ancien greffier de la Cour des comptes.

Resté peu d'années dans cette retraite, M. Baron des Bordes eut pour possesseur un autre parisien du nom de Lombart; puis vint à Morainval, après ce dernier, M. Millière, ancien notaire à Beauvais, chevalier de la Légion-d'Honneur, et maire de la commune de Heilles, pendant quinze années, après lesquelles s'éloignant de cette espèce de solitude, il ne laissa que d'honorables souvenirs et des regrets chez ses anciens administrés.

Mais, remplacé depuis peu de jours par un parisien, ancien négociant, le domaine de Morainval est occupé maintenant comme propriétaire châtelain déjà connu dans le village de Heilles sous le nom de Masson.

ENCORE UN CHATEAU A HEILLES.

Celui-ci, de date toute récente, est placé sur la cime du coteau dont nous avons parlé, au-dessus de celui de Morainval, et dont la façade regarde le midi, tournant ainsi le dos à celle du château de Morainval.

On lui a donné le nom de château de Saint-Pierre ; il appartient à un homme très-haut placé dans le Génie, attiré, croit-on, vers Morainval par des raisons qui se rattachent à la famille Millière.

CHAPITRE VIII.

Légende des Maires de Heilles.

MM. Dubus, en l'an III, } agents munici-
  Delatre, même année, } paux.
  Morizot, de 1799 à 1815,
  Watigny, de 1815 à 1853,
  Millière, de 1853 à 1868, } maires.
  Pillon (Alex^{dre}), de 1868 à

CHAPITRE IX.

Les rues, les chemins et les plans.

Les voies publiques sont peu nombreuses à Heilles :

La première et principale rue de la commune est celle qui sert de continuation à la chaussée, qui, partant de la station du chemin de fer dit de Heilles-Mouchy, se continue jusqu'au point où on prend pied par embranchement sur le parc du château de Mouchy-le-Château, et un chemin public qui conduit jusque dans le centre du village. On entre dans le parc par une grande porte où se trouvent de riches ornements d'architecture, un saut de loup et une chapelle dont nous parlerons bientôt.

C'est aussi sur ce point que se trouve la place publique de Heilles.

La deuxième rue conduit à Hermes, Berthecourt et au delà.

Et la troisième est en relation directe avec Mouy, longe le presbytère, la maison d'école, la mairie, l'église, Morainval, le château Saint-Pierre, Haute-Maison, Mouchy-la-Ville et l'usine de Saint-Jean-des-Viviers.

Il existe encore d'autres rues dans l'intérieur de Hellles, mais qui n'y figurent que secondairement, ne sont ni classées ni suffisamment entretenues.

Mouchy-la-Ville, qui est exclusivement agricole, a aussi ses voies de communication, mais nous n'en voyons qu'une seule qui divise en quelque sorte la section de commune en deux parties, du haut en bas.

CHAPITRE X.

Sur la population de la commune, annexes comprises.

En 1720, la population de Heilles était de 312 âmes
En 1750, de........................ 384
En 1791, de........................ 483
En 1806, de........................ 500
En 1821, de........................ 437
En 1826, de........................ 430
En 1831, de........................ 434
En 1872, de........................ 416

CHAPITRE XI.

Ayant pour objet les propriétés communales.

§ I.

1° L'Eglise, sous le vocable de Saint-Martin, entourée de son cimetière ;

2° Le Presbytère avec un jardin, entourés de murs ;

3° Une maison d'école avec habitation pour l'instituteur et une grande salle à toutes fins servant de mairie ;

4° Une chapelle connue sous la dénomination de Dieu-de-Pitié.

Elle est située sur le point le plus élevé du village tenant au parc du château de Mouchy.

5° Cinquante hectares de marais ;

6° Des plantations que l'administration municipale réserve pour les dépenses extraordinaires ;

7° Une pompe à incendie ;

8° Le mobilier nécessaire à la mairie et pour l'école.

§ II.

Les revenus résultant de diverses locations, qui s'élèvent à trois cent cinquante francs.

FIN DE L'HISTOIRE DE CAMBRONNE.

HONDAINVILLE.

NOTICE

sur la commune d'Hondainville.

CHAPITRE Ier.

Sur l'origine de Hondainville.

Nous sommes en présence de plusieurs historiens tant anciens que modernes, pour présenter au lecteur divers renseignements sur ce qui fait l'objet de ce premier chapitre.

L'un d'eux expose que quoique saint Aignan ou Agnan (*Anianus*) soit le patron d'Hondainville, ce nom rappelle celui de saint Odon (*Odonis villa*), étant certain que ce grand évêque de Beauvais eut des relations particulières avec nos contrées; il ajoute qu'il s'y est fait voir, léguant par testament à l'église d'Hondainville ses propriétés d'Ansacq et de Reuil-sur-Brêche, à la charge de prier pour son père et sa mère.

Delettre, dans l'histoire du diocèse de Beauvais, rapporte ce trait touchant de piété filiale

et dit : « Que le nom d'Odon est attaché à un
» monument qui a traversé les âges et passera
» aux générations les plus reculées ; que ce mo-
» nument est la paroisse d'Hondainville elle-
» même, que les chartes latines nommaient
» Hodonisvilla, campagne d'Odon, que le Pré-
» lat y fit bâtir une église en l'honneur de saint
» Lucien, à côté de celle qui existait déjà sous
« l'invocation de la Mère du Sauveur, et enfin,
» que ces deux églises existaient encore en
» 974. » (Tome 1ᵉʳ, page 379).

Ce que nous rapportons nous paraît suffisant pour démontrer que Hondainville existait avant le VIIᵉ siècle, c'est-à-dire peu de temps après la mort de saint Lucien, premier évêque de ce diocèse.

Cependant, nous croyons devoir y ajouter ce qu'à écrit l'historiographe Graves sur l'origine d'Hondainville, dans la statistique du canton de Mony, en 1835.

Il indique aussi Hundanisvilla, à cause du voisinage de la rivière.

Les auteurs cités à l'occasion de l'origine de cette localité sont entrés dans de grands détails tous plus intéressants les uns que les autres, sur des choses qui se rattachent parfaitement au même sujet ; mais comme ils intéressent plus particulièrement les châteaux et les églises que l'origine du village, nous renvoyons le lecteur aux chapitres suivants pour les connaître dans toute leur étendue.

CHAPITRE II.

Sur sa situation topographique.

Cette commune est située dans le vallon du Thérain, à deux kilomètres de Mouy, son chef-lieu de canton, et à huit kilomètres de Clermont (Oise), son chef-lieu d'arrondissement.

Le village se fait remarquer par l'aspect d'une rue principale d'une grande largeur, bien bâtie, et dont la chaussée est traversée par un chemin de grande communication qui facilite aux habitants le moyen de circuler dans toutes les directions, sans compter celle du chemin de fer qui passe à peu de distance d'Hondainville, en parcourant toute la vallée du Thérain, pour mettre Beauvais en communication avec Paris, en passant par Creil, Mello, Mouy et Hermes.

De la grande rue d'Hondainville s'aperçoit son église qui se trouve placée au centre d'une pelouse verte entourée de plantations d'arbres, et dont l'ensemble est toujours agréable à la vue.

Il existe au village deux châteaux dont nous entretiendrons le lecteur. Le presbytère, qui est placé à l'extrémité de la place de l'église, vers le nord, est une construction du XIX⁰ siècle. Il a la forme d'un vaste pavillon à double étage ayant sur sa façade un parterre garni d'arbres à fruits et de fleurs.

L'industrie et le commerce se trouvent représentés dans ce village par des usines auxquelles la rivière du Thérain sert de moteur, en même temps qu'elle fournit abondamment de l'eau à l'un des deux châteaux dont nous avons annoncé la description.

On emploie dans ces usines un grand nombre d'ouvriers à fabriquer des lacets, de la tabletterie, des bondes et des faussets. Ceux des habitants de la localité qui n'ont pas de profession particulière, trouvent dans ces ateliers leur pain quotidien.

Il existe aussi sur le même point de la rivière un moulin à fouler les étoffes de laine qui se fabriquent à Mouy. Avant toutes ces ressources qui ne remontent pas au delà du siècle actuel, on ne voyait à Hondainville que deux moulins à farine.

Mais une tradition, exprimée par la bouche des anciens du village, veut que cette.localité existait dans les siècles précédents sur la pente de la côte de Saint-Aignan, à l'endroit où est placé maintenant le cimetière; et il paraît qu'on y a trouvé des vestiges de constructions des plus reculées, des voûtes de caves, des débris de meubles et autres restes incontestables d'habitations réunies; chose que nous sommes d'autant plus disposé à croire, qu'en faisant, en l'année 1868, des fouilles, sur un point peu éloigné de celui-ci, au terroir d'Angy, M. Baudon, docteur en médecine, antiquaire distingué, membre de plusieurs sociétés savantes, y a trouvé un certain nombre de squelettes renfermés dans des cercueils de pierre, où gisaient en même temps des armes de chasse et de guerre, des vases antiques, de la verroterie, etc., ce dont il a fait la description et fait connaître l'origine dans un ouvrage imprimé en 1870.

L'auteur démontre que les hommes qui se servaient de ces divers objets étaient des Gallo-romains qui durent séjourner, au VII° siècle, à Angy et dans les localités voisines.

En rapprochant ces détails de ceux que nous venons d'écrire sur Hondainville, ainsi que de ce qui s'est passé vers les premières années du VI° siècle, à Nogent-les-Vierges, sous le règne de Clovis 1ᵉʳ. On sait, répétons-le en passant, que ce roi vainquit les Romains et chassa de la France les légions qui avaient pu y rester jusque-là. S'étant arrêté à cet endroit, il s'y fit construire un point d'arrêt autour duquel vinrent se fixer d'anciens Gaulois devenus Français, et c'est ainsi que Nogent est considéré comme un établissement de Clovis. Le tumultuaire qui a été découvert sur les lieux en 1816, et dont parle l'historien Houbigant, confirme les détails que nous donnons. Au nom de Nogent est venu se joindre celui des Vierges, par suite du dépôt que l'on a fait dans son église des corps des vierges *Maure* et *Brigide* dont le martyre a eu lieu à Balagny-sur-Thérain, en l'année 514, peu de temps après le règne de Clovis.

Peut-on douter, au reste, du changement de place du village de Hondainville, après avoir vu cette longue ligne de sarcophages, de monuments funéraires, qui ont été découverts dans les bois de cet endroit, au lieudit l'Elysée, à l'époque où M. de Saint-Morys faisait le défrichement de la Garenne au delà du point où il faisait construire son château sur le sommet le plus élevé du terroir de la localité, et dont nous parlerons dans le chapitre suivant.

Au surplus, Hondainville a dû changer de place, après toutes les luttes que le Beauvaisis a eu à soutenir pendant les VIVe, X^e, XIe, XIIe, XIIIe, XIVe et XVe siècles, contre les Normands de la Germanie, le plus sauvage et le plus barbare de tous les peuples des temps anciens, puis contre la Jacquerie, les Anglais et les Bourguignons commandés par le duc de Bourgogne, Charles-le-Téméraire, peuples qui sont venus ravager toutes les contrées de de Clermont, y compris Ansacq, Angy, Bury, Hondainville, Balagny-sur-Thérain, et après lesquels les Ligueurs parurent pour faire au gouvernement du XVIe siècle, une opposition passionnée qui ne fut réduite au silence que sous le règne de Henri IV.

CHAPITRE III.

Sur les Seigneurs d'Hondainville et de leurs successeurs.

Conduit dans la rédaction de ce chapitre par les lumières de M. Graves, de Beauvais, lorsqu'il écrivit en l'année 1835 l'histoire d'Hondainville, sur laquelle nous avons déjà parlé en son nom, nous le suivrons sur la filiation des seigneurs de cette intéressante localité, dont il fait remonter l'origine au delà de l'année 974, en prenant une autre direction que celle que nous venons d'exposer pour arriver au même but, moyens qui, du reste, ne s'excluent pas.

L'historien s'exprime ainsi :

Hondainville, qui dépendait du comté de Clermont, est un des lieux les plus anciens du Beauvaisis. La seigneurie en fut donnée en 974, au monastère de Saint-Aubin-d'Angers, par Adélaïde de Vermandois, comtesse d'Angy, femme de Geoffroy Grisegonelle, comte d'Anjou; les moines (1) la cédèrent plus tard à Foulques III, successeur de Geoffroy.

Un château fortifié existait sur l'emplacement de la ferme située au nord du village, près du ruisseau de Lombardie, où l'on voit encore les anciens fossés qui entourent la place. Il portait le nom de Château-Vert.

Pendant les guerres du XV° siècle contre les Bourguignons, Floquet, capitaine d'Evreux, l'un de leurs chefs, ayant passé la rivière à Mouy, avec cinq cents chevaux, au mois de juillet 1444, s'empara du château d'Hondainville, d'où il menaçait Beauvais. Il mit le pays voisin au pillage, suivant l'usage du temps, et le château fut occupé par la Ligue.

Dans l'avis au lecteur qui est à la tête de l'édition de la Satire de Ménippée, imprimée en 1595, il est dit que l'original de cet écrit fut trouvé sur le valet d'un espagnol qui fuyait de Paris en Flandre, que ce valet fut pris par les hommes qui occupaient le Château-Vert et mené à Beauvais, devant le maire Godin, qui le fit fouiller.

La terre d'Hondainville avait haute, moyenne et basse justice. Elle était possédée, dans le XVI° siècle, par M. de Pouy, qui la céda en 1580

---

(1) Nous répétons ce qui a été dit, mais sans nous rendre compte de la présence des moines à cette occasion.

à Louis de Bertencourt, seigneur de La Motte, dont la fille l'apporta en mariage à Claude de Rieux. Elle appartenait au XVII° siècle à la famille Lemaire de Boulan, d'où elle vint, par alliance, vers 1654, à la branche de la maison d'Estournel, qui prenait le titre de comte de Thieux. Louis Auguste d'Estournel, marquis de Frestoy (1), la vendit, en 1741, à la veuve du marquis de Mareuil, trésorier de France, qui en fit don huit ans après au sieur Charles-Philippe Duperrier, descendant du président Duperrier, auquel Malherbe adressa des vers si connus sur la mort de sa fille. En souvenir de cette amitié d'un grand poëte pour sa famille, M. Duperrier avait fait élever dans le parc d'Hondainville une statue à la fille de son aïeul; on l'appelait la dormeuse, et l'on avait transcrit sur le piédestal les stances qui finissent par ces vers :

> Elle était de ce monde où les plus belles choses
> Ont le pire destin,
> Et rose, elle a vécu ce que vivent les roses,
> L'espace d'un matin.

La terre d'Hondainville fut acquise, en 1780, par M. Bourgevin-Vialart de Saint-Morys, conseiller au Parlement de Paris. Ce nouveau propriétaire fit commencer peu de temps après un autre château pour remplacer l'ancien, qui était mal commode au XVIII° siècle.

---

(1) Le Frestoy est un village voisin de Montdidier.

uoiqu'il ne fut point encore terminé dans les années suivantes, M. de Saint-Morys y fit transporter un riche cabinet d'histoire naturelle et une galerie de tableaux; mais la révolution de 1790 éclatant tout à coup, M. de Saint-Morys émigra et ne put jouir de sa nouvelle possession. Ses propriétés ayant été confisquées par la nation, ses collections furent transportées dans les musées publics de Paris.

Le château fut transformé en prison d'état, et il contint quelquefois le même jour cent personniers.

M. de Saint Morys ayant péri dans l'expédition de Quiberoy, en 1795, la terre d'Hondainville fut partagée en deux lots, dont l'un comprenait le château dégradé et le parc où se trouvait une riche futaie, l'autre lot revint en toute propriété à la veuve.

La nation vendit le château et ses dépendances, M. Barbier de Fay s'en rendit adjudicataire. Il en revendit tout ce dont il n'avait pas disposé à un sieur Verdun. Celui-ci fit la vente des ruines du château, ainsi que du parc, dépouillé d'une grande partie de sa superficie, à M. Dumoulin, de Paillert.

M. Dumoulin fit reconstruire le château sur de nouveaux plans et put jouir de son œuvre pendant de longues années; cependant la propriété vient de passer dans les mains de M. Blin, de Bailleul, venu d'Amiens pour en prendre possession. Ayant remarqué dans son parc un bâtiment sans utilité pour lui, il le fit démolir, et les ouvriers trouvèrent dans les fondations, une médaille, une plaque de cuivre et une pierre, par lesquelles on reconnut que ce bâtiment était la chapelle que M. de Saint-Morys avait fait construire en l'année 1785, en remplacement de celle que Mme de Mareuil avait fait élever sur le même point du parc.

Cette chapelle nouvellement détruite, il faut le dire, ne portait à son extérieur aucun cachet particulier et son intérieur avait été transformé de manière à faire croire qu'elle avait servi de logement à un domestique.

Les archives d'Hondainville constatent que l'oratoire de Mme de Mareuil avait été construit en 1741, et qu'il fut bénit en 1744.

M. de Saint-Morys fils, colonel en 1792, et aide-de-camp de M. le duc de Broglie, avait suivi son père dans l'émigration et avait employé tout le temps de son éloignement du sol français à suivre ses goûts très-prononcés pour les sciences et les beaux arts, repoussant les secours que l'Angleterre offrait aux réfugiés français et préférant vivre avec sa famille des produits d'une industrie honorable.

Rentré en France après la paix d'Amiens (1), il se voua entièrement à l'étude de l'antiquité et aux progrès de l'agriculture. Sa demeure

---

(1) 1802.

d'Hondainville, trouvée dans ce qui lui revenait de l'ancienne terre de cette localité, devint un véritable cabinet des arts ; il y réunit une bibliothèque nombreuse (2), un musée d'histoire naturelle et une collection d'objets du moyen-âge, la plus considérable qui existât alors en France. Il fit construire, pour loger convenablement toutes ces richesses, une maison dans le style gothique du XV° siècle, sur la *pointe* de la côte Saint-Aignan qui domine la vallée du Thérain.

M. de Saint-Morys était membre du Conseil général de l'Oise ; la Restauration le fit maréchal de camp et lieutenant des Gardes-du-Corps. On sait qu'il périt en duel, à l'âge de quarante-cinq ans, le 21 juillet 1817.

M. Schillings, officier de l'ancienne armée, gendre de M. de Saint-Morys, a continué les entreprises de son beau-père ; il a achevé la construction de la maison gothique, étendu les plantations et les défrichements commencés, embelli le domaine et accru sa valeur.

M. Graves, l'historien particulier du département de l'Oise, déjà cité, et le guide pittoresque du voyageur en France, donnent de très-intéressants détails sur l'architecture gothique du château de Saint-Aignan, sur les décorations qui excitent vivement la curiosité, et aussi sur

---

(2) 6,000 à 7,000 volumes.

tout ce qui se fait remarquer dans le parc en fait de statues et d'effigies, sur les plantations et la beauté des dessins du parc; choses que M. le comte de Luçay, le possesseur actuel de cette propriété, a conservées et auxquelles il a fait des additions qui ajoutent beaucoup à l'agrément et à la valeur vénale du château et de ce qui l'entoure.

M. Graves considère M. de Saint-Morys, comme un agronome des plus distingués, des plus savants, et dont il a fourni des preuves en faisant paraître sur ce sujet des ouvrages qui ont été couronnés.

Il cite aussi le prix d'éloquence qu'il a obtenu à l'Académie française en l'année 1809, et dont le sujet était l'examen de la littérature pendant le XVIIIe siècle, et enfin ses mémoires sur la société des Antiquaires de France.

CHAPITRE IV.

Sur l'église Saint-Aignan de ce village.

La cure d'Hondainville, sous le vocable de saint Aignan ou Agnan (Anianus), évêque d'Orléans, était déférée originairement par l'évêque de Beauvais. Devenue succursale aujourd'hui, elle comprend dans son étendue la commune de Saint-Félix, canton de Mouy.

Saint Aignan est maintenant le titulaire de l'église et le patron du lieu. Sa fête tombe le 17 novembre, et la translation de ses reliques le 14 juin ; le dimanche qui suit a lieu la fête du village ; mais, à l'église, on célèbre l'office occurrent.

Quoique saint Aignan soit le patron de la localité, le nom d'Hondainville rappelle celui d'un autre protecteur saint Odon (*Odonis villa*), que nous avons fait connaître au chapitre premier.

L'église est en forme de croix ; par ses fenêtres en ogives, ornées d'un cordon en dents de scie, elle indique l'époque de transition. L'abside est carrée et percée de trois fenêtres. Le chœur et la nef ont des fenêtres semblables.

Les transepts sont de construction postérieure et datent seulement du XVe siècle. Les fenêtres de la chapelle de la Vierge sont garnies de verrières dues en grande partie à la munificence de Mmes Pain et Dumoulin qui habitaient le château dit domaine d'Hondainville. Ces verrières sont sorties des ateliers de M. Lévêque, peintre-verrier à Beauvais.

Le portail principal de l'église est en forme d'arcade romane à boudins retombant sur des colonnettes dont les chapiteaux sont ornés de feuillages. Les chapiteaux des transepts ont ou paraissent avoir été sculptés par M. Schillings, propriétaire du château de Saint-Aignan, après la mort de son beau-père, M. le comte de Saint-Morys.

Le chœur et les transepts sont voûtés. La nef est lambrissée. De belles boiseries de chêne d'un style sévère ornent le sanctuaire. Au-dessus de la porte de la sacristie, on remarque un beau tableau sculpté sur bois, représentant la résurrection de Jésus-Christ. On remarque encore l'autel placé sous le vocable de saint Aignan et de saint Louis. Il est en style Louis XV, à colonnes torses. Le rétable seul est ancien ; le tombeau de l'autel est tout récent.

Derrière les boiseries, on trouve deux colonnettes qui supportent la retombée des voûtes ; leurs chapiteaux, qui accusent le style de transition, portent encore des traces de peinture.

A l'intérieur, on remarque d'autres traces de peinture sur les contre-forts ; il y a lieu de croire que ce sont des restes d'armoiries, parce qu'autrefois c'était l'usage à la mort des seigneurs de peindre leurs armoiries, non-seulement à l'intérieur de l'édifice sacré, mais jusqu'à son extérieur. Cet usage, inspiré par le faste et l'amour-propre, s'est perpétué assez longtemps.

Le clocher est central, couvert en ardoises et sans caractère architectural. La cloche qui s'y trouve suspendue est toute moderne, et n'offre non plus aucun intérêt artistique ou historique.

Voici l'inscription qu'elle porte :

« L'an mil huit cent vingt-deux, j'ai été bénite par M. Pierre Polle, curé de cette paroisse, et nommée Françoise-Reine-Précieuse, par M. Pierre-François Desmazure, instituteur, secrétaire-greffier de la mairie d'Hondainville, et par Mademoiselle Marie-Thérèse-Reine Pulleu, épouse de M. François-Joseph Duru, propriétaire. Cavalier, fondeur à Beauvais. »

Les fonts n'ont rien de remarquable. Il y avait précédemment une ancienne cuve sans ornement, n'ayant qu'un compartiment, et qui est reléguée dans la cour du presbytère.

Les nouveaux fonts ont été donnés par la famille Dumoulin, à l'occasion du baptême de son fils Georges, en l'année 1852.

L'église renfermait visiblement plusieurs

pierres tombales intéressantes, mais qui ont été mutilées, il y a quelques années, pendant qu'on faisait de grosses réparations dans l'intérieur de l'édifice; les inscriptions, à peu près effacées, n'offrent plus de sens. Une seule pierre, placée au-dessus d'un banc qui fait face à l'autel de la Sainte-Vierge, est demeurée intacte. Dans le haut, on voit une représentation de Jésus en croix, aux pieds duquel se trouve un seigneur à genoux, en habits ayant la forme de ceux qui se portaient au seizième siècle. Au-dessous de ce tableau, on lit cette curieuse inscription que nous reproduisons en respectant l'orthographe :

In nomini Domini. Amen.

Les Marguilliers de l'esglise et fabrique de l'église de M. S. Agnen de Hondaville sont tenus dès à présent et à perpétuité de faire dire, chanter et célébrer, à l'intention de Honorable Homme, M⁵ André de la Neufverse, cy devant Maire Royal Dangy, et prévost de Mouy et Bailly dudit Hondaville, Ung obit et salut en ladite esglise, en l'honneur de Dieu et de la Sainte-Vierge Marie. Le Salut sera dict en ceste forme le jour de la Purification de la Sacrée Vierge Marie ; au soir se fera procession en chantant la letanie de la Vierge les cloches sonnantz, puis après serait chanté les vespres en la dicte chappelle *iusque a Magnificat* et après le reste à la discrétion du curé. Et le lendemain dudit iour, *ung obit* de deux messes haultes avec vigiles et recommandaces et pour ce lesdits

Marguilliers fourniront le Luminaire et ornements et feront sonner aux dicts salut et obist a quoi les Marguilliers s'obligerait et de faire continuer perpétuellement et d'en faire mettre attache à la muraille de la dicte chappelle vis-à-vis de mon tombeau ou la substance de ces articles sera transcript et donne à la dicte esglise pour ceste fondation de salut et obist cent cinquante livre tz que les Marguilliers emploront en bonne rente et achapt de bonne héritage et charge de ce que dessus les dictz Marguilliers et fabricque et cy oultre ledit deffun et a donné à la dite esglise la somme de cent livres tz à la charge que les dictz Marguilliers feront mettre un tableau en la dicte chappelle ou aultres ornements de cinquante livres tz qui pour ceste effaict seront lesdictz tenuz de faire recommande ledit deffunct les quatre iour nataux de l'année a perpétuité comme plus au long est porte par le testament et dernier volonte dudict deffunct fait et receu par Mre Martin Brinssue le vicaire de la dicte esglise le vingt-unième 10^r de ianvier l'an mil six cent vingt-huit. Priez Dieu pour son âme. *Pater Noster, Ave Maria.*

REQUIESCAT IN PACE.

———

L'historien Graves, de Beauvais, affirme qu'il y avait une chapelle dédiée à Saint-Aignan, élevée dans le XIVe siècle et dont les ruines se voyaient encore en 1835 au milieu du cimetière ; cependant il n'en reste plus rien aujourd'hui.

La tradition veut que cette chapelle, si elle a existé, ne pouvait être que l'église paroissiale, lors que le village d'Hondainville existait à mi-côte de la grande garenne.

Parlons encore des chapelles d'Hondainville :

Près du village, en venant de Mouy, se rencontre celle de Saint-Antoine, qui est connue de tous les habitants de ce lieu et des localités voisines. C'est un petit édifice de la plus grande simplicité, dans l'intérieur duquel on remarque deux statues, l'une représentant saint Antoine, le solitaire, et l'autre saint Antoine de Padoue, ornant l'autel.

Une verrière, que l'on doit à M. le vicomte de Luçay, représentant divers détails de la vie de saint Antoine, le solitaire, vient d'être placée au-dessus de l'autel.

Cette chapelle est vénérée des populations environnantes qui viennent prier pour obtenir la guérison de la fièvre et pour retrouver les objets perdus, moyennant une offrande déposée dans le tronc.

Une nouvelle chapelle privée a été élevée, en 1866, dans cette localité. Elle est placée sur la côte Saint-Agnan, au château que M. de Saint-Morys y a fait construire et qui appartient actuellement à M. le comte de Luçay. Cette chapelle a peu de cachet. Son intérieur est orné d'un chemin de croix et de deux verrières représentant sainte Jeanne de Chantal et sainte

Roseline de Villeneuve, que la comtesse, née Villeneuve, sa mère. M™ª la comtesse de Luçay, née de Villeneuve de Vinci, est au nombre des descendantes de cette dernière. Cette chapelle a été bénite par Mᵍʳ Gignoux, évêque de Beauvais, le 16 août 1867.

On vient de le voir, la commune possède deux châteaux, l'un appelé le château d'Hondainville, situé dans la vallée, au même niveau que le village et paraît occuper la place de l'ancien manoir du lieu, dont la garenne qui forme aujourd'hui le parc de M. Luçay ne semble avoir été qu'une dépendance, ce qui est du reste sans intérêt à dire dans cet ouvrage.

Dans l'enceinte du premier château on trouve encore aujourd'hui les fossés, ou plutôt des traces de ses anciennes fortifications; il était connu dans l'histoire du Beauvaisis comme château-fort qui correspondait avec ceux de Mouy, Ansacq, Wlly-Saint-Georges, Thury, Hermes, Bresles, Château-Rouge ; ils étaient employés comme moyen de défense de la contrée contre la Ligue des XVIᵉ et XVIIᵉ siècles. Le château portant le nom particulier de Château-Vert paraît avoir été rasé par ordre de Richelieu.

Nous le répétons, le second château élevé sur la côte de Saint-Aignan doit son origine à M. de Saint-Morys fils, qui l'a fait édifier en style gothique vers 1816, dans l'intention d'y loger ses collections du moyen-âge, mais ses projets ne purent recevoir leur exécution, puisque ce château n'était point terminé à l'époque de sa mort, arrivée fortuitement en juillet 1817.

Les choses restèrent dans cet état jusqu'au jour où M. Schillings épousa Mlle de Saint-Morys, et c'est alors seulement que l'on fit terminer cette construction, en y ajoutant tous les agréments qu'elle était susceptible de recevoir.

Tel était le château de Saint-Aignan lorsque M. le comte Luçay en devint le possesseur pour y faire de nouvelles additions et en augmenter la valeur, surtout l'importance du domaine par des acquisitions productives.

Nous nous sommes écarté de la ligne que nous devions suivre sur la dernière description des chapelles en faisant celle des châteaux à la page   , d'où vient la nécessité d'y revenir pour celle de Saint-Aignan, que Graves croit avoir existé et de laquelle, selon lui, il restait encore des ruines, en 1835, au milieu du cimetière, ce qui n'existe plus aujourd'hui. Du reste, il ajoute que ces ruines ont bien pu être celles de l'église lorsque le village existait à mi-côte de la grande garenne.

CHAPITRE V.

Ayant pour objet : 1° Les rues et toutes les places publiques de la commune, celles des annexes comprises ; 2° les mouvements de sa population.

§ Ier.

RUES ET PLACES.

Rue de Thury.
Rue des Cailloux.
Rue du Mauvais-Pas.
Rue du Bail.
Rue du Vriez.
Rue Boulâtre.
Place de l'Eglise.
Place du Pressoir.
Place du Caillou ou Petite-Place.
Rue de Butteaux.

§ II.

POPULATION.

En 1720, elle était de 160 habitants.
   1759   —   157   —

En 1791, elle était de 176 habitants.
  1806 — 260 —
  1821 — 230 —
  1826 — 232 —
  1831 — 270 —
  1836 — 249 —
  1841 — 238 —
  1846 — 255 —
  1851 — 233 —
  1856 — 240 —
  1861 — 267 —
  1866 — 307 —

CHAPITRE VI.

Légendes des curés qui ont desservi la paroisse, et des maires ou agents municipaux depuis 1790.

CURÉS.

1628. Martin Brenssie, vicaire.
1668-1685. Antoine Lebel, curé.
1685-1712. Pierre Le Mercier, curé.
1712-1751. Bâtardy, curé.
1751-1786. Daret, curé.
1786-1791. Trubert, curé.
1791-1792. Gervais Pillon, curé.
1806-1832. Polle, curé d'Angy.
1832-1834. Prud'homme, curé de Thury.
1834-1846. Devic, aumônier de M. de Cassini.
        Mars 1846, octobre 1846 :
1848-1850. Lefèvre, curé d'Hondainville.

1846-1848. Delafontaine,   id.
    1850. Marlier,   id.
1850-1851. Mathon,   id.
1851, 22 août 1867, 22 février. Dalon, curé
        d'Hondainville.
1867, février-mai. Roussel, curé d'Angy.

1867, mai. 1872, janvier. Marsaux, curé d'Hondainville.

Jean-Louis Trubert, curé, nommé maire le 21 février 1790, refuse le serment à la constitution civile du clergé ou ne le prête qu'avec certaines restrictions ; il est destitué comme maire et curé, le 16 avril 1791.

Plusieurs prêtres sont encore dénommés aux registres de l'état civil entre Trubert et Pillon, ce sont : Bury, cordelier conventuel ; Darel, curé ; Ledoux, Bedel et Imbert. Il y a lieu de croire que c'étaient des prêtres réfugiés au château. Une dénonciation des officiers municipaux, en date du 13 juin 1791, l'indiquerait assez.

MAIRES.

Trubert.
Coignon.
Jean Duru fils.
De Saint-Morys.
Marc Duru.
Dumoulin.
Blanquart, de Bailleul.
Comte de Luçay.

CHAPITRE VII.

Etat des propriétés communales, à savoir :
Edifices publics, terres, marais ou prairies, rentes, etc., et situation budgétaire.

Eglise.

Chapelle Saint-Antoine.

Presbytère.

Maison d'école.

Pompe à incendie et bâtiment qui la renferme.

Lavoir du Bail. Lavoir Saint-Antoine. Lavoir de Butteaux.

Terres, 1 hectare 33 ares 25 centiares (non compris les terrains des édifices communaux).

Marais et prairies, 12 hectares 16 ares 30 centiares.

Montant du budget, recettes et dépenses, de 4,500 à 5,000 francs.

CHAPITRE VIII.

BUREAU DE BIENFAISANCE.

Le Bureau de bienfaisance possède une rente d'environ 400 fr. Les ressources budgétaires s'élèvent environ à 600 fr.

CHAPITRE IX.

Etendue territoriale de la commune.

D'après le cadastre :

	Hect.	ares	cent.
Terres labourables........	267	05	60
Jardins potagers..........	11	05	15
Bois taillis................	110	13	25
Friches...................	68	71	90
Pâtures...................	18	60	55
Prés......................	106	96	20
Eaux......................	6	27	50
Places et Chemins.........	7	70	20
Propriétés bâties..........	4	27	50
Total..........	607	51	65

FIN DE L'HISTOIRE D'HONDAINVILLE.

SAINT-FÉLIX.

NOTICE

sur la commune de Saint-Félix.

A peu de distance d'Hondainville se trouve Saint-Félix, dans la direction de Beauvais.

Leurs territoires se touchent.

Les voies de communications qui existent pour Hondainville sont les mêmes qui servent aux habitants de Saint-Félix, tant pour leur chef-lieu de canton que pour les chef-lieux d'arrondissement et de département, voirent même pour les autres points intermédiaires.

Ces deux communes se trouvant sur une pente rapide, la partie basse de leur territoire descend jusqu'à la rencontre de la vallée du Thérain, et il arrive souvent que la rivière inonde en même temps ces parties basses dont nous parlons que les lieux voisins de cette rivière, et la partie supérieure du sol qui est composée de sable ou de pierres calcaires, et à peu de distance de la forêt de La Neuville-en-Hez.

La même population, soit 280 à 300 habitants dans chaque commune.

Une église dans chacune d'elles.

Mêmes mœurs, pays de culture.

Plusieurs châteaux aussi dans chaque village. Nous donnerons quelques explications sur ces manoirs, comme nous l'avons fait sur ceux d'Hondainville.

La paroisse de Saint-Félix est restée attachée à son église jusqu'à la première révolution française, époque de la suspension du culte catholique et de la vente des biens dits de main-morte. Il en a été de même d'Hondainville ; mais cette paroisse dépend maintenant de la succursale d'Hondainville.

On avait réuni à la commune de Saint-Félix, en 1825, celle d'Hondainville; mais une ordonnance de 1832 a rendu aux deux localités leur autonomie.

La réunion des deux communes en une seule municipalité avait bien quelque raison d'être par mesure d'économie, mais ne pouvait guère se soutenir, la population de 500 à 600 habitants étant composée de plusieurs groupes placés à de certaines distances les unes des autres. Aussi l'autorité supérieure a-t-elle cru devoir faire remettre ces deux communes dans leur état primitif et naturel.

Les habitants d'Hondainville particulièrement se plaignaient de leurs fréquents déplacements pour aller faire à la mairie de Saint-Félix leurs déclarations, leurs réclamations ou remplir d'autres formalités administratives.

Ce que nous venons d'exposer sur Saint-Félix étant déjà la plus grande partie de son histoire, il ne nous reste plus qu'à parler de son origine et de quelques faits qui s'y rattachent.

Les faits s'expliquent ainsi, autant par la tradition que par l'histoire.

Premier fait. — Saint-Félix eut après les premières croisades, en Egypte, une maladrerie au lieu de son territoire qu'on appelle encore de ce nom, au lieudit le Palais-Blanc, à peu de distance duquel se trouve une station du chemin de fer de Paris à Beauvais, passant de Creil à Mouy, Hondainville ; Saint-Félix, Hermes et Rochy-Condé.

Deuxième fait. — On a trouvé fréquemment, et la charrue soulève encore de loin à loin des restes de fondations, au lieudit le Palais-Blanc, sur le chemin d'Hondainville nommé Carroy, qui fait corps maintenant avec Saint-Félix. Ce sont les restes d'un vieux manoir qui appartenait au cardinal Chollet.

L'abbé Fleury, d'Argenteuil, nous a éclairé sur les titres et les lumières qui distinguaient Jean Chollet, en exposant qu'il fut d'abord chanoine et fondateur du collège qui a porté son nom à Paris ; qu'ayant abandonné son manoir de Saint-Félix et donné ses biens aux pauvres et aux églises, il se rendit à Bourges, en l'année 1283, où il était appelé par son frère, Simon de Beaulieu, alors archevêque de ce diocèse ; qu'il y fut nommé cardinal, puis peu de temps après Légat du Pape de cette époque, haute position qu'il ne put occuper en France que peu d'années avant de mourir.

Troisième fait. — Un couvent a existé aussi à Saint-Félix. Nous voulons parler de celui que possédaient les abbés de Saint-Lucien de Beauvais, transformé depuis 1795 en exploitation rurale par les cultivateurs qui s'en sont rendus adjudicataires, lorsqu'il fut vendu comme bien de main-morte par le gouvernement de notre première république française.

Cette propriété est placée sur l'un des points culminants de Saint-Félix, entre deux enclos spacieux et entourés de murs, dont l'un touche à l'église paroissiale, et l'autre une porte qui est défendue par une tour qui reste percée de meurtrières.

Quatrième fait. — Fay-sous-Bois est une annexe de Saint-Félix, située à deux ou trois cents mètres de distance de son chef-lieu communal et aussi à peu de distance de la forêt de La Neuville-en-Hez. Ce hameau est composé de quarante maisons qui portent trois noms : celui du château qui paraît être le plus rapproché de la forêt, celui de Vellene, à l'ouest, et le troisième, au nord, Merlin.

Le petit château de Fay, dont l'origine ne remonte, paraît-il, qu'au XVIIe siècle, avait pour seigneur un sieur de Villepoix ; on voit ensuite aux archives du lieu, messire David de

Soton, chevalier, seigneur des grosses dixmes de Mouy, et capitaine-écuyer des gardes du roi de la compagnie écossaise.

Le propriétaire actuel du château et de ses dépendances est un parisien connu sous le nom de Langlois.

Nous dirons, en terminant cette histoire de Hondainville-Saint-Félix, qu'il s'est fait jusqu'en 1825, dans les vignes de Saint-Félix, un vin blanc qui était recherché par les populations voisines.

Une cinquième chose mérite à tous égards d'occuper une place dans l'histoire de cette localité. Nous voulons parler de saint Félix, son patron, dont les reliques, paraît-il, étaient conservées dans l'église collégiale de Montmorin.

Or, il nous est affirmé par les habitants de Saint-Félix, que, chaque année jusqu'en 1792, la veille de leur fête, ils ont envoyé des députés à Montmorency, pour porter la châsse de saint Félix à une procession dans les rues de cette vaste commune, et occuper les premières places au repas qui se faisait après les cérémonies religieuses.

Mais nous renvoyons nos lecteurs aux archives de la Préfecture de l'Oise, pour connaître les rapports qui ont dû exister entre les villages d'Hondainville-Saint-Félix et les établissements religieux du Beauvaisis.

FIN DE L'HISTOIRE D'HONDAINVILLE-SAINT-FÉLIX.

THURY-SOUS-CLERMONT.

THURY-SOUS-CLERMONT.

Thury-en-Picardie, Thury-en-Haye, Thury, Turi.

CHAPITRE Ier.

Sur la situation topographique de la commune de Thury.

Cette commune est voisine de celle d'Hondainville, et s'appuie en quelque sorte sur la forêt de Hez, qui est au nord de la localité.

Elle se trouve à la distance de huit kilomètres de Clermont, son chef-lieu d'arrondissement est à cinq kilomètres de Mouy, son chef-lieu de canton; à l'ouest est la ville de Beauvais, chef-lieu du département de l'Oise.

La vallée du Thérain est traversée par une rivière qui en porte le nom, passant par Saint-

Félix et Hondainville, à peu de distance du territoire de Thury.

Il existe à Thury des eaux qui servent de moteur aux usines qui s'y trouvent depuis longues années ; ces petits cours d'eaux sont des affluents à la rivière du Thérain, entre Hondainville et Mouy.

Son territoire est sillonné par plusieurs vallons qui descendent vers cette rivière.

Le centre du village situé dans l'un de ces vallons est près du ruisseau de Lombardie, il est partagé par deux rues qui étaient autrefois sinueuses, mais qui ont été redressées par suite de l'établissement de la route de Clermont à Mouchy-le-Châtel, qui la traverse depuis vingt ans.

La contenance de son territoire est de 541 hectares 92 ares 30 centiares.

Mais quelques variations ont pu avoir lieu sur l'emploi du sol depuis l'année 1835, époque à laquelle les chiffres sus-exprimés ont été posés.

Il a existé à Thury de la vigne comme dans toutes les localités voisines, mais dont le produit souvent négatif, et toujours sans valeur réelle, a cessé d'être, et a été remplacé par la pomme de terre vers la fin du XVIIIe siècle. On cite cependant quelques points sur lesquels la culture de cette plante a été conservée jusqu'aux premières années du XIXe siècle, vu la qualité particulière et l'exposition du sol.

Nous pouvons citer entre autres lieux voisins : Saint-Félix pour son vin blanc, Clermont, à cause des soins particuliers que les vignerons savaient donner à la plante pour en obtenir un vin rouge qui avait une valeur reconnue ; Saint-Leu-d'Esserent, près Creil, où cette boisson était recherchée par les petits bourgeois et les aubergistes de la contrée.

CHAPITRE II.

―

Ayant pour objet les précieux documents que M. le comte de Cassini, de Thury, a donnés pour faciliter la rédaction de cette notice.

L'année 1835 est, on le sait, l'époque à laquelle M. Graves, ancien secrétaire-général de la Préfecture de l'Oise, a fait publier une statistique sur les communes du canton de Mouy ; il s'y était préparé en recueillant ses documents au fur et à mesure qu'il présidait aux opérations géométriques qui avaient pour but l'établissement du cadastre de ce canton.

Ayant eu l'occasion d'entretenir M. de Cassini, de son projet, il le pria de lui procurer ses renseignements particuliers, cet honorable et obligeant membre de l'Académie des sciences de Paris, directeur de l'Observatoire, lui fit remettre un travail spécial sur Thury et l'origine de sa famille, en disant au statisticien que la petite commune de Thury avait droit à une distinction particulière dans son ouvrage.

Or, les documents que M. de Cassini avait procurés à M. Graves, nous ayant été communiqués, il nous a semblé que nous pouvions les transmettre à nos lecteurs, et en faire l'objet d'un chapitre spécial dans la deuxième édition augmentée de l'histoire des communes du même canton et suivie d'autres localités voisines.

Dans l'exposé des choses qu'il a fait connaître à M. Graves, M. de Cassini commence par lui apprendre que sa famille était en possession de la seigneurie de Thury depuis l'année 1719; qu'elle a été possédée par les descendants du célèbre Jean-Dominique Cassini, appelé en France par Louis XIV; que cette famille ayant établi un observatoire dans une des tours de l'ancien château de Thury, on y a fait de nombreuses observations astronomiques consignées dans les mémoires de l'Académie des sciences de Paris; que c'était aussi à Thury que les Cassini avaient commencé les travaux de la carte de France en 183 feuilles, qui portent leur nom et qui a servi aux cartes étrangères; que les travaux relatifs à la grande méridienne de Paris, ont été exécutés par eux, passant au clocher de l'église de Balagny-sur-Thérain, sur le terroir de Thury, à 392 toises à l'est de ce village, et à un bastion plein dépendant de la citadelle de Doullens.

M. de Cassini a ajouté à ces explications, qu'il a été remarqué jusqu'au dernier siècle, sur la croupe d'un coteau élevé de Thury, les traces d'un très-ancien château ; que parmi ces restes se trouvait un manteau de cheminée portant des traces de dorure (1).

Notre honorable et très-regretté narrateur termine en disant que l'ancien château de sa famille a été entièrement reconstruit par elle, et qu'il était encore au commencement du XIX° siècle l'un d'un plus importants du département de l'Oise.

Cependant M. de Vuillefroy, ancien sénateur, l'un de ses petits-fils, à qui ce château a été dévolu au décès de son aïeul, a cru devoir y faire exécuter des travaux d'une importance telle, qu'il ne ressemble à l'ancien château que par les eaux qui l'entourent.

On peut dire aujourd'hui que cette maison de campagne est au nombre des plus belles et en même temps des plus agréables du département.

La ferme, dans les bâtiments de laquelle on exploite maintenant les biens qui composent le domaine rural, est située derrière le château.

En parlant, en 1835, du très-ancien château qui était situé sur un point culminant de Thury et dont nous parlions nous même plus haut, M. de Cassini ajoutait que probablement il ap-

---

(1) M. de Cassini a dû voir les choses dont on parle en son nom, puisqu'il est né à Paris, le 30 juin 1748, et que sa famille était en possession du château de Thury dès l'année 1719.

partenait jadis au sieur Nivellon, *surnommé le Pauvre,* qui, en 1180, partant pour Jérusalem, fit donation, en cas de mort, à des ordres religieux, et entr'autres à l'abbaye de Wariville, de différents biens qu'il possédait au village de Thury (1.)

Nous parlerons de l'église de Thury et de tous les seigneurs du lieu au chapitre V, après avoir continué dans le chapitre suivant ce qui se rattache directement et personnellement à M. le comte de Cassini.

---

(1) Voir l'histoire de Mouy au chapitre des seigneurs du lieu, concernant les descendants de Nivellon, de Pierrefonds.

CHAPITRE III.

Sur les dernières années de M. de Cassini et les suites de son décès.

Ce respectable vieillard est resté à Thury et a continué d'occuper son château, jusqu'à son décès, toujours entouré de la respectueuse affection des habitants du pays, qu'il n'avait jamais cessé de protéger.

Cependant sa faiblesse croissant de plus en plus, on le vit s'éteindre avec calme, paraissant n'avoir pas encore assez fait pour les habitants du village, sans exception.

Décédé dans sa 98ᵉ année, le 18 octobre 1845, il fut inhumé dans l'ancien cimetière de Thury, entre deux piliers de la nef de l'église, vers le sud (1), n'ayant voulu avoir pour faire reconnaître le lieu de sa sépulture, qu'une pierre tumulaire à quatre faces élevées d'un mètre environ au-dessus du sol.

Ces quatre faces sont couvertes des inscriptions suivantes :

---

(1) Cet ancien cimetière a été transporté, il y a vingt ans environ, en dehors des habitations.

Première épitaphe :

Institut royal de France.
Académie des sciences (astronomie).
Le comte de Cassini (Jean-Dominique),
Chevalier de Saint-Louis et de la Légion-d'Honneur, ancien directeur de l'Observatoire de Paris, né à Paris, le 30 juin 1748, élu à l'Académie en 1770, à l'Institut en 1799.

Deuxième épitaphe :

Qu'un autre que moi dans l'histoire
Soit désireux d'être cité,
Je n'ai point cette vanité.
Hélas ! il suffit à ma gloire,
Que l'habitant de ce hameau (Fillerval),
Donne une larme à ma mémoire,
Vienne prier sur mon tombeau.

Troisième épitaphe :

Jean-Dominique, comte de Cassini IV,
ancien directeur de l'Observatoire
royal de Paris,
décédé à Thury, le 18 octobre 1845.
Priez pour lui !

Quatrième épitaphe tracée par les habitants de Thury sur la tombe de M. Jean-Dominique de Cassini :

Ci-gît
l'ami des habitants de Thury.

Madame de Cassini est décédée le 24 avril 1791, époque à laquelle la révolution française menaçait les jours de son mari, lui laissant cinq enfants, nés de leur mariage, et, dont il se vit forcément séparé.

Aussitôt rendu à la liberté, M. de Cassini se mit à la recherche de ses enfants, qu'il eut la consolation de retrouver; mais il eut aussi la douleur d'en perdre trois; savoir : M. Henry vicomte de Cassini, l'un de ses fils, conseiller à la cour de cassation, membre de l'Académie des sciences (botanique), lorsque le choléra l'enleva à ses fonctions, à sa famille et à la société à la fin de mars 1832, après avoir été appelé à siéger à la chambre des Pairs.

Deux autres enfants, dont les noms nous sont restés inconnus, sont morts après leur frère aîné.

Il en restait deux qui ont survécu à leur père, deux filles; l'une d'elles avait épousé M. de Vuillefroy, de Silly, père du possesseur actuel du château et du domaine de Thury.

La dernière, Mlle Cécile de Cassini, religieuse du Sacré-Cœur, est décédée, à Orléans, à l'âge de 89 ans, il y a peu d'années.

CHAPITRE IV.

Sur l'origine de Thury, les seigneurs qui paraissent l'avoir habité dès le XII° siècle, et ceux qui l'ont possédé à partir du XVI° siècle jusqu'à l'époque actuelle.

Disons d'abord au lecteur que ce que nous avons exposé sur cette commune dans le chapitre précédent, n'ayant rien qui puisse s'appliquer à son origine ni à son histoire proprement dite, il nous a paru essentiel de remonter aux temps les plus reculés, de l'époque à laquelle la famille de Cassini devint possesseur du domaine et du château de Thury (1).

En faisant ce mouvement rétrograde, nous devons commencer par faire connaître l'origine de Clermont, pour arriver à celle des communes d'Angy, ancien chef-lieu de Prévôté, d'Ansacq, d'Hondainville, de Cambronne, d'Auvillers et de Thury, qui sont toutes du canton de Mouy.

---

(1) Voir le Guide pittoresque du voyageur en France, dans le département de l'Oise, pages 31 et 32, concernant Thury-sous-Clermont.

Sachant que le château-fort de Clermont et les fortifications qui entouraient la ville au IX⁰ siècle, pour la défendre contre les invasions ruineuses des Normands qui ravageaient le Beauvaisis, il est indipensable d'expliquer cet exposé introductif.

On sait déjà que le roi Raoul, duc de Bourgogne, pour se maintenir sur le trône, distribua plusieurs domaines aux grands de son royaume et que les villages que nous venons de désigner furent au nombre de ceux que le roi dota de biens ruraux situés sur le territoire de ces localités, et qui dépendaient du comté de Clermont.

Nous invitons les lecteurs à se reporter à la notice de la commune de Cambronne, qui précède celle-ci, pour être mieux éclairé sur les conditions auxquelles les donataires ont dû se soumettre en acceptant les domaines dont nous parlons et comment elles ont été exécutées.

En suivant les documents qui nous ont conduits, on nous a fait voir quelques traces de l'ancien château qui aurait appartenu à Nivelon II, de Pierrefonds, dont nous avons parlé plus haut.

Du XII⁰ siècle, nous arrivons sans point d'arrêt au règne de François I⁰ʳ, pour parler de Claude de Durand, chevalier favori de ce grand roi, auprès duquel il avait été fait prisonnier à la bataille de Pavie, et de qui il obtint, en 1527, une gratification de 600 livres pour les grandes pertes qu'il avait éprouvées dans la guerre d'Italie.

Odet de Durand, son petit fils, était écuyer de l'écurie du roi ; il reçut en 1614, du prince de Condé, commission pour commander dans le château, la ville et le comté de Clermont, et pour lever une compagnie de cent hommes de pied et de trente cuirassiers, qui devaient y tenir garnison.

Henry de Durand, petit-fils d'Odet, fut maréchal-général de la cavalerie légère de l'armée de Catalogne ; sa veuve vendit, le 13 janvier 1681, la terre de Thury, à Jacques Delbonneau, dont le fils François était, en 1711, avocat-général des eaux et forêts de France ; celui-ci vendit la propriété de Thury à Jean-Dominique Cassini, célèbre astronome, dont les descendants la possèdent encore en cette année 1873 ; ce qui a été expliqué au chapitre II, et fait remonter l'origine de ce domaine à la plus haute antiquité.

CHAPITRE V.

Sur l'église et ce qui s'y rattache.

Les documents que nous avons pu recueillir sur l'église de Thury, nous dispensent en quelque sorte de tout travail préparatif, les trouvant en grande partie disposés pour être reproduits sur cette notice.

Toutes ces choses ont dû être tracées par la plume de M. de Cassini, comme ce que nous avons déjà reproduit, sachant bien que la restauration de cette église est due à sa générosité, et qu'en commençant par là, vers l'année 1818, il ne cessa de dépenser pour les habitants de Thury, qu'après les avoir dotés de toutes les choses par lesquelles il a terminé l'autographe qui se trouve au commencement du chapitre I.

Honoré de toute sa confiance depuis l'année 1815 jusqu'en 1831, nous avons pu conserver le souvenir des choses que nous avons été appelé à faire en son nom, dans ces seize années, sans craindre un désaveu.

L'église, en forme de croix, a subi plusieurs changements ; la nef est éclairée par de petites fenêtres et arrondies sans ornement.

Le chœur a conservé ses voûtes garnies de nervures.

La chapelle de la Sainte-Vierge, au côté gauche de l'autel, paraît-être de la même époque que la nef; les nervures en boudins descendent des voûtes, reposant sur des colonnettes à chapiteaux décorés de feuillages; à l'extérieur, sa corniche est soutenue par des modillons simples.

Le clocher est au centre ; le portail a été reconstruit.

Cette église est remarquable par sa propreté et le soin qui préside à sa décoration, mais il y a lieu de regretter que les belles peintures que M. de Cassini a ajoutées aux dépenses auxquelles elles ont donné lieu, à l'occasion de la restauration de ce petit édifice, aient été si promptement atteintes dans les parties où l'humidité se fait remarquer.

On voyait autrefois, dans la chapelle de la Vierge, le tombeau de la famille de Cassini; aujourd'hui, il n'existe plus que celui du dernier des Cassini, dans l'ancien cimetière.

Le patronage de la cure de Thury, sous le vocable de Saint-Médard, appartenait à l'abbaye de Saint-Lucien.

Cette cure est maintenant une succursale.

CHAPITRE VI.

Sur l'étendue du territoire et la diversité de ses produits.

L'étendue superficielle du territoire de Thury-Fillerval est de 541 hectares 92 ares 30 centiares que le cadastre a divisés de la manière suivante :

	Hect.	ares	cent.
Terres labourables.........	360	27	78
Jardins potagers............	10	19	75
Bois taillis.................	105	58	85
Oseraies et aunaies.........	2	39	55
Friches....................	33	35	85
Patures....................	0	29	45
Marais.....................	9	84	55
Prés.......................	6	54	90
Eaux.......................	0	76	65
Routes, chemins et places..	9	49	45
Propriétés bâties...........	3	05	95
Total............	541	92	30

En faisant la déduction des 55 hectares de sol improductif, il ne restera plus pour le sol plus ou moins productif que 486 hectares 92 centiares.

Revenus communaux, 246 fr. 65 c.

Somme dans laquelle se trouvent confondues celles que peuvent produire les quelques parcelles de terre labourable qui appartiennent aux pauvres, sur lesquelles on nous a donné quelques renseignements.

Cependant la commune de Thury possède quelques ressources particulières, celles notamment qui sont connues sous les noms de prés et de marais, dont les récoltes se vendent annuellement à des prix qui paraissent s'élever de quatre à six cents francs.

BUREAU DE BIENFAISANCE.

On élève à 300 fr. les ressources de ce bureau de bienfaisance. La plus grande partie repose sur un fermage de terres labourables qui paraissent avoir fait l'objet d'un legs fait aux pauvres de cette commune.

CHAPITRE VII.

Ayant pour objets : la population et la légende des Maires de Thury.

La population de cette commune a été soumise pendant les XVIII° et XIX° siècles, aux variations que des documents officiels nous font connaître.

Elle s'élevait en l'année 1720 à 304 habitants.
— en — 1759 à 207 —
— en — 1791 à 270 —
— en — 1806 à 320 —
— en — 1821 à 331 —
— en — 1826 à 324 —
— en — 1831 à 360 —
— en — 1866 à 366 —

Légende des Maires à partir de 1791.

MM.

1° Madéré, agent municipal, chef d'institution.
2° Hennelle (Denis), maire.
3° Gamaches (Jacques).
4° Hennelle (Vincent).
5° Pulleux.
6° Pillon (Louis-Adrien) (1).
7° Rougemont.
8° Le comte de Cassini.
9° Hennelle (Nicolas).
10° Delebergue.
11° De Vuillefroy, sénateur.
12° Hargé (Casimir).

---

(1) M. Pillon, que nous avons connu, était le contemporain et le plus proche voisin de M. le comte de Cassini. Il eut, de son mariage, deux garçons que nous avons vus aussi, dès leur jeune âge.

L'un d'eux est décédé après son père.

L'autre s'étant fait remarquer par M. de Cassini, il lui donna des preuves de l'intérêt qu'il lui avait inspiré.

L'école du village ayant appris à le connaître, on lui fit continuer ses études, et il arriva en peu d'années à la puissance de remplir les fonctions ecclésiastiques.

M. Pillon, âgé maintenant de 57 ans environ, est arrivé à la prélature en qualité de protonotaire apostolique, et habite l'arrondissement de Senlis (Oise).

CHAPITRE VIII.

Diverses additions aux chapitres qui précèdent.

L'usine qui se trouve à l'une des limites intérieures du parc du château de Thury, vers le midi, a, pour première substance motrice, l'eau de la fontaine bergère que l'on connaît à Thury, en rencontrant dans sa pente rapide quelques faibles affluents, et acquiert ainsi quelque force, augmentée, du reste, au moyen du ruisseau de Lombardie, qui vient s'y joindre ; toutes ces eaux réunies alimentent l'ancien moulin à farine dont un emphytéote a joui à titre précaire jusqu'à l'année 1793.

Une loi de cette époque étant intervenue qui avait pour objet l'émission des valeurs représentatives autres qre celles monnayées, l'emphytéote put en user pour s'affranchir de ses obligations, et devint ainsi propriétaire de son usine, et les choses restèrent dans cet état jusqu'au décès de M. de Cassini.

Mais le moulin est rentré peu de temps après, par voie de rachat, dans le domaine dont nous parlons.

En aval du même cours d'eau, se trouve

une autre usine qui formait aussi obstacle à l'entière jouissance du parc, mais que M. de Cassini avait acquise, en sorte que deux usines se trouvent maintenant dans l'enceinte de la propriété du château de Fillerval-Thury.

Toutes ces eaux sont autant d'affluents pour la rivière du Thérain, mais qui sont utilisés avant de s'y jeter.

Sur un point culminant du terroir faisant partie du domaine, se trouvait un belvéder d'où M. de Cassini pouvait voir la cathédrale de Beauvais, ce qui était pour lui une solitude où il se livrait à ses plus profondes méditations.

Il aimait à faire voir ce point isolé des grands mouvements populaires et de la nature.

Il y arrivait toujours aimable et communicatif.

Quelques mots sur les habitants de Thury.

La population est assez sobre et laborieuse ; elle trouve une grande partie de ses occupations dans la culture des céréales et des plantes légumineuses.

En dehors de leurs occupations ordinaires, les ouvriers proprement dits trouvent des ressources dans la forêt de La Neuville-en-Hez, où les hommes sont employés comme bûcherons.

Les familles indigentes et bien connues obtiennent la permission de ramasser du bois mort dans les triages qui leur sont indiqués, et d'ailleurs sous la surveillance et les visites domiciliaires des gardes forestiers.

Les gens de métiers, tels que : charpentiers, menuisiers, charrons, tisserands, etc., etc., préfèrent aller exercer leur profession dans les pays voisins de Thury, plutôt que de rester dans leur commune.

FIN DE L'HISTOIRE DE THURY-SOUS-CLERMONT.

ULLY-SAINT-GEORGES

ULLY-SAINT-GEORGES.

Wlly-Saint-Georges, Vlly, Wlly, Œuilly-Saint-Georges, Wlliacum au douzième siècle, Wlliacus en 1235, situé entre Balagny-sur-Thérain et Foulangues au nord-est et à l'est, Neuilly-en-Thelle, son chef-lieu de canton, au sud, Dieudonne au sud-ouest, La Chapelle-Saint-Pierre et Sainte-Geneviève à l'ouest, et Cauvigny au nord-ouest.

CHAPITRE Ier.

Sur l'origine, le territoire et l'église de cette commune.

§ Ier.

Le statisticien Graves nous apprend, par les quelques lignes qui précèdent celles-ci, que l'origine d'Ully remonte au douzième siècle (1172).

La tradition s'est établie dans cette localité par succession de temps que les eaux qui servent de motrice à l'une de ses deux usines furent reconnues en 1180, ce qui vérifie, jusqu'à un certain point, l'opinion de l'historien que nous venons de citer, et c'est tout ce que nous-même pouvons en exposer à défaut de documents écrits, autres que ceux dont nous parlerons encore au chapitre troisième.

§ II.

L'étendue du territoire de cette commune est de 1,871 hectares 40 ares 50 centiares, dont 1,521 hectares 51 ares 41 centiares de terres labourables, 44 hectares 81 ares de jardins potagers, 205 hectares 61 ares de bois, dont une partie a été défrichée, 62 ares de vignes qui n'existent plus, 26 hectares de friches, dont une partie est aujourd'hui cultivée; le surplus est occupé par les rues, les places, les eaux, des pâtures, des oseraies et les propriétés bâties. Le tout se compose de 4,550 mille articles.

Il a existé à Ully, jusqu'en 1790, deux grands domaines qui appartenaient aux classes privilégiées. L'un d'eux était possédé par le couvent des Dames dites de Saint-Cyr, d'environ 150 hectares de terrains cultivés. On sait que la révolution de 1789 s'en est emparée et l'a vendu comme bien de main-morte en 1794.

Cette vente n'a presque rien changé à la situation des choses sur les lieux : le domaine et toutes ses dépendances ayant été acquis par une famille de la localité, qui a continué l'exploitation des biens, en occupant le cloître des religieuses qui avaient dans leur intérieur une retraite flanquée de tours, ainsi que des bâtiments qui étaient employés dans l'exploitation des biens ruraux.

A ce point de vue, les habitants de la localité de la classe ouvrière ont pu profiter de la division des terres labourables qui occupaient une grande partie du territoire d'Ully.

Indépendamment des bâtiments qui étaient destinés, dans l'enceinte du cloître, à recueillir les récoltes que le fermier obtenait chaque année sur le domaine, il s'y trouvait aussi une grange pour le produit des dîmes et un pressoir banal.

Les biens de l'église d'Ully avaient été vendus en même temps que ceux de l'abbaye de Saint-Cyr.

Cependant le territoire d'Ully est resté connu, par ses trente-trois dénominations différentes, dans son étendue et son pourtour, ce dont le cadastre de cette commune a respecté les noms.

Les nouveaux soins qui avaient été donnés à la terre avaient, paraît-il, donné une grande plus-value au sol et aux végétaux; mais la classe ouvrière du village n'en put profiter que par l'exemple qu'ils eurent sous les yeux du progrès de l'agriculture. Ceux qui possédaient, à la fin du dix-huitième siècle, furent tout à coup affranchis, par les lois nouvelles, des diverses redevances féodales que les seigneurs leur imposaient, et c'est ainsi que l'on a vu incontinent, en France, une liberté d'agir qui a suggéré aux habitants d'Ully l'idée de se faire commerçants ou industriels.

Les uns se sont faits fabricants d'étoffe, d'autres ont voyagé, mais sans succès, car la volonté seule est insuffisante pour obtenir du succès. Nous pouvons citer une fabrique de lainage qui a dû se fermer à la fin du dix-huitième siècle, après trois années d'existence, et celle des tissus de coton qui s'est formée vers l'année 1810 et qui a cessé d'exister en l'année 1816.

Cependant, depuis quelques années plusieurs industries nouvelles sont venues s'implanter en cette commune : celle des boutons en nacre, puis une autre pour les brosses à dents, pour le travail de la soie, et particulièrement celle qui a pour objet l'emploi de l'ivoire et de l'écaille pour des choses qui exigent un talent particulier donnant quelque mérite à la production ; mais on ajoute que la vente exige des déplacements lointains dont Ully n'est pas suffisamment pourvu.

Il y avait à Ully-Saint-Georges un château-fort qui se rendit à Henri IV, en 1591, après la prise de La Neuville-en-Hez, et qui fut détruit à la suite de la Ligue.

Nous donnerons d'autres détails, dans un chapitre subséquent, sur les grandes propriétés de cette commune, et nous terminons ce paragraphe par quelques nouvelles explications sur les limites extérieures de son territoire.

Nous avons exposé, en commençant cette notice, que, au nord-est du territoire d'Ully, sur un point éloigné de cette localité, se trouvait un canton connu sous le nom de Justice-L'abbé, composé de terres qui se joignent à celles du territoire de Mouy. Aux limites respectives des deux communes, leurs seigneurs privilégiés y avaient fait planter leurs potences à carcan, qui y sont restées jusqu'aux premiers mouvements populaires de la révolution de 1789.

Ces terres d'Ully, étant voisines des annexes de Mouy, qui sont connues sous les noms de Bruiles, Coincourt et Janville, les habitants de ces petites localités en recherchent l'exploitation avec d'autant plus d'empressement qu'elles se trouvent à une grande distance d'Ully-Saint-Georges (1).

Il a existé aussi sur le terroir de cette commune une maladrerie; elle était située sur une prairie entre Ully et Cousnicourt, mais dont les propriétés ont été réunies à celles de l'Hôtel-Dieu de Beauvais, par arrêt du conseil du roi

---

(1) L'origine du nom de Justice-L'Abbé est due au chapitre de l'abbaye d'Ully. par suite de la délégation de l'un de ses membres pour veiller sur l'administration du domaine de ce couvent.

Louis XIV, du 15 juillet 1695, et un **arrêt** du parlement du 21 mai de l'année suivante.

La commune d'Ully-Saint-Georges, par suite de cette décision, a droit à perpétuité à l'entretien d'un lit de malade à l'Hôtel-Dieu de Beauvais.

§ III.

Le troisième paragraphe de ce chapitre a pour objet l'église de la localité.

Voyons les parties extérieures de l'édifice avant de nous occuper de son intérieur, qui est précédé d'un porche du treizième siècle à trois ouvertures ogivales.

La principale fait face à celle des tours du couvent, qui reste encore debout, et on arrive au point le plus remarquable du lieu par la rue dite de La Ville, nom que la commune d'Ully paraît porter depuis son origine, quoiqu'il ne fût alors qu'un bourg.

Le portail, du même temps que le porche, est à deux rentrants et deux colonnettes de chaque côté. Là sont deux fenêtres avec ogives à lancettes ornées, à droite une autre fenêtre ogivale tripartite tréflée.

Il existe, au côté sud de la nef, cinq pignons à ogivales flamboyantes, avec une porte en arc surbaissé, garnis de pampres pinacles et feuilles brisées. Les contre-forts intermédiaires portent des gargouilles.

Le cimetière, qui occupait toute la place libre maintenant en dehors de l'église, en a été éloigné jusqu'au-delà de la commune, vers le sud-ouest. Le presbytère, reconstruit depuis peu d'années, se trouve maintenant sur un terrain libre et à une distance convenable de la partie agglomérée de la population, et cependant peu éloignée de l'église.

Le côté de la nef opposé à celui dont nous venons de parler dépendait du couvent de Saint-Cyr, et il s'y trouvait une porte qui permettait aux religieuses de s'en servir pour entrer dans l'église, et un petit bâtiment appuyé sur l'édifice qui servait de prison et de mise au secret, selon la volonté du chapitre, ce qui n'a plus de raison d'être depuis 1790; la prison étant du reste tombée en ruine.

En entrant dans l'église, on remarque que le chœur se termine par une abside en trois parties, avec intermédiaires, hautes et étroites fenêtres simples trilobées, couronnées par une rose à trèfle; les latérales, plus basses, à moulures anguleuses. Le côté droit est moderne.

On remarque aussi deux rangées de statues dans le chœur.

Le clocher est central, en selle ou batière, carré; des quatre cloches qui y sont restées suspendues jusqu'en l'année 1791, il n'en existe plus qu'une seule depuis cette époque.

La nef, sombre et humide, a un lambris du seizième siècle.

20.

La chaire qui s'y trouve placée est à trois panneaux sculptés.

Le latéral droit est voûté en pendentif.

La travée du chœur et la chapelle correspondantes ont des voûtes et des chapiteaux du temps et des fenêtres à pleins-cintres.

Les colonnettes du sanctuaire s'élèvent jusqu'a l'origine des courbes.

Il y a un bel autel où saint Georges, patron de la paroisse, est représenté par une grande et très-remarquable peinture qui le fait voir à cheval en présence de ses bourreaux.

Les vastes chapelles latérales sont dédiées : celle du midi à saint Nicolas, et celle du nord à la Sainte-Vierge. On remarque au pavé de celle-ci plusieurs pierres tumulaires dont les épitaphes sont en grande partie effacées. Il en reste trois cependant qui peuvent être lues avec facilité. La première est ainsi conçue : Ici repose le corps de messire Denis David, écuyer, né en cette paroisse le.....1618. La deuxième : Ici repose le corps de Catherine David, fille de Denis, inhumée le.... septembre 1692. Et la troisième, dans la chapelle Saint-Nicolas : Ici repose le corps de Jehan Petit, receveur d'Ully-Saint-Georges.

Le chœur se ferme par une grille en fer, de forme moderne. La nef est garnie de chaises.

L'ancienne cure d'Ully-Saint-Georges était, parait-il, dans le patronage de Saint-Denis, c'est-à-dire que cette abbaye avait le droit de nommer le curé d'Ully.

Cousinicourt, annexe d'Ully, avait une chapelle sans titre.

Cavillon, autre annexe, en avait une sous l'invocation de saint Cyr et le patronage de l'abbaye de Saint-Martin de Pontoise.

Ces chapelles n'existent plus.

§ IV.

Légende des prêtres qui ont desservi la paroisse d'Ully depuis l'année 1654, relevée sur les registres aux actes de l'état civil, écrits en langue française, ne remontant qu'à cette époque, ceux des temps antérieurs étant inconnus dans la localité, comme du reste en beaucoup d'autres lieux.

MM. **Dampsan**.. de 1654 à 1670.
Lormance, en 1670.
Huchon... de 1671 à 1719, doyen de Mouchy-le-Châtel à partir de 1719.
Durand... de 1719 à 1755.
Jeruzel... de 1755 à 1791.
Bigot..... de 1791, date de la fermeture de l'église.
Orier.
Pinson
Mignelay.
Degouy.
Martin.
Lambert, à l'époque actuelle.

Interrogés sur l'origine et l'emploi de la maison, qui paraît être la plus ancienne d'Ully, au centre de la grande rue, les vieillards de la localité nous ont répondu savoir par la tradition qu'elle a appartenu et a été occupée pendant quarante ans environ par M. Philipet comme curé de la paroisse, bien avant ceux qui sont désignés sur les registres de la commune, déclarations que confirme l'architecture de cette maison dont la construction paraît remonter au seizième siècle. Elle est occupée aujourd'hui par un marchand de vins. (Voir au chapitre huitième pour connaître les plus anciens habitants d'Ully.)

CHAPITRE II.

Sur la situation actuelle d'Ully-Saint-Georges. comparée à l'état primitif de cet ancien bourg.

Il est démontré par les papiers que les archives de cette commune renferment : que ce grand village pouvait être considéré, dès son origine et jusqu'en 1790, comme un bourg, par le baillage de Senlis ; en présence des vastes dépendances de son abbaye ; de ses droits de haute, moyenne et basse justice ; du château-fort que Henri IV est venu soumettre ; et des trois tabellions qui ont pu exercer, à Ully-Saint-Georges jusqu'en 1789, et dont l'étude fut supprimée à cette époque parce qu'elle n'était plus qu'une sinécure.

Jusqu'au dix-huitième siècle, Ully-Saint-Georges est resté grand village, ainsi appelé par le baillage de Senlis dont il dépendait, quoique placé dans un vallon étroit et en quelque sorte sans autres moyens de communications avec les lieux voisins, que ceux que les grands seigneurs et les maisons privilégiées pouvaient exiger de leurs vassaux, telle, par exemple, que des corvées infructueuses sur les chemins conduisant à travers champs dans les lieux voisins.

Telle était réellement la situation d'Ully-Saint-Georges, mais qui a pu changer sur ce point, comme partout ailleurs depuis les premières années du dix-neuvième siècle ; ces progrès cependant ont encore besoin des conseils des autorités supérieures, pour continuer ces progressions en certains endroits ; et que du reste on sait mieux goûter maintenant que dans les temps plus reculés.

Bref, les habitants de cette commune doivent se féliciter de s'être soumis aux dépenses qu'ils ont dû supporter pour faire disparaître leurs ornières, contribuer à établir des routes classées pour se rendre aux marchés qu'ils fréquentent pour vendre leurs produits agricoles fort abondants sur leur vaste territoire, et donner à leur sol intérieur un nivellement et des alignements dont ils profitent, et sur lesquels on ne peut que les féliciter.

Cependant, d'autres routes paraissont leur manquer encore pour étendre d'autres relations que celles commencées.

CHAPITRE III.

Sur la situation actuelle de la commune, sa population et la légende des rues, des places, etc.

§ Ier.

En faisant disparaître la plus grande partie des chemins qui se faisaient remarquer dans cette commune, pour les remplacer par des constructions composées de matières inflammables (pierres, moëllons, briques, tuiles ou ardoises), on a dû baisser le sol autant que possible et opérer dans le même sens sur les alignements; c'est ce qui se fait remarquer. Des règlements avaient été dressés et approuvés pour tous les points et sur toutes les matières.

C'est ainsi que de grands changements se sont opérés, tant au chef-lieu communal que dans les annexes. L'ensemble contient une population de 1,000 habitants d'après le dernier recensement sur lequel nous donnerons quelques détails.

La commune d'Ully-Saint-Georges est ainsi composée : 1° au centre de la population se trouvent groupées 160 maisons, et au delà.

Le premier hameau, qui est Cavillon, vers le midi, où on compte 30 maisons ;

Le deuxième, Coupin au sud-est, où il se trouve 24 maisons ;

Le troisième, qui se nomme Moulincourt, au nord-ouest, est composé de 20 maisons ;

Le quatrième, qui tient à Ully, compte pour 10 maisons ;

Et le cinquième, Coussinicourt, situé à l'ouest, qui est composé de 12 maisons ;

Laluet, se trouvant confondu dans la population d'Ully, n'est plus au nombre des annexes.

Il en est de même de l'annexe de Bois-Morel, qui a été détachée de la commune qui nous occupe et réunie à celle de la Chapelle-Saint-Pierre, canton de Noailles.

La population de cette commune a subi les variations que présente ce tableau.

§ II.

Elle ne s'élevait, en l'année 1720, qu'à 760 habitants, y compris les six annexes que nous venons de citer.

Cette année 1720 est la première dans laquelle on a fait connaître officiellement la population de toutes les localités du Beauvaisis. Il y a lieu de croire que cette mesure dût s'appliquer à toute la France pour en connaître les ressources après les guerres ruineuses de Louis XIV, suivies après sa mort du traité de paix qui se fit avec plusieurs puissances étrangères, le 2 août 1718.

De 1720 à 1836, la population de la commune d'Ully-Saint-Georges s'était élevée de 760 habitants au chiffre de.................. 1,080
mais en l'année 1854, elle était descendue à....................... 1,043
en l'année 1860, à.................. 1,011
en l'année 1865, à.................. 1,001

Mais ces diminutions peuvent s'appliquer à la perte d'une centaine d'habitants qui se trouve dans l'annexe de Bois-Morel, qu'Ully a perdu.

Le recensement de l'année 1872, qui a été fait pour la commune d'Ully, s'était élevé encore une fois à 1,001 habitants ; on peut se fixer sur ce chiffre pour se baser sur l'importance numérique de cette commune.

Cette situation stationnaire dans la population d'Ully a lieu de surprendre, en présence d'un grand nombre d'autres communes rurales agricoles comme le grand et beau territoire de cette localité.

En cherchant la cause réelle de cet état de choses on ne peut guère l'attribuer qu'à l'état sanitaire de la localité et au défaut prolongé de ses moyens de faciles communications avec les lieux voisins et au-delà ; car on a vu à Ully plusieurs familles tenter des entreprises commerciales et industrielles, qui n'ont pu réussir à cause de leur isolement, des obstacles qu'ils ont toujours rencontrés pour voyager et de ceux que les étrangers rencontraient à plus forte raison pour arriver à Ully, pour se mettre en relation avec sa population.

§ III.

Légende des rues et des autres voies publiques de la commune. Elle comprend deux parties distinctes : la première se compose de celle qui a été extraite d'un plan qui se trouve aux archives de la préfecture de l'Oise, et la deuxième tirant son origine des archives de la commune d'Ully-Saint-Georges.

Selon le plan des archives de Beauvais, concernant particulièrement Ully :

1. La grande rue (1).
2. La rue des Juifs, faisant suite à celle du Couvent.
3. Celle du Couvent.
4. Rue Saint-Martin, aboutissant à l'église et au cimetière.
5. Rue de Becquerel, à peu de distance du fort.
6. De la croix Dufour.

Sur un point particulier de ce plan se trouvent ces mots : *Remons entre deux Voyers et Cornollier* que personne ne peut *expliquer à Ully.*

---

(1) Dans cette rue, se trouvait une maison dite Vaast-Saint-Denis.

L'espace qui se trouve entre l'ancien couvent et l'église a toujours été désigné à Ully, sous le nom *de la Ville* et s'appelle encore ainsi.

Selon les archives de la commune d'Ully :

1. Rue du Moutier (de l'église).
2. — du Moulin-Fagot.
3. — des Juifs ⎱ aujourd'hui grande Rue.
4. — du Chêne ⎰
5. — Evrard.
6. — Jeanne-Béguin.
7. — des Forges ou des Véroux.
8. — de Becquerel ou du Moulin-Rouge.
9. — Durand ou Crocq.
10. — du Moulin de Coupin.
11. — du Saulsoy.
12. — Notre-Dame-de-Pitié ou du Puisoi.
13. — de Coupin.
14. — Neuve.
15. Ruelle Hautin ou petite Voirie.
16. Rue d'en Haut à Cavillon.
17. — du Clos des Vignes.
18. — de la Cavée de Coupin.
19. — du Sellier, supprimée par le conseil.
20. — la Sente de Perel.
21. Chemin de grande communication conduisant à Mouy.
22. Autre pour Neuilly-en-Thelle.

Nous avons parlé, à la page deuxième de cette notice, de la division du territoire en trente-trois parties distinctes, encore connues aujourd'hui par des noms différents qui ont servi dans les opérations du cadastre de cette commune.

Ce travail a fait partie de celui que le chapitre des Dames de Saint-Cyr et d'Ully-Saint-Georges a fait dresser pour elles en l'année 1712 ; il embrasse non seulement la division et l'exploitation du vaste domaine de ce couvent de Saint-Cyr-lès-Ully, mais encore tout ce qui pouvait en dépendre et s'y rattacher.

C'est, en un mot, un in-folio de 970 pages dans lequel on voit les noms de tous les débiteurs du couvent, soit pour fermages, rentes foncières, féodales, dîmes, cens, surcens, pénitencières et autres ; c'est, en d'autres termes, un cueilloir qui, après avoir échappé des mains de l'administrateur receveur du couvent est arrivé comme pièce précieuse après 1795 aux archives de la commune d'Ully-Saint-Georges, pour éclairer tous les possesseurs de biens situés sur ce vaste territoire.

Notre intention étant de placer parmi les archives de la mairie d'Ully un exemplaire de cette notice, on pourra toujours avoir communication des choses qui pourront se trouver dans les étroites limites des sujets qui s'y trouveront exposés.

Après tous les détails dans lesquels nous sommes entré pour démontrer l'existence, à Ully-Saint-Georges, d'un couvent de femmes et d'un château-fort, nous reconnaissons la nécessité d'en exposer l'origine.

CHAPITRE IV.

Sur l'origine des seigneurs d'Ully-Saint-Georges.

Le doute qu'il nous a paru avoir existé dans l'esprit des historiens qui sont restés silencieux sur l'abbaye de Saint-Cyr et le château-fort d'Ully-Saint-Georges, nous a mis dans la nécessité de faire de nombreuses recherches pour démontrer la réalité des choses.

L'ouvrage le plus explicite sur l'existence de l'abbaye de Saint-Cyr, dont une retraite et un domaine, est un gros in-folio, dont nous avons déjà parlé, et qui commence ainsi :

« Etat et explications des plans de la paroisse
« d'Ully-Saint-Georges et des hameaux et ter-
« roirs de Cousnicourt et Cuvillon en dépendant,
« levés par ordre de Mesdames de Saint-Louis,
« ci-après nommées, par le soussigné Voyer,
« général de Saint-Denis, en 1712, contenait
« sur chaque article un extrait des actes et
« délibérations de la châtellenie dudit Ully et
« des seigneurs de Cousnicourt et de Cuvillon,
« y jointes comme dépendantes de la mense

« abbatiale de l'abbaye de Saint-Denis, unie
« au monastère royal de Mesdames les supé-
« rieures religieuses de Saint-Louis, ordre de
« saint Augustin, établie à Saint-Cyr, (1) les
« Versailles, aux termes des actes passés devant
« Jean Dubus, tabellion de ladite châtellenie
« pendant les années 1710, 1712, 1713 et sui-
« vantes, en vertu de lettres-patentes du roi
« Louis XIV, du 3 mars 1693. »

Ce que nous venons de communiquer pourrait suffire pour croire à la réalité de l'abbaye d'Ully, qui en a toujours joui paisiblement, ainsi que de tous les privilèges qui y sont restés attachés jusqu'à l'époque où le gouvernement de notre première révolution républicaine, considérant l'ensemble comme bien de main-morte, s'en empara et le vendit comme tel sans opposition.

Ajoutons encore, pour être mieux fixé sur l'origine de la grande propriété dont nous parlons, dite de Saint-Cyr, qu'elle n'a eu le droit de se qualifier ainsi qu'en vertu de lettres-patentes du roi Louis XIV, du 3 mars 1693, à la sollicitation de Madame de Maintenon, qui

---

(1) Un savant du dix-neuvième siècle a dit que Madame de Maintenon a dû se rendre plusieurs fois chez les religieuses de Saint-Cyr, à Ully, et à Saint-Cyr, pour y prendre du repos et les entretenir de son école de Saint-Cyr-lès-Versailles.

occupait déjà une partie de ces vastes et nouvelles constructions, s'y étant faite directrice d'un pensionnat de deux à trois cents jeunes personnes, filles de la haute noblesse française.

Mais l'abbaye d'Ully-Saint-Georges n'en était ni plus ni moins restée ce qu'elle était auparavant.

Il nous reste peu de chose à dire maintenant sur Saint-Cyr, ce que du reste la population française sait déjà. Ajoutons cependant que l'ouvrage de M. Rendu, déjà cité, renferme aussi des renseignements sur l'abbaye d'Ully-Saint-Georges, et la met au nombre de celles sur lesquelles la série H renferme des titres.

Le lecteur verra bientôt que le couvent dont nous parlons existait dès le quatorzième siècle.

Le grand pensionnat de Saint-Cyr s'étant spontanément supprimé dès l'année 1790, toutes les portes en furent fermées, mais réouvertes peu de temps après pour y installer le Prytanée français, dont M. Pierre Crouzet de Saint-Vast fut le directeur pendant toute l'existence de cette institution.

M. Crouzet était déjà connu comme professeur des hautes sciences.

Mais Napoléon Ier ayant été appelé au Consulat, il fit de Saint-Cyr l'école militaire que nous voyons encore maintenant, et M. Crouzet cessa ses hautes fonctions en recevant la croix de la Légion-d'Honneur dont on crut devoir le récompenser presque aussitôt l'institution de l'ordre. M. Crouzet rentra dans la vie privée et se fit agriculteur.

L'état descriptif que les religieuses de Saint-Louis-Saint-Cyr ont fait lever sur les plans et rédiger sur le territoire de la commune d'Ully-Saint-Georges, en 1712, par leur voyer général de Saint-Denis, avec le concours de M. Jean Dubus, tabellion, à la résidence d'Ully, est une œuvre à toutes fins dans laquelle on rencontre des détails qui se rattachent à l'existence et aux besoins matériels de l'abbaye d'Ully, et aussi à celle particulière de messire Nicolas Le Poix de Becquerel, seigneur fieffé d'Ully-Saint-Georges, qui paraît avoir possédé le château-fort qui a porté son nom.

Les choses devaient être ainsi, puisqu'en faisant figurer sur leur état général les propriétés quelles possédaient, les religieuses devaient connaître en même temps leurs débiteurs à divers titres, pour en faire ce que l'on appelait un cueilloir où les noms des biens de Becquerel devaient être compris.

On y trouve d'autres noms distingués que les siens, mais ceux de simples écuyers, chevaliers, voire même de simples employés qui n'avaient dans la localité d'autres distinctions que celles qui s'attachaient à leurs personnes, tous débiteurs de l'abbaye en un mot, et à divers titres.

Bref, nous ne pouvons voir que deux seigneurs dans la commune d'Ully-Saint-Georges : les dames de l'abbaye de Saint-Cyr, par suite de leurs droits privilégiés de basse, moyenne et haute justice, et messire Nicolas Le Poix, vivant écuyer, seigneur fieffé de Becquerel, à Ully-Saint-Georges, resté possesseur d'un domaine en ce lieu jusqu'aux premières années du dix-huitième siècle.

De ce domaine dépendait originairement, paraît-il, un vieux château-fort, dit de Becquerel, dont la Ligue avait pris possession, et duquel le roi Henri IV les chassa en l'année 1591, après s'être emparé de La Neuville-en-Hez.

La démolition de cette petite forteresse ayant eu lieu après l'éloignement de ces opiniâtres et ambitieux protestants, il n'en reste plus dans la localité qu'un souvenir traditionnel, et on croit qu'il n'a pu être remplacé que par une usine qu'on nomme le Moulin-Rouge (1).

---

(1) Voir l'ouvrage de Dupont White, chez Dumoulin, libraire, quai des Augustins, à Paris, sur la Ligue à Beauvais, la prise du château-fort d'Ully, en 1591 ; sur les ligueurs qui l'occupaient, par le capitaine Picard, de Beauvais, et sa reprise immédiate par Henri IV, après s'être emparé de celui de La Neuville-en-Hez.

On trouve dans le même ouvrage pages 43, 83, 87, 92 et 200, des notices sur les sires de Sayecourt,

21

L'origine du domaine de Becquerel remonte aux temps les plus reculés, puisque le cueilloir des Dames de l'abbaye d'Ully constate qu'en l'année 1348, Jean d'Ully, dit Flamand Dubus, dût faire à ces religieuses un aveu et dénombrement pour une prairie et d'autres corps d'immeubles qui dépendaient de ce même domaine.

Les registres aux actes de l'état civil des habitants d'Ully, ne font aucune mention de messire Nicolas Lepoix de Becquerel; mais il paraît avéré que sa disparition de la commune date des années 1712-1714.

On remarque aussi sur le même livre, qu'après plusieurs années d'attente, sa succession ayant été acceptée sous bénéfice d'inventaire, ce domaine fut vendu en détail, et acquis en plusieurs lots par M. Guy-François Hébert, procureur au parlement, et consorts.

C'est ainsi que se rencontrent dans notre exposé général quelques confusions entre l'histoire des seigneurs de Becquerel et celle du couvent des Dames privilégiées de l'abbaye d'Ully-Saint-Georges.

L'état général des biens et rentes que les

---

de Vaudrez et de Saisseval, comme seigneurs de Mouy et zélés partisans de Henri IV, que les ligueurs de Beauvais ne reconnurent que tardivement, comme roi successeur de Henri III.

Dames de Saint-Cyr ont fait établir en l'année 1712, ne fait aucune mention du moulin à farine qu'elles possédaient à peu de distance de leur couvent, dès la première époque de leur arrivée à Ully, parce qu'elles en firent la vente au sieur Buquet, vers la fin du dix-septième siècle, propriété qui resta en la possession de cette famille jusque il y a peu d'années.

Cette usine tient sa force motrice de toutes les sources qui se trouvent sur plusieurs points en amont du moulin, et dont le meunier savait tirer parti.

Il en existe deux qui méritent d'être citées par suite de leur utilité particulière. La principale a donné l'idée, par l'abondance de son eau, d'en faire un canal dans lequel on retiendrait ses eaux pour en faire un lavoir public. La construction qui couvre le canal étant entourée de logettes particulières et séparées, 70 femmes peuvent s'y placer commodément pour laver leur linge.

En s'écoulant, ces eaux rencontrent un autre point sur lequel on en tire quelques profits.

Plus bas, une autre source fut découverte dès l'origine de la localité, croit-on ; celle-ci donne, paraît-il, une eau à laquelle on attribue le mérite de soulager les malades et de contribuer puissamment à leur guérison ; soulagement qu'on attribue principalement à la légèreté du liquide.

On lui a donné le nom de Fontaine-Saint-Martin. (1)

Et en sortant du Moulin-Buquet, toutes ces eaux portent le nom de rivière La Cyr, et servent de moteur aux deux moulins de Foulangues, à Balagny, plus loin, et se jettent dans la rivière du Thérain.

---

(1) On a peut-être ainsi désigné cette fontaine par analogie de la piscine probatique de Jérusalem.

CHAPITRE V.

Tableau qui rappelle le passé du bourg d'Ully-Saint-Ully, et en fait voir les progrès jusqu'à l'époque actuelle.

En présence d'un sol difficile à soumettre et à parcourir, et d'obligations innombrables et plus ou moins pénibles à exécuter, les habitants d'Ully-Saint-Georges durent rester jusqu'au dix-neuvième siècle dans un état voisin de la plus grande servitude.

Ce que nous avons exposé dans les chapitres précédents nous dispenserait d'y ajouter quoique ce soit, si nous ne croyions pas devoir présenter aux lecteurs un tableau des progrès qui ont pu se produire à la vue de la population actuelle sur toutes les parties de son territoire depuis 40 à 50 années, car cette population est née agricole et restée telle, sauf quelques exceptions en suivant l'exemple de ses ayeux, mais en cherchant à donner à la terre les améliorations qu'elle était et est peut-être encore susceptible de recevoir, et ce n'est évidemment que par des moyens incessants et toujours nouveaux qu'on y est parvenu sur le territoire d'Ully-Saint-Georges, comme de ceux qui l'entourent.

L'époque d'une entière liberté nous étant arrivée sur la jouissance de ce que nous possédons, nous employons toujours nos facultés intellectuelles en même temps que celles physiques pour arriver aux résultats désirés.

Il y a plus, car les instruments agricoles qui qui existent maintenant dans notre pays, sont autant d'exemples que nous sommes intéressés à suivre pour augmenter la masse des matières alimentaires. Il s'y trouve un intérêt public et solidaire entre les propriétaires mêmes, qui se comprennent du reste, dans la vue d'éviter au gouvernement l'emploi de gros capitaux, pour acheter aux puissances étrangères les grains insuffisants sur notre territoire pour l'alimentation de toute la population française, particulièrement celle des pauvres.

Le nombre des moyens qui peuvent être employés pour augmenter la source des choses alimentaires, et l'aisance est si bien comprise que nous voyons des pères de famille envoyer leurs enfants dans les écoles spéciales pour les éclairer sur tout ce qui se rattache à la noble profession de cultivateur.

Ne voyons-nous pas dans nos départements des hommes instruits dans les arts et métiers et sur les instruments aratoires, offrir à tous les agriculteurs des machines au moyen desquelles on cultive plus facilement et avec plus de perfection les terres de toutes les classes; des machines à semer, à cueillir, saper, récolter, en un mot, à vanner les grains, jusque dans les champs mêmes où la semence a été jetée.

Le petit cultivateur peut dire, il est vrai, que toutes ces machines ne sont pas faites pour lui, mais en voyant les progrès s'opérer avec ces instruments, il peut toujours en profiter en voyant la perfection du travail, et c'est ainsi que nous arrivent les améliorations, puis des récoltes plus abondantes que celles que donnent les terres qui ont été labourées avec des charrues dont les sillons laissent des parcelles de terrain qui, n'ayant point été retournées ne peuvent rien produire.

On a donné du ridicule, dans les premiers temps, aux hommes qui ont pensé sérieusement à nous établir des chemins de fer; cependant ces voies de fer parcourent rapidement toutes les puissances du monde. Nous connaissons certains points du département de l'Oise, où presque chaque commune voudrait aujourd'hui avoir le sien.

Parlons maintenant des progrès qui se sont opérés sur le territoire d'Ully-Saint-Georges depuis peu d'années et de ceux que l'on tente encore actuellement.

Il se fait, paraît-il aujourd'hui, à Ully, sur les terres de première classe, des essais qui peuvent être comparés aux lieux voisins. Cependant on pourrait y faire encore de nouvelles suppressions de jachères assurément, si on pouvait introduire dans le pays la culture des graines oléagineuses, telle qu'elle se fait dans le département de la Somme.

On peut croire que s'il se trouvait à Ully-Saint-Georges d'autres moyens de communication que ceux qui s'y trouvent, de nouveaux progrès y arriveraient avec d'autant plus de facilité que les sources et le moulin à farine qui y existent depuis plusieurs siècles seraient employés à d'autres travaux.

On ne parle plus dans cette commune des vignes qui y ont été arrachées à la fin du dernier siècle, mais on peut féliciter ceux de ces habitants qui ont fait des plantations d'arbres à fruits dont la beauté et l'abondance méritent d'être citées.

CHAPITRE VI.

Concernant la maison commune et les écoles primaires de la localité.

La nécessité de séparer les deux sexes des enfants qui fréquentent l'école communale à Ully, mit l'autorité locale, vers 1858, dans le besoin de se pourvoir d'un autre lieu que celui que l'on avait cru suffisant jusque-là, tant pour l'instruction des enfants que pour la mairie.

La situation pouvait être bien comprise par le conseil municipal, mais peut-être aussi bien délicate et difficile dans son exécution au point de vue pécuniaire.

Pénétré enfin de ce besoin, cette autorité locale présidée par M. Naquet (Auguste-Aimé), en sa qualité de maire, prit les mesures propres à pourvoir à ces besoins exprimés par une délibération approuvée par l'autorité supérieure.

Après en avoir acquis le sol entre la rue du Dieu-de-Pitié et la grande rue, et fait dresser et approuver le plan, on fit construire le petit édifice vraiment remarquable pour un ancien bourg. Il est ainsi composé : au rez-de-chaussée, élevé de deux marches, se trouve une grande pièce, dans laquelle on réunit les jeunes écoliers. Leur instituteur y trouve aussi son habitation relativement complète. Le tout est bien éclairé et aéré. Les dépendances paraissent largement suffisantes. L'instituteur y trouve même un jardin entouré de clôtures.

Le premier étage se compose d'une salle entourée d'armoires qui reçoivent les archives de la commune et où le conseil municipal tient ses séances, le maire y trouve aussi son cabinet, on y voit également une autre pièce pour les réunions extraordinaires.

Bref, cette maison commune est occupée depuis cinq à six années.

Quant à l'ancienne maison, elle reste employée comme école des jeunes filles, et sert en même temps d'habitation à leur institutrice.

CHAPITRE VII.

Légende des Maires.

MM.

1. Noël (Jean), officier municipal, faisant fonction d'officier de l'état civil, du 28 novembre au 10 décembre 1792.
2. Bigot (Pierre-Laurent), jusqu'au 19 pulviose an II, curé constitutionnel.
3. Lesbroussart (Jean), jusqu'au 12 germinal an II.
4. Dangu (Charles-François), jusqu'au 3 brumaire an IV.
5. Dumont (Remi), jusqu'au 7 germinal an VI.
6. Véron (Vast-Côme-René), jusqu'au 23 vendémiaire an VII.
7. Bulté (Pierre-François), jusqu'au 2 fructidor an VIII.
8. Dumont (Remi), maire, 14 mars 1806.
9. Noël (Jean) maire, 27 mai 1813.
10. Isoré (Jean-Nicolas), maire, 1ᵉʳ décembre 1815.
11. Pieux (Louis), maire, 11 avril 1826.
12. Martin (Georges), maire, 16 décembre 1829.

MM.
13. Duraincy (Charles-François), maire, 17 novembre 1834.
14. Delafolie (Pierre-Georges), maire, 17 février 1837.
15. Drouet (Nicolas-Michel), adjoint intérimaire, 27 août 1837.
16. Buquet (Louis-César), maire, 22 juin 1843.
17. Vast-Toussaint, maire intérimaire, 3 août 1843.
18. Bucquet (Stanislas), maire, 18 décembre 1851.
19. Bucquet (Louis-César), maire, 2 décembre 1854.
20. Duraincy (Charles-François), maire, 23 mai 1857.
21. Naquet (Auguste-Aimé), maire, de 1858 au 7 mai 1871.
22. Hochard (Prosper-Nicolas-Emile), maire, du 7 mai 1871 au.....

CHAPITRE VIII.

Ayant pour objet la légende des Notaires du bourg d'Ully-Saint-Georges.

MM.

1° Dubus (Jean), tabellion, dès l'origine du notariat.

2. Debeaumont, son successeur, notaire.

Et 3. Dumont notaire, peu de temps avant la suppression de cette étude par le bailliage de Senlis, qui a ordonné, par la même sentence, le dépôt des minutes et de tous autres papiers de ce notariat en l'étude de M° Maupin, notaire à Mouy, dont le successeur médiat est à l'époque actuelle M° Budin, notaire en cette ville.

On avait toujours remarqué, sans aucun doute, à Senlis comme à Ully, que la présence d'un notaire en ce lieu n'offrait point assez de ressources pour un officier ministériel de cette classe, ce qui était du reste démontré par les longues vacances pendant lesquelles la place n'était pas remplie.

CHAPITRE IX.

Légende des habitants d'Ully–Saint-Georges, présentée dans l'ordre établi sur les registres aux actes publics qui se trouvent à la mairie du lieu.

1. Les religieuses de l'abbaye du lieu.
2. Dubus (Jean), premier tabellion.
3. Ragot.
4. Jean d'Ully, dit Flamand Dubus.
5. David (Denis), écuyer, décédé en 1618. Sa femme était une demoiselle de La Forêts de Senlis.
6. Petit Jehan, receveur du même temps.
7. Les prêtres, de 1654, à l'époque actuelle, (voir la page 5).
8. Lepoix (Nicolas), écuyer, seigneur fieffé de Becquerel, à Ully.
9. Gautier.
10. Crotey de Bonval, employé supérieur des eaux et forêts, famille qui existe encore.
11. Noël (Jean), les descendants sont encore à Ully.
12. Buquet, meunier à Ully, depuis deux siècles.

13. Saulnier (Philippe) père, principal fermier de l'abbaye au dix-septième siècle.
14. Debeaumont, notaire, de la même époque.
15. Mahiet Le Barbier.
16. Courcoulle.
17. De Bonval, écuyer.
18. Thiot (Antoine).
19. Bensse.
20. Fouquet.
21. Delaroque.
22. Marquel.
23. Dumont, notaire, (voir le chapitre précédent).
24. Hennegrave.
25. Lamouche.
26. Lenté.
27. Desjardins.
28. Isoré.
29. Pieux (Louis).
30. Duraincy.
31. Serain, de l'annexe de Cavillon.
32. Naquet Ier, à Cousnicourt.
33. Evrard.
34. Martin (Georges).
35. Gouland.
36. Philippet, curé d'Ully, au seizième siècle.

CHAPITRE X.

Renseignements sur les propriétés communales de toutes natures.

1. L'église sous le vocable de saint Georges.
2. Le presbytère, voisin de cette église.
3. L'emplacement du cimetière qui a été transféré au-delà de la partie agglomérée de la population.

Ce terrain et ceux qui l'entourent se nomment la Ville, à Ully-Saint-Georges.

4. Le cimetière de cette époque, entouré de clôtures.
5. Une maison commune, dont la construction ne remonte qu'à quelques années. Vaste bâtiment qui sert d'habitation à l'instituteur secrétaire de la mairie, et de maison d'école pour les garçons de la localité.
6. Une autre maison qui est employée et occupée par l'institutrice des jeunes filles de cette commune, depuis peu d'années.
7. Un lavoir public comme il en existe peu, et sur lequel nous avons fait une ample description au chapitre troisième.

8. La fontaine dite de Saint-Martin. (Voir le même chapitre, page 20.)

9. La place dite du Dieu-de-Piété.

10. Celle dite de la Ville, située entre l'église et l'ancien couvent.

11. Les marais communaux et les voiries qui sont plantés d'arbres de diverses essences.

Ces plantations paraissent être les principales ressources de la commune, et, ménagées pour aider dans les dépenses imprévues et extraordinaires auxquelles toutes les communes sont exposées.

12. Une pompe à incendie avec ses agrès.

13. Le mobilier des locaux de la mairie et celui des écoles.

14. Les revenus qui composent le chapitre des recettes, en grande partie éventuelles, du budget, et que l'on déclare être à peine suffisants pour faire face aux dépenses annuelles, en y ajoutant un secours de 200 francs environ pour les distribuer aux indigents quand il y a nécessité de secourir.

CHAPITRE XI ET DERNIER.

Tableau comparatif des produits agricoles des communes du canton de Neuilly-en-Thelle, pour l'année 1840.

Sont compris dans ce tableau les blés, le seigle, l'orge et l'avoine inclusivement. Les prairies artificielles n'en font pas partie.

NOMS des COMMUNES.	POPULATION de 1840.	1872.	HECTARES en céréales de chaque commune.	QUANTITÉ d'hectolitres de céréales.
Balagny-sur-Thérain	640	900	458	6,346
Belléglise	349	403	596	6,991
Boran	759	766	958	15,254
Chambly	1,290	1,426	1,290	17,345
Cires et Tillet	1,292	1,606	1,292	13,169
Crouy-en-Thelle	416	422	416	6,175
Dieudonne	516	360	510	12,897
Ercuis	606	815	389	5,179
Foulangues	190	136	328	4,587
Fresnoy-en-Thelle	365	324	519	6,991
Le Mesnil-Saint-Denis	515	430	523	7,119
Morangles	315	246	538	7,351
Neuilly-en-Thelle	1,251	1,812	1,350	20,282
Puiseux-le-Hauberg	420	490	410	6,651
Ully-Saint-Georges	1,080	1,001	1,520	22,196
			10,997	158,533

Ce tableau a pour résultat de démontrer que le canton de Neuilly-en-Thelle produit à l'époque actuelle, année moyenne, cinq dixièmes plus qu'il y a trente-six ans.

LIEUX

QUI PEUVENT ÊTRE DÉSIGNÉS EN TÊTE

DE L'HISTOIRE DE MOUY,

et sur lesquels il existe des Notices.

Angy.
Ansacq.
Auvillers.
Balagny.
Bury.
Cambronne.
Château-Rouge.
Clermont.
Foulangues.
Heilles.
Hermes.
Hondainville.
Mello.
Mouchy-le-Châtel.
Neuilly.
Saint-Félix-Fay.
Thury-sous-Clermont.
Ully-Saint-Georges.

APPENDICE.

L'appendicule que nous avons eu la pensée d'ajouter à notre ouvrage, après l'avoir terminé, a pour objet la désignation des moyens de défense que durent employer les habitants des lieux de notre polygone dans la province Beauvaisienne, pour échapper, autant que possible, aux ennemis plus ou moins barbares et destructeurs qui parcouraient dès les premiers siècles, non seulement la Picardie, mais aussi la majeure partie de notre patrie naissante.

Ces peuples qui n'avaient point encore de résidences fixes, ayant été désignés dans les notices des lieux dont nous avons écrit l'histoire, il suffira au lecteur de s'y reporter pour connaître ces nomades et tout le mal qu'ils ont pu faire sur les points où ils ont pu pénétrer pour exercer leurs déprédations. Nous voulons parler particulièrement des Normands et de la Jacquerie.

Ainsi, l'addition que nous voulons faire, à notre œuvre n'a pour but que de montrer l'ensemble des moyens de défenses que les habitants de notre contrée durent employer pour repousser leurs ennemis, quels qu'ils fussent, et qui s'éloignaient de leurs contrées plus ou moins lointaines, dans le but de s'enrichir aux dépens des peuples où ils savaient trouver des ressources plus abondantes que chez eux, et en même temps sastisfaire leur ambition.

L'histoire des villes, bourgs et villages qui forme l'ensemble de notre ouvrage, c'est autant de localités qui ont dû employer les moyens de défenses que nous allons mettre ici sous les yeux des lecteurs dans l'ordre indiqué en tête de l'ouvrage que termine cet appendice.

Mouy avait pour moyens de défenses quelques années après son origine :

Premièrement. Un château-fort qui se faisait remarquer par plusieurs tours, dont deux restent encore debout, et séparées par une ancienne construction dont on ne peut faire connaître l'origine ni indiquer l'emploi.

L'ensemble était entouré d'une place et de constructions qui servaient de granges et d'écuries, de prairies, de fossés.

Le tout se trouvait défendu par la rivière le Thérain et trois portes qui ne s'ouvraient que pour les besoins du château.

Deuxièmement. Le bourg était entouré de murailles à créneaux; celle de la rue Chanteraine n'a été démolie qu'en l'année 1869.

Troisièmement. Trois portes donnaient au lieu

le caractère d'une ville fermée : l'une d'elles était placée au bout de la rue Saint-Laurent, dans la direction de Mouchy-le-Châtel; la seconde, au point de jonction des rues Chanteraine, des Caves et de Fournaux, et la troisième, en la rue de Clermont ou d'Egypte, se soutenant sur le principal bâtiment de l'Hôtel-Dieu.

Angy, ancien chef-lieu de prévôté, est assez connu dans la notice par laquelle nous avons commencé notre ouvrage.

Le village d'Ansacq avait aussi un château-fort dont il reste encore quatre tours, un chemin couvert, les coulisses de sa porte d'entrée, et d'anciennes salles qui ont été appropriées aux besoins du cultivateur qui exploite l'ancien parc voisin des constructions anciennes.

Le commandant du château-fort de Mouy était en même temps celui de la forteresse d'Ansacq.

Au point de vue des lieux fortifiés, nous n'avons rien à dire sur la commune de Bury.

Cambronne n'est connu comme lieu fortifié que par un ancien couvent dont les principales et très-anciennes constructions sont maintenant habitées par le successeur d'un sieur Gautier qui en a fait l'acquisition vers 1794, vendu comme bien de main-morte par la nation française. Les deux tours qui paraissent exister dans l'intérieur de ce couvent, et qui tiennent à la principale rue de Cambronne, restent encore sur leurs bases comme dans leur origine ;

mais le parc, qui se trouve derrière ces vieux bâtiments, n'a plus que des murs en ruines.

Cambronne avait aussi une commanderie dont le vieux château porte également un cachet d'antiquité incontestable ; mais cet ancien domaine a été vendu, à la même époque que le couvent de Cambronne, au profit de deux habitants des lieux voisins.

Cette propriété est située maintenant sur le territoire de la commune de Neuilly-sous-Clermont.

Toutes ces communes sont situées entre Mouy et Clermont, et dépendent du canton de Mouy.

Château-Rouge est un hameau situé à peu de distance de Mouy, vers le sud, et paraît avoir donné son nom au fort qui a existé en ce petit village, et duquel il ne reste que des fossés obstrués par des épines. Son existence n'est pas douteuse, car on sait parfaitement que cette forteresse était occupée constamment par une compagnie de cinquante hommes, correspondant avec le château de Mouy et le château vert d'Hondainville, tous continuellement surveillés par Beauvais.

Cressonsacq, Songeons et Bresles avaient également leurs moyens de défenses particulières, mais qui étaient soutenues aussi ou surveillées par celles supérieures de Beauvais. Hermes, situé entre Mouy et Beauvais, présentait aussi au besoin des obtacles au passage de l'ennemi.

Gerberoy, du canton de Songeons, avait une forteresse d'une grande puissance ; cependant bien des fois attaquée et ruinée par les Anglais, les Bourguignons et les Ligueurs.

Dans son origine, la ville de Gerberoy eut pour seigneurs les évêques de Beauvais qui prenaient le titre de vidame de Gerberoy. Nous ne parlons du reste de cette ancienne petite ville que pour la mettre au nombre des plus malheureuses de notre département.

Hondainville, l'un des villages les plus rapprochés de Mouy ne peut échapper à notre attention, et nous renvoyons le lecteur à sa notice pour en connaître l'origine et les péripéties.

Thury, autre village placé entre Angy, Hondainville, Ansacq et Mouy, a été connu par les documents donnés par le comte J. Dominique de Cassini, et nous invitons le lecteur à voir la notice qui fait aussi partie de ce livre.

On sait que le comte de Cassini était menbre de l'Académie des sciences, directeur de l'Observatoire de Paris, seigneur propriétaire d'un vaste château et d'un domaine situé à Thury. Puis, enfin, pendant de longues années présidant du conseil général de l'Oise.

Le lecteur est invité, au surplus, à voir la notice placée à son rang dans l'histoire générale de Mouy et des lieux voisins.

La Neuville-en-Hez est une commune de 654 habitants, qui est située en dehors du canton de Mouy, à peu de distance de Clermont, mais qui cependant a droit à une place dans cette appendice, à cause du fort qui y a été remarqué jusqu'en 1591, époque à laquelle Henri IV, est venu surprendre et déloger les ligueurs qui étaient venus s'y réfugier.

La Neuville est en quelque sorte appuyé par la grande et belle rue qui s'y trouve sur la forêt de Hez, d'ou vient l'origine de son nom. Un notaire et un bureau de poste aux lettres ont leur résidence dans ce beau village. Les habitants y jouissent, sans distinction de rang, d'un droit d'affouage, depuis un temps immémorial.

En me rapprochant de mon centre, je reste encore en dehors des limites de mon canton, pour tracer quelques lignes sur chacune des communes de : Mello,
   Mouchy-le-Châtel
   et Ully-Saint-Georges,
localités qui offrent un intérêt tout particulier, et qui formeraient lacune, si je n'en faisais aucune mention dans cet ouvrage, malgré, relativement, son peu d'importance.

L'origine de Mello, d'après nos documents, (nous ne parlerons que de son château-fort), remonte, parait-il, à la plus haute antiquité, s'il est vrai qu'il existait dès l'année 800. Les très-anciennes constructions qui se voyent dans l'intérieur du bourg semblent le prouver.

Ce château semble aussi s'être placé là,

comme sur un point formant des étages superposés, sur une ligne de maisons qui lui formeraient autant de sous-sols. Les étages du château sont surmontés de plusieurs tours d'où on peut apercevoir les points culminants de la ville de Beauvais

Derrière ce château se trouvent de vastes jardins et un parc de la plus grande étendue.

Malgré tous ses moyens de défenses vers l'ouest, on assure qu'après plusieurs tentatives, des Anglais ont pu soumettre cette forteresse, en prendre possession et la conserver pendant plusieurs années.

On croit que le domaine de Mello fut érigé en baronie en 1108, à la fin du règne de Philippe Ier.

Ce domaine est d'une grande étendue et embrasse un certain nombre de communes, particulièrement celle de Cires, lequel offre par lui-même, quelque intérêt, et sur lequel nous avons parlé ailleurs.

Mouchy-le-Château n'a pas moins d'importance que Mello. Son château est dans une situation qui a quelque ressemblance avec celui dont nous venons de parler.

Placé sur un point élevé, il domine la vallée du Thérain et au-delà, outre les villages de Saint-Félix, Hermes, Hondainville et Heilles. dont le village tient à Mouchy.

Son parc est vaste et orné de tous les agréments que ceux qui peuvent s'y promener doivent désirer.

Le château proprement dit est riche par les choses qui en forment la décoration.

Il s'y trouve plusieurs grosses tours, au moyen desquelles on a dû défendre ces lieux dans les siècles passés.

Les ducs de Mouchy sont, tant par leur haute honorabilité que par leurs domaines et leurs actes de charité, dignes de l'estime qui leur est universellement accordée, et composent leurs plus belles et incontestables décorations.

M. de Mouchy, le possesseur actuel de ces rares choses, porte les titres de duc, prince de Poix et de grand d'Espagne, de première classe.

Le lecteur qui voudra lire l'histoire de Mouy, celle de Heilles et le dictionnaire géographique de Bouillet, sera beaucoup mieux éclairé que nous saurions le faire sur le passé et le présent de l'honorable famille de Mouchy-le-Châtel.

Une notice très étendue sur la commune d'Ully-Saint-Georges, située entre Mouchy-le-Châtel, Mouy, Balagny-sur-Thérain et Foulangues, nous dispense d'en entretenir de nouveau le lecteur.

Nous avons ignoré jusqu'au jourd'hui 24 mai 1873, que Mouy fût un *marquisat*.

Les documents qui s'y rattachent et en font

connaître les privilèges des siècles précédents, reposent dans un dépôt public.

La communication nous en est assurée; mais nous devons avoir la crainte de les voir arriver trop tard pour être compris dans la publication de l'ouvrage que nous terminons.

Provoqué indirectement par un mémoire intéressant, qui se trouve inséré au *Journal de l'Oise* du jeudi 5 juin de l'année 1873, ayant pour objet une grande voie romaine de Beauvais à Senlis, nous ne pouvons rester indifférent sur ce sujet après nous être vu dans la nécessité d'en parler dans un ouvrage qui va paraître.

Cet ouvrage s'explique sur ce point dans l'histoire de l'ancienne prévôté d'Angy, au chapitre IV, ayant pour objet la légende des rues de cette ancienne ville. Nous y avons compris l'ancienne voie publique que nous connaissons, existant depuis plusieurs siècles, et dont il reste encore des traces sur son étendue, qui est toujours considérée, dans l'intérieur d'Angy, comme l'ancienne route de Beauvais à Senlis, et qui, en sortant de ce chef-lieu de département, rencontre plusieurs villages dépendant de l'un de ses deux cantons, passe ensuite à Hermes, Berthecourt, Heilles, Mouchy-le-Châtel, Lierval, Saint-Félix, Hondainville, Angy, Mouy, chef-lieu de canton, Bury, la vaste plaine et le village de Rousseloy,

Laigneville *(Litanobriga)*, Creil, la forêt de Chantilly, Apremont et Senlis.

Ce grand chemin ne peut être le même que celui qu'on désigne sous le nom de chaussée Brunehaut; mais celui dont on faisait un usage particulier pendant l'existence des prévôtés d'Angy et de Senlis est bien le même que nous avons l'intention de faire connaitre dans l'histoire qui sera publiée sous peu de jours.

Ces deux prévotés n'ayant pas la même juridiction, le chemin que nous faisons connaitre n'en était que plus fréquenté.

Comme la juridiction de la prévôté d'Angy s'étendait sur plus de cent localités, le prévôt était entouré, à Angy, d'un certain nombre d'officiers, que nous avons désignés, ainsi que les seigneurs, possesseurs privilégiés, sur les habitants et le territoire du lieu.

Le lecteur pourra s'assurer de l'existence et de l'exactitude de notre exposé en se reportant à la notice qui précède sur la commune d'Angy, ou à l'ouvrage que M. Graves a fait publier en l'année 1835, qui se trouve chez un libraire, rue Neuve-Saint-Sauveur, à Beauvais, sur les communes du canton de Mouy, dont Angy fait partie.

FIN DE L'OUVRAGE.

TABLE DES MATIÈRES.

                                          Pages.

Avant-propos............................. i

COMMUNES PAR ORDRE ALPHABÉTIQUE.

ANGY.

Chapitre Ier. — Situation territoriale et topographique de cette commune, étendue de son territoire et produits du sol........................... 193

Chapitre II. — Origine de l'ancienne ville d'Angy............................... 196

    Chanoines de Saint-Frambourg........ 200

    Les habitants d'Angy pendant la Ligue.. 203

Chapitre III. — Eglise d'Angy et les choses qui s'y rattachent................... 205

    Village de Mérard................... 209

    Légende des prêtres qui ont desservi la commune depuis l'année 1606 jusqu'à l'époque actuelle............... 210

Chapitre IV. — Légende des rues, ruelles et places publiques................. 215

    Légende des autorités municipales de cette localité..................... 216

Chapitre V. — Renseignements généraux. 217

Chapitre VI. — Ancienne prévôté d'Angy
et les seigneurs du lieu............ 219
Chapitre VII. — Propriétés communales. 222

ANSACQ.

Chapitre Ier. — Situation topographique du
lieu, y compris l'écart du Plessier-
Bilbaut......................... 297
Chapitre II. — Origine du village....... 300
   Cadastre............................. 302
Chapitre III. — Les seigneurs d'Ansacq.. 303
Chapitre IV. — Seigneurie de Plessier-
Bilbaut......................... 305
Chapitre V. — Château d'Ansacq........ 307
Chapitre VI. — L'église de la localité.... 310
Chapitre VII. — Cure du lieu........... 313
Chapitre VIII. — Administration de la com-
mune et ce qui s'y rattache......... 315
   Légende des maires................. 317

BURY.

Chapitre Ier. — Situation topographique et
étendue du territoire de cette com-
mune............................ 227
   Annexes de Bury :
   Arcy................................. 234
   Boisicourt........................... 230
   Brivois.............................. 230

	Pages.
Château-Vert......	235
Dury-Saint-Claude...............	228
Le Déluge............	237
Lombardie...............	233
Mérard............	229
Moineau............	231
Saint-Epin............	233
Chapitre II. — Origine et histoire de Bury, église et prieuré compris.........	245
Chapitre III. — Population de la commune............	259
Tableau chronologique des anciens habitants de Bury, annexes comprises..	264
Remarques sur le caractère et les ressources particulières des habitants de cette commune............	266
Chapitre IV. — Seigneurs de Bury et des lieux voisins............	268
Le prince de Conti particulièrement...	269
Les religieuses de Damaslieu.........	270
Seigneurie de Boizicourt...........	272
Seigneurie de Mérard............	274
Dury-Saint-Claude............	282
Domaine d'Arcy............	285
Les seigneurs fieffés............	285
Chapitre V. — Epoque de la révolution française............	287
Légende des maires de Bury.........	289
Chapitre VI. — Propriétés communales de Bury............	291

	Pages
Budget de la commune.....................	292
Chapitre VII. — Bureau de bienfaisance..	292
Chapitre VIII. — Faits divers............	293

CAMBRONNE.

Chapitre Ier. — Situation topographique de cette commune.....................	321
Son église et ce qui s'y rattache.......	322
Légende des prêtres................	324
Chapitre II. — Origine de Cambronne....	327
Cadastre de cette commune..........	331
Chapitre III. — Anciennes constructions de Cambronne.....................	333
Chapitre IV. — Insubordination de certains seigneurs.....................	336
Faits particuliers....................	338
Chapitre V. — Propriétés communales...	340
Chapitre VI. — Population............	343
Chapelle du Dieu-de-Pitié............	344
Liste des hommes qui ont laissé des souvenirs dans cette commune..........	345
Chapitre VII. — Voies de communication, places et impasses de toute la commune.............................	347
Chapitre VIII. — Légende des maires....	353
Chapitre IX. — Relation des habitants de la commuue.....................	354
Annexes :	
Auvillers.........................	355
Neuilly...........................	356
Légende des maires de Neuilly........	358

HEILLES.

	Pages.
Chapitre Iᵉʳ. — Introduction..............	361
Chapitre II. — Situation topographique de ce village......................	362
Chapitre III. — Origine, paroisse ou commune et moyens de communication.	363
Chapitre IV. — Eglise de Heilles.........	366
Légende des prêtres.................	371
Chapitre V. — Priviléges et droits féodaux	374
Chapitre VI. — Noms propres des familles de l'ancienne paroisse de Heilles....	377
Chapitre VII. — Château de Morainval, son origine et son histoire.............	378
Château de Saint-Pierre..............	382
Chapitre VIII. — Légende des maires....	383
Chapitre IX. — Rues, chemins et plans..	384
Chapitre X. — Population de la commune, annexes comprises.................	386
Chapitre XI. — Propriétés communales..	387

HONDAINVILLE.

Chapitre Iᵉʳ. — Origine de Hondainville..	391
Chapitre II. — Situation topographique..	393
Chapitre III. — Seigneurs d'Hondainville et leurs successeurs................	397
Chapitre IV. — Eglise Saint-Aignan......	404
Chapitre V. — Rues, places; population.	412
Chapitre VI. — Légendes des curés et des	

	Pages.
maires............................	414
Chapitre VII. — Propriétés communales.	416
Chapitre VIII. — Bureau de bienfaisance.	417
Chapitre IX. — Cadastre................	418

MOUY.

Chapitre Iᵉʳ. — Introduction............	1
Chapitre II. — Origine de Mouy et sa situation topographique...............	16
Comparaison entre Mouy et	
Angy...............................	21
Ansacq.............................	22
Bury................................	23
Balagny-sur-Thérain et Haut-Lagny....	24
Foulangues.........................	26
Heilles..............................	26
Hondainville........................	27
Château-Rouge.....................	29
Thury-sous-Clermont................	29
Clermont, Mouchy-le-Chatel et Mello..	30
Mouchy-le-Châtel...................	30
Saint-Félix.........................	32
Mello...............................	33
Epoque primitive de Mouy............	34
Hauteur de Mouy au-dessus de la mer.	41
Chapitre III. — Les anciens seigneurs de Mouy, leurs actes et leurs actions...	44
Janville.............................	58
Description des lieux................	59
Mode de perception des grosses dîmes.	66

	Pages.
Chapitre IV. — Prieuré de Saint-Jean-des-Viviers, annexe de Mouy..........	69
Origine du prieuré...................	74
Chapitre V. — Histoire de Mouy proprement dite................	80
Chapitre VI. — Plans de la ville, son territoire compris.................	143
Légende des places, rues, impasses, cloîtres et propriétés publiques......	148
Préfets de l'Oise.....................	153
Légende des maires, depuis 1790 jusqu'en l'année 1860 inclusivement....	155
Légende des prêtres..................	159
Légende des notaires des deux études..	162
Omissions ou vacances................	163
Population........................	164
Chapitre VII. — Eglise Saint-Léger et les choses qui s'y rattachent..........	168
Chapitre VIII. — Propriétés de la commune	188
Ressources financières et administration municipale.....................	190
Hospice civil et bureau de bienfaisance	190

SAINT-FÉLIX.

Son territoire et sa population.......... 421

THURY-SOUS-CLERMONT.

Chapitre Iᵉʳ. — Situation topographique de cette commune................... 429

Pages.

Chapitre II. — Précieux documents de M. le comte de Cassini............. 432
Chapitre III. — Dernières années de M. de Cassini et les suites de son décès.... 436
Chapitre IV. — Origine de Thury. Seigneurs qui paraissent l'avoir habité.. 439
Chapitre V. — L'église et ce qui s'y rattache 442
Chapitre VI. — Etendue du territoire et diversité de ses produits.............. 444
Bureau de bienfaisance............... 445
Chapitre VII. — Population et légende des maires de Thury.................... 446
Légende des maires à partir de 1791... 447
Chapitre VIII. — Diverses additions..... 448
Quelques mots sur les habitants........ 449

ULLY-SAINT-GEORGES.

Chapitre Ier. — Origine, territoire et église de cette commune................ 453
Etendue du territoire................. 454
Eglise de cette localité............... 458
Légende des prêtres.................. 461
Chapitre II. — Situation actuelle de cette commune..................... 463
Chapitre III. — Population et légende des rues et places...................... 465
Chapitre IV. — Origine des seigneurs de cette commune..................... 471
Chapitre V. — Tableau sur le passé du bourg d'Ully....................... 479

	Pages.
Chapitre VI. — Maison commune et écoles primaires de la localité.............	483
Chapitre VII. — Légende des maires.....	485
Chapitre VIII. — Légende des notaires...	487
Chapitre IX. — Légende des habitants...	488
Chapitre X. — Renseignements sur les propriétés communales.............	490
Chapitre XI et dernier. — Tableau comparatif des produits agricoles des communes du canton de Neuilly-en-Thelle pour l'année 1840.................	492
Lieux qui peuvent être désignés en tête de l'histoire de Mouy, et sur lesquels il existe des notices................	493
Appendice	495

www.ingramcontent.com/pod-product-compliance
Lightning Source LLC
Chambersburg PA
CBHW051128230426
43670CB00007B/729